国家社会科学基金项目

句法语义互动中的汉语功能成分研究

彭家法 ◎ 著

时代出版传媒股份有限公司
安徽教育出版社

图书在版编目（CIP）数据

句法语义互动中的汉语功能成分研究／彭家法著.—合肥：安徽教育出版社，2023.11
ISBN 978-7-5336-5814-4

Ⅰ.①句… Ⅱ.①彭… Ⅲ.①汉语－语法－研究 Ⅳ.①H14

中国国家版本馆 CIP 数据核字（2023）第 086068 号

句法语义互动中的汉语功能成分研究
JUFA YUYI HUDONG ZHONG DE HANYU GONGNENG CHENGFEN YANJIU

出 版 人：费世平
责任编辑：付　静
装帧设计：裴霖霖
责任印制：陈善军

出版发行：安徽教育出版社
地　　　址：合肥市经开区繁华大道西路 398 号　邮编：230601
网　　　址：http://www.ahep.com.cn
营销电话：(0551)63683012，63683013
排　　版：安徽时代华印出版服务有限责任公司
印　　刷：安徽新华印刷股份有限公司

开　本：650 mm×960 mm　1/16
印　张：27
字　数：326 千字
版　次：2023 年 11 月第 1 版
印　次：2023 年 11 月第 1 次印刷
定　价：68.00 元

（如发现印装质量问题，影响阅读，请与本社营销部联系调换）

序　言

诸君知道近来研习生成语法的新潮流吗？简单来说，就可称为"功能成分本位"的语法。

在此之前，词是作为句法中的最小单位而列入词库的。但在功能成分本位语法中，词库将不再包括词汇成分，而只包括词根与功能语素，词根没有范畴信息，只有功能语素有范畴信息。

在此之前，名词、动词这样的词汇成分在词库中需要登录范畴信息。而在功能成分本位语法中，不再有名词与动词这样的词汇成分，名词与动词等词汇成分是在句法中生成的，即由词根与相关功能语素融合而成，词的范畴由功能语素决定。比如"吃"这个词，如果它是由"吃"这个词根与一个轻动词融合而成的，则为动词；如果它是由"吃"这个词根与一个轻名词融合而成的，则为名词。至于"吃"这个词根会不会跟轻动词或轻名词融合，那是经验上的事。

在此之前，名词、动词这样的词汇成分在词库中需要论元结构信息。而在功能成分本位语法中，词库里不再有相关的论元结构信息。句法中生成的名词、动词，其论元结构由相关的功能语素决定。比如词根"吃"，受不同类型的轻动词扩展，会有不同的论元结构：受达成范畴扩展，会有役事与结果论元，如"饭吃完了"；受致使范畴与达成范畴扩展，会有致事、役事与结果论元，如"张三吃完了饭"；受使用范畴扩展，会有施事与工具论元，如"张三吃大碗"。论元结构的不同实现以及功能成分的不同特征，造就了汉语不同的句式，如把字句、被字句、存现句、双宾句等。把字句涉及致使范畴的专门语音实现,如"张三把饭吃完了";被字句涉及被动范畴,如"饭被张三吃完了";存现句涉及存现范畴,如"台上坐着主席团";双宾句涉及致使范畴与领有范畴等,如"张三送李四一本书"。

在此之前,有个核心参数假设,如英语是核心在前的语言,日语是核心在后的语言。后来,核心参数假设被取消了,世界语言的语序变异最后被归结为功能成分的特征差异。功能成分激发成分移位,不同的移位就产生了不同的语序。比如说,汉语的动词,因为致使范畴可以实现为"把","把"阻止动词移位,就会表现为OV语序;如果致使范畴不实现为"把",零形式的致使范畴就会吸引动词移位,表现为VO语序。有些学者认为现代汉语是VO型语言,但一旦认为现代汉语是VO型语言,立马就会发现现代汉语名词短语内部的语序跟VO不和谐。在VO型语言中,关系子句通常在中心名词之后,而现代汉语正好相反。从关系子句跟中心名词的语序来看,现代汉语应该属于OV型语言。所以,有学者认为现代汉语正在经历由VO型语言向OV型语言的演变。而在功能成分本位语法中,没有类似的语序关联,如现代汉语关系子句前于中心名词,完全跟功能成分"的"有关,因为"的"是轻声的功能范畴,具有强制性的左向依附特征,它逼迫着关系子句上移,最终造成关系子句前于中心名词。再如,语气词处于句末,也常被看作OV型语言的特征,其实它也跟轻声的功能成分强制性左向依附有关,因为语气词为轻声的功能成分,它会逼迫其补足语向其指示语移位。

句法成分,在功能成分本位语法中也跟功能成分有关。如主语跟时制范畴有关,时制范畴有协约要求,它自上而下地搜索论元,所以外部论元最容易成为主语;如果外部论元被贬抑了,就会继续向下搜索,所以内部论元也会成为主语。一般来说,外部论元被搜索之后,时制范畴的协约要求就会得到满足,所以外部论元会优先成为主语;如果没有外部论元或外部论元被贬抑,内部论元也会成为主语。再如,话题跟话题范畴有关,话题范畴也会自上而下地搜索,但只搜索具有话题特征的成分。话题特征可以赋予论元,也可以赋予附加语,所以主语、宾语、时间状语、处所状语、条件状语等都可以成为话题。如果把话题也看作主语,则不仅跟时制范畴协约操作的成分可以成为主语,跟话题范畴协约操作的成分也可以成为主语。如"那本书,昨天张先生没有读","张先生"是"读"的外部论元,会跟时制范畴协约操作而成为主语;"那本书"是内部论元,不会成为主语,但它在被赋予话题特征后可以跟话题范畴协约操作而移位做话题;"昨天"是时间状语,也能在被赋予话题特征后跟话题范畴协约操作而移位做话题。所以,汉语学者大多把"那本书""昨天""张先生"看作主语。

在功能成分本位语法中,功能核心为句法提供了骨架。所以,各个词(甚或词根,或词根组)受什么样的功能核心扩展,这些功能核心按照什么样的层级排列,各自有什么样的句法、语义、语音特征,以及其对短语或别的核心有什么样的影响等,这些都是非常重要的研究对象。语法的方方面面,最后都可直接或间接地归结为对特定功能成分的研究。将词汇成分分解为词根与功能语素,是分布式形态学的主张;探讨功能核心的层级,是制图理论的主张。这些理论主张都跟"博雷尔—乔姆斯基猜想"有关,即将人类语言的变异限制在功能成分的特征上。

家法兄跟我是同门,我们二人在学术思想上颇为相近,在研究中都凸显功能成分的句法语义作用,都是功能成分本位语法的践行者。值得一提的是,家法兄是国内比较早介绍制图理论的学者之一,这部著作也是国内句法制图理论的重要成果。

本书的突出特色和主要建树有:提出功能成分的定义和分类,主张区分"零形式"的功能语类和"零语义"的形式特征;提出有限变异的

句法制图理论;提出四种语言变异;提出功能成分在名词、动词、形容词词类划分方面起重要作用;提出汉语存在多种独有的特殊句式和特殊结构,功能成分在这些句式和结构的生成中起到了极其重要的作用;提出汉语功能成分的特点对汉语第二语言习得有重要影响。具体内容书中都有详细阐述,推荐各位阅读参考。

熊仲儒

于北京语言大学语言学系

2022 年 10 月

目　录

绪　论　001

第一章　功能成分和汉语虚词研究　016

第一节　汉语方位词的句法地位探讨
　　　　——兼论汉语语言成分句法地位的鉴别手段　017

第二节　"给"类词不同句法位置的生成　039

第三节　现代汉语"得"字状态补语的类型及生成方式　068

第四节　"吗"疑问句的焦点表达方式和宽窄焦点的转换手段　090

第五节　"呢"疑问句的焦点表达方式和宽窄焦点的转换手段　109

第二章　功能成分和"的"研究　122

第一节　中心语"的"的范畴统一性　122

第二节　功能中心语的特征突生效应和"的"的特征　133

第三节　以"的"为中心的短语的内部结构　140

第四节　"的"类结构助词连用限制　155

第三章　功能成分和汉语实词的区分与联系　170

第一节　从功能成分的参数看现代汉语形动兼类　170

第二节　汉语名源动词探究　198

第三节　汉语多位数词特点研究及应用　217

第四章　功能成分和汉语特殊句式、特殊结构　235

第一节　现代汉语特殊句式中的非典型主语
　　　　——兼论主要动词与轻动词在题元指派方面的作用　235

第二节　现代汉语不及物动词带旁格宾语结构的句法生成　249

第三节　现代汉语供用句的句法生成　267

第四节　"喝花酒"类[1+2]动宾式词语的生成动因　289

第五节　全称量化词和"可能"共现句的语义解读及其制约机制　302

第六节　异类并列结构的类型、句法限制　329

第五章　英语母语留学生"得"字状态补语习得的实证研究　355

第一节　语料调查及分析　355

第二节　问卷调查及分析　362

第三节　相关问题讨论　376

第四节　本章结语　378

结　语　380

附　录　383

参考文献　391

后　记　422

绪 论

功能成分(function component)在语言学各个领域都占有重要地位,但目前关于汉语功能成分的描写和解释还很不充分,因此有必要就相关问题做更深入、更系统的研究。我们将从句法语义互动的视角出发,运用比较语言学的方法来研究汉语功能成分。

Morris(1938)指出了语义学研究符号与其相对应的实物之间的关系,语用学研究符号与其解释者之间的关系,以及句法学研究符号与其他符号之间的关系。本书将致力于研究汉语功能成分的句法和语义特点,以及汉语功能成分句法语义之间的相互关系,为汉语功能成分寻找句法和语义多方面互相支持的证据。语言学中的"互动"目前有几种不同的理论。第一种理论强调话语参与者之间的关系,以方梅等(2018)为代表,认为互动语言学是基于互动行为的语言研究,自然语言最基本的特征是由语言交际所处的互动环境塑造的,是适应于交际环境的产物。第二种理论强调句法形式和语义之间的关系,以施春宏(2018)为代表,重在研究句式的形式构造、语义功能及其互动关系,描写和解释若干特定句式形式和意义的匹配过程。第三种理论强

调语义和语用之间的关系,以蒋严(2008)、Jaszczolt(2016)为代表,重在研究语句字面义之外的语境意义,包括预设(presupposition)、寓义(implicature)和命题态度(propositional attitude)等。本书对互动的理解接近第二种,但研究对象为功能语类而非句式,立足点为生成语法而非构式语法。

本书主要研究汉语普通话的功能成分,同时运用汉英对比、汉语普通话与汉语方言对比的方法凸显现代汉语普通话功能成分的特点,为相关功能成分寻找对比性的证据(comparative evidence)。

一、研究对象及研究意义

功能成分包含当代语言学的功能语类(或称功能范畴,functional category)和功能特征(functional feature)。功能语类如果有语音表现,则为传统语言学的"虚词"和"形态";功能语类还可能是一些有句法作用而无语音表现的"零形式"。功能特征是指有语音表现但逻辑形式(Logic Form,下文简称LF)中没有语义解读的形式特征(formal feature)。Chomsky(1995)指出,词项的形式特征有的在LF层面进入解读程序,而有的则不可在LF层面得到解读,必须删除。语类特征(如名词性的[N]、动词性的[V]特征等)和名词性成分的ϕ特征(人称、性、数)为可解读的特征,名词性成分的格特征和动词性成分的ϕ特征为不可解读的特征。只有可解读的特征可以投射为功能语类,不可解读的特征不是独立的语类。本书把名词性成分的格特征和动词性成分的ϕ特征等不可解读的特征称为功能特征,功能特征也是功能成分。本书认为"功能成分"包含"功能语类",后者可能表现为虚词和形态,也可能表现为零形式,但"功能成分"不等于"功能语类",功能成分还包括不可解读的功能特征。

Sapir(1921)使用radical(根本的,即词汇性的)和relational(关系的,即功能性的)的概念,虽不甚清晰,但其实radical和relational的差异就是词汇性成分和功能成分之间的差异。

首先需要从句法表现角度研究这两种成分的具体外延和区分标准。语言学的不同领域对这两种成分的区分有很大差异。有些语言成分处于词汇性成分和功能性成分的中间地带,如汉语介词"在""给""向",英语单词from、going、get等。有些功能成分则没有语音表现。

除了从句法表现的角度,还可以从语法意义的角度来研究这些成分。语法意义,即它们所表达的语法范畴。英语单词I、am、my包含共同的语法意义"第一人称单数",若加上其他语法意义,则可表现出不同的词形。汉语附加在"第一人称单数"这一语法范畴之上的其他语法意义有的没有形式区别,如"我"相当于"I"和"me","(you) are"和"(I) am"汉语都表达为"是";有的则有形式区别,如汉语中"我的"不同于"我"。从语法意义角度来看,功能成分也可以看成是语法范畴的组合。Chomsky(1995)用"ϕ特征"来指称人称、性和数特征。这些特征很可能仅表现为词缀或零形式。Hudson(2000)区分词汇类、小词类(subword)和位置类三种,它们对应于词汇性成分、不成词语素和零形式。

功能成分的句法表现和语法意义两个方面相互关联,但在不同语言中并不是一一对应的关系。

自然语言中有两种语言成分,即词汇性成分(或称为实词性成分、词汇范畴)和功能性成分(包含功能范畴和功能特征)。这种区分在语言研究的许多领域都有重要作用,比如语法化及历史语言学、语言习得及心理语言学、语言对比及语言接触等(Muysken,2008),目前国内外在这些领域的研究都已经比较深入了。词汇性成分与功能性成分的划分,对虚词、词缀、空语类的内部分类,汉语实词词类区分与联系

的机制,汉语句法结构的描写和解释,以及第二语言习得等方面都具有重要意义。

功能成分有助于我们正确认识句法和语义的关系问题。吕叔湘、朱德熙(1952)指出:"虚字的数目远不及实字多,可是重要性远在它之上。一则虚字比实字用得频繁。其次,也是更重要的分别,实字的作用以它的本身为限,虚字的作用在它本身以外;用错一个实字只是错一个字而已,用错一个虚字就可能影响很大。"Chomsky(1995)指出:"功能成分及其形式特征在人类语言计算系统(CHL)的运作过程中占据了核心地位。"可见,功能成分作为句法成分,是用来表达意义及意义之间的关系的,但其作用不能完全归结于语义,它还是语言结构和句法形式所需要的,具有重要句法意义。

二、国内外研究现状述评

(一)功能成分理论研究

功能成分研究已有很久远的历史。传统语言学区分主词类、小词类(如代词)和次要语法类(如格、体)三类(Lyons,1968),后两类都属于功能成分。结构主义语言学扩展了功能成分描写范围并对各种词类作出更为系统的分析,Sapir(1921)和Jakobson(1971)是结构主义语言学中对理解功能成分贡献最大的两位语言学家,他们强调功能成分是句子中的必要成分。

生成语法特别重视功能成分研究。Chomsky(1986)提出屈折成分(INFL)是句子(IP,以前称为 S)的中心语,标句词(COMP)是大句子(CP,以前称为 $\overline{\text{S}}$)的中心语。Abney(1987)把这一思想扩展至名词词组中,提出限定短语(DP)。为了解决"put"类和"give"类动词论元的题元角色指派问题,Larson(1988)提出了"VP shell"理论。根据

Larson 的思想,Hale and Keyser(1993)指出 VP shell 里的 v 的存在是为了把题元角色指派给主语,其本身既没有语音也没有语义内容,只是一个空的位置。轻动词被 Chomsky(1995)视为功能成分中的一类。Rizzi(1997)提出句子左边缘结构的一般假设。Cinque(1999)提出句子内部功能成分的普遍层级。形式语言学的研究方法追求为功能成分确定句法特征和句法位置,因此表述更明确。虽然各种各样的形式研究都认为功能成分的概念具有极大的理论意义,但目前对它的定义和描写都不能令人满意,句法结构和各类词汇性成分的区分与联系中功能成分作用的范围也存在很多争议。

过去几十年来语言类型学广泛的语言描写开阔了语言学家关于功能成分的视野,关于名词性的或动词性的功能成分的区分更加模糊。功能成分从具体到抽象链条上的多样性激发了语言学家对语法化进程研究的广泛兴趣(Haspelmath et al.,2001)。

(二)汉语虚词研究

汉语虚词研究具有悠久的历史,吕叔湘、王力、高名凯、朱德熙等前辈的语法著作为现代汉语虚词研究奠定了坚实的基础。目前汉语虚词研究成果蔚为壮观。首先,出现了几部重要的综合性虚词词典,如:《现代汉语八百词》(吕叔湘,1980)、《现代汉语虚词例释》(北京大学中文系 1955、1957 级语言班,1982)、《现代汉语虚词词典》(张斌,2001)等。其次,出现了几本各具特色的虚词研究专著和大量的虚词研究论文,其中,重要专著有《现代汉语虚词散论》(陆俭明、马真,1985)、《复句与关系词语》(邢福义,1985)、《现代汉语虚词研究综述》(齐沪扬、张谊生、陈昌来,2002)、《现代汉语虚词研究与对外汉语教学》第一至四辑(齐沪扬,2005,2008,2010,2012)。再次,虚词研究的理论和方法取得重大突破,形式语言学、认知语言学、语言类型学、功能语言学等学派的研究方法都在汉语虚词研究中得以应用,使得研究视野更加开阔,研究目标更加高远。张斌(2002)指出:"有些学者把虚词称为功能词(function word),不是没有道理的。然而功能包括基本功能和连属功能。……连属功能包括连接和附着。……连接或附着只是形式,这种种形式都表达特定的含义。……必须对各类虚词分别作细致的描写,在此基础上加以解释,并总结出规律。"目前国内虚词研究的方法还比较传统,运用当代语言学方法进行的汉语虚词研究还比较零散。

"的"向来为汉语语法研究所重视,朱德熙的《说"的"》(1961)、《关于〈说"的"〉》(1966)和吕叔湘的《关于"语言单位的同一性"等等》(1962)是"的"研究的经典文献。"的"的句法地位,近年来又引起了语言学者的关注。Ning(1996)、程工(1999a,1999b)、吴刚(2000)、陆俭明(2003a)把"NP+的+VP"结构看作一种名词性的"的"字结构,并认为这种"的"字结构是由结构助词"的"插入主谓结构中间所构成的,这类结构的"心"(中心语)是作为名词性功能标记的结构助词"的"。司富珍(2004)则把现代汉语所有带"的"的短语结构统称为DeP。此后相关问题引起汉语语言学界的广泛关注。司富珍(2006)、熊仲儒(2005,2008)、彭家法(2007,2009,2012a)、石定栩(2008)等也认为"的"是中心语。

认为对"的"能否作中心语应持审慎态度的代表学者有邓思颖(2006)、李艳惠(2008)、陈国华(2009)等。沈家煊(见孔令达、王葆华,2005;吴长安,2006)运用认知语言学的概念整合(conceptual integration)理论来审视"这本书的出版",得出了这样的结构无法用向心结构理论来分析的结论。陆丙甫(2006)则基于当代语言类型学来讨论相关概念及理论的意义。

不赞成把"的"作为中心语分析的代表学者有周国光(2005,2006),杨永忠(2008,2010),贺川生、蒋严(2011)等,其主要证据是语音停顿和并列测试。但是语音结构、逻辑结构和句法结构之间常常并不一致(彭家法,2012a),熊仲儒(2011)指出:"语音停顿是语音的标准,只有当语音结构跟句法结构匹配时才能做识别句法结构的标准,并列测试在表层句法里更不能证明什么,因为语言中存在右向节点提升现象。"因此这种证据并不能否定"的"的中心语地位。目前"的"中心语理论还有一些重要问题亟待回答:不同类型结构中的"的"是不是同一个范畴?不同类型结构中"的"的特征是否一致?包含"的"的不同类型短语内部结构是否平行?不同"的"的连用限制如何,内部机制如何?

（三）实词区分与联系研究

关于词类划分(范畴化,语类化,categorization)的理论观点,目前的文献至少有四种主要的范畴化模型:原型(prototype)模型(Croft,1991;张敏,1998)、等级(scale or hierarchy)模型(Comrie,2001)、单维度(mono-dimensional)模型(Baker,2003)、多维度(multi-dimensional)模型(Jackendoff,2002;Francis and Matthews,2005)。沈家煊(2007)提出汉语名动包含模式,指出不同语言中词汇性词类数目存在差异。Baker(2003)强调功能成分决定的参数导致语言差异,而词汇性词类的数目是统一的。这些观点为汉语语法研究开辟了新视角,同时也提出了一些新问题,比如:如何对汉语名、动、形词类划分提出具有可行性的操作手段?汉语名、动、形词类与其他语言相比体现了什么样的个性和共性?实词词类之间的兼类和互转能否进行更加形式化的描写并给予更充分的揭示?这些都是当代汉语语法理论和实践迫切需要研究的问题。

（四）功能成分在句法结构中的作用

Huang(1997)指出汉语很多结构存在句法语义不匹配的现象(syntax-semantic mismatches),这种现象可以通过功能成分,如"轻动词"(light verb)等来分析。熊仲儒(2004c)提出功能范畴不仅激发移位,而且决定合并,包括论元的选择与题元的指派。Cinque(2002)、

Rizzi(2004)、Belletti(2004)等提出"句法结构制图工程"(The Cartography of Syntactic Structures)。句法结构制图工程的目的在于通过对句法语义互动的详尽考察具体地描述自然语言句子和短语的功能结构图。从事制图研究的语言学家认为自然语言句子和各种短语内部存在丰富的功能中心语,这些功能中心语相互之间的排序存在一定规律,功能中心语相互组合构成特定的"功能层级"(functional hierarchies)。虽然不同语言的功能成分是显性实现还是隐性实现可能存在不同,同时不同语言可能会存在不同的"移动"(movement)从而导致语言成分显性位置的差异,但是不同语言的功能层级在中心语的种类、数量、相对顺序方面都存在共性。何晓炜(2004)认为核心功能成分在决定语言结构及语言间的结构差异方面发挥关键作用。黄正德等(2013)提出,汉语动词跟论元之间的论旨关系比英语繁杂。汉语中可以直接由受事、工具类语义角色充当主语,而在英语中,若主语不是施事则要使用被动形式,这种差异可以用功能成分予以解释。从功能成分的视角观察汉语特殊结构和特殊句式将会帮助人们更深刻地认识汉语的共性和特点,这方面还需要更系统更深入的研究。

(五)第二语言习得研究

第二语言习得研究与语言学有着密切联系,袁博平(1995)回顾了西方学者对第二语言习得的主要研究历史,总结出主要研究方法有对比分析、偏误分析、中介语分析、语素习得顺序研究、Krashen 输入假设理论(The Input Hypothesis)和 Chomsky 普遍语法理论。普遍语法理论追求对语言习得机制的解释,主要关注第一语言习得,第二语言习得也可以从中得到直接理论启示,另外第二语言习得研究成果对语言理论也有重要的反馈作用。

近年第二语言习得关心"界面"和"计算复杂性"问题。Sorace and Filiaci(2006)提出了"界面假说"(Interface Hypothesis)。在我们的传统观念中,第二语言习得中最困难的部分是语法习得。但"界面假说"提出了新的思考,在成人第二语言习得的过程中,相比较涉及句法与其他认知层面的界面,纯句法结构反而是相对容易掌握的,因此,"界面"总会成为成人第二语言习得的难点,从而导致成人第二语言语法习得存在缺陷。这主要是因为协调和整合句法和语义、句法和语篇、句法和语用之间的关系,对于成人第二语言学习者来说是一项障碍,从而导致了成人第二语言习得和儿童母语习得之间的差异。袁博平(2012)以不及物动词为对象进行实验,强调第二语言习得需要关注句法和词汇、语义之间的界面关系。

Prévost et al.(2014)强调,第二语言学习者在习得过程中更容易创造出复杂度较低的结构,包括目标语不允许的结构,尽管这些结构在目标语输入中可能不会出现。产生这一问题的原因在于对不同结构进行计算时所造成的相对耗量。一系列操作对儿童来说很难执行,由此造成了更为简单的结构产出,并且这些结构中可能会包含不合目标语语法的结构。袁博平(2017)提出语言习得与语言处理的计算复杂性有关,计算复杂性会抵消第一语言迁移。

目前,第二语言学习者对汉语功能成分的习得现象如何用界面假说和计算复杂性予以解释需要更充分的研究。

三、研究内容和研究思路

本书将以汉语功能成分的事实为基础,将汉语与英语、汉语普通话与汉语方言作比较,推进相关理论研究,主要包括用当代语言学的句法和语义理论观察汉语,对汉语现象提出新的、更合理的解释;研究汉语功能成分的第二语言习得问题,从习得视角观察汉语功能成分的性质,促进汉语第二语言教学。

本书的主要内容包括以下几个方面。

第一,功能成分和汉语虚词研究。功能成分包括语法化程度各不相同的词,某些功能成分在特定结构中还可能不显现出来,或以"零形式"出现。根据名词组的有定性(definiteness)和小句的限定性(finiteness)两个概念,可以把汉语功能成分分为两类:其一,名词性功能成分,包含跟有定性关联的量词、方位词、介词,这些成分的所在结构具有[+N]特征。介词大多来自动词,因为语法化失去了动词性,其主要作用在于把名词和动词联系起来,我们暂且把它们归为名词性功能成分。其二,小句性功能成分,包含跟限定性关联的助动词、语气词、时态助词,这些成分的所在结构具有[+V]特征。代词、连词和结构助词跨两类,一部分跟名词有定性关联,一部分跟小句限定性关联。功能成分具有连续性,这是由语言的交际功能决定的;同时我们也可以把功能成分看成是离散的(discrete),这是人类认知的需要。

本书重点研究名词性功能成分中的方位词和"给"类介词,以及小句性功能成分中的状态补语标记"得"、语气词"吗"和"呢"。本书认为单音方位词的部分用法具有附缀特征,属于虚词;双音方位词就是处所名词;"给"类介词处于不同句法位置是句法移位造成的;"得"是功能中心语;"吗""呢"焦点表达反映了汉语的特点,同时揭示了语言的共性。

第二,虚词"的"专题研究。本书还从功能成分的视角重新审视"的"的句法性质和句法地位及相关限制。对于不区分三个"的"的普通话使用人群来说,"的"是同一个范畴;对于"的$_1$""的$_2$""的$_3$"的读音写法有差异的方言及其使用人群来说,不同的"的"则是不同的范畴。名词性偏正结构中的"的"和有定性相关,所在结构具有[+N]特征;谓词性偏正结构中的"的(地)"和状态形容词词尾的"的"与限定性相关,所在结构具有[+V]特征。三个"的"构成的短语的内部结构具有平行性。不同"的"字连用存在的限制可以根据其功能予以解释。

第三,功能成分在汉语名词、动词、形容词区分和联系中的作用。本书认为,功能成分在名、动、形词类划分方面起重要作用。不同语言中词汇性词类数目存在差异(沈家煊,2007),功能成分的作用也存在语言参数的差异(Baker,2003),两方面的互动方式受语言必须具有指称、陈述、描述三方面功能的共性制约。本书将以这种思想观察汉语形动兼类、名词动用的机制和汉语多位数词的独特体系。

第四,功能成分在汉语特殊句式、特殊结构中的作用。汉语存在多种独有的特殊句式和特殊结构,这些也是汉语特点的体现。为什么汉语具有这些特点? 功能成分在这些句式和结构的生成中起到了极其重要的作用,汉语功能成分的特点可以对这些特殊现象做出合理解释。本书将重点研究汉语特殊主语、特殊宾语、特殊定语、供用句、量化词情态词共现句、异类并列结构的生成过程中功能成分的作用。

第五,汉语功能成分的特点对汉语第二语言习得的影响。汉语功能成分的第二语言习得既受母语迁移的影响,也受普遍规律的制约。本书将观察第二语言学习者习得汉语功能中心语"得"和供用句中功能成分的影响因素,检验界面假说和计算复杂性的解释力。

本书的研究思路主要分为两个方面:第一,有限变异假说(Limited Diversity Hypotheses);第二,句法语义互动视角。

第一,有限变异假说。关于句法结构中功能成分的普遍性和变异性,本书将根据汉语功能成分的研究,将其与英语等其他语言做比较研究,对 Cinque and Rizzi(2008)等提出的"句法制图"的"结构统一假说"(Structure Uniformity Hypothesis)做出改进。句法制图结构统一假说强调语言共性,而语言差异只表现在两个方面:不同语言可能存在不同的移动,不同语言的功能成分在显性实现与隐性实现方面可能存在不同(彭家法,2013b)。但语言的差异不仅表现在这两个方面,还表现在语言库藏上。每种语言不同小句类型中功能成分的实现会

有不同,但变异仍是有原则约束的,各种语言的功能成分存在普遍性,即"有限变异假说",有限变异假说强调语言库藏显赫性和分析性差异。语言之间的具体差异主要表现为以下四个方面。

其一,功能成分是否有语音实现在不同语言中有差异。汉语不同结构中功能成分语法化的程度是不同的:有的结构中功能成分高度句法化,各种功能位置都清楚地表达出来;有的结构中用词汇性成分(如副词等)表达;有的结构中功能位置完全不能明确表达出来。

其二,功能成分的特征强度存在差异,导致不同语言相关成分是否存在移位有差异。Chomsky(1995)指出:"功能成分强特征在显性实现和语言变异中起非常重要作用。我们没有理由相信 N 和 V 这样的基本实词具有强特征。强特征的属性可能仅局限于在小句中充当主要投射中心语的非实词性成分 T 和 v,以及作为语气—语势标记的标句词。"不同语言的语序差异,很大程度上可以用功能成分来解释。

其三,功能成分"显赫性"在不同语言中存在差异。刘丹青(2011)指出:"一种语言拥有哪些语言手段,哪些范畴在语言形式中成为显赫范畴并扩展至其他范畴的表达,哪些范畴在语言中缺乏专用手段,要靠其他手段来表达,这些库藏方面的语种差异使跨语言的形—义关系更加复杂,是语言类型的重要成因。"比如汉语中的"的",彭家法(2016)指出,汉语中以"的"为中心语构成的谓词性偏正结构、状态形容词短语、名词性偏正结构具有很强的平行性。这三种短语中的"的"可以统一处理,看作一个范畴。从语言库藏的角度来说,它们属于同一个库藏,只是作用不同。但是英语中相对应的表达却要通过添加不同词缀表现出来,因此它们属于不同的库藏。所谓语言之间的库藏差异主要是功能成分的差异。

其四,功能成分的"分析性"和"综合性"在不同语言中有差异。Lin(2001)提出两个假设:"第一,英语动词包含词根和轻动词,但汉语

动词只有词根,不含轻动词。第二,词根与轻动词的组合在句法中是非常自由的。"这就是说英语词根和功能成分是捆绑在一起的,综合性比较强;现代汉语词根和功能成分是分离的,分析性较强。假定这方面英汉有别,那么,英语动词的题元角色都在"l-句法"(词汇内部句法组合)里决定,而汉语动词的题元角色只在"s-句法"(一般句法)中存在。这可以解释汉语词类兼类较多,存在大量"非典型主语""非典型宾语"的特殊句式和特殊结构的现象。

第二,句法语义互动。本书从句法语义互动视角观察功能成分及相关问题,其中所讨论的语义是广义的,有时也涉及语用,句法也是广义的,有时也涉及韵律形态。

马建忠(1933)从意义角度定义实词和虚词:"有事理可解者,曰实字;无解而惟以助实字之情态者,曰虚字。"Sapir(1921)区分基本概念(radical concepts,对应 content words)和关系概念(relational concepts,对应 functional categories)。按照这个区分标准,词汇性成分和世界本体直接相关,而功能成分表达实体之间的相对关系。Talmy(2001)指出封闭类的三个特征:体积中性(bulk neutral,不表达具体尺寸和距离)、实例中性(token neutral,不表达具体实例)、实物中性(substance neutral,不表达具体实物),这实际上揭示了语言中功能成分的语义特点。

功能成分在句法理论中占据核心地位。Chomsky(1957)以来生成传统最重要的发现是,语言中存在着相对严格的、由形态和句法限制的结构,特别是与移位限制相关的各种"句法岛"的概念和相关句法原则。这种研究提出了这些语言结构中的多种功能成分,涉及标句词(COMP)、一致(agree)、时(tense)和限定词(D)等系统。

汉语功能成分的明显特点是可以读轻声,Hopper and Traugott(2003)从组合和聚合两个维度讨论语素化过程中的语音弱化。读轻声一定是功能成分,但是功能成分不一定读轻声,其中体现出一种"四

缺一"格局(陆丙甫、丁健,2016)。是否可以根据形态特点把功能成分与词汇性成分分开?答案是否定的,汉语功能成分的词汇形式非常多样,可以是独立的虚词、附缀、词缀、重叠,还可能表现为零形式。

介词是不是功能成分存在争议,Baker(2003)、顾阳(2000)认为介词属于功能成分,Radford(1997)认为介词不是功能成分。我们认为语言成分的词汇性和功能性是个程度问题,有的语言成分词汇性强一些,有的语言成分功能性强一些。介词介于典型的词汇成分和典型的功能成分之间。和名词、动词、形容词相比,介词更具有功能性;但是和连词等典型功能成分相比,介词又更具有词汇性。由此我们可以得出关于语言成分特征描写的基本结论:如果一个成分的功能特点比介词强,它的语类特征就可以描写为[-N,-V]。

总之,从不同纬度观察可能展示出斜坡性(gradience)。词汇性成分也可能具有这种斜坡性,动词比名词更具有功能性。曾国藩解释刘向《说苑》中"春风风人,夏雨雨人"时说,这些两字相同的句法结构中,前一个"风""雨"为实字,后一个"风""雨"为虚字。这是因为前一个"风"用为名词,后一个"风"用为动词。曾国藩把同一个字用为名词时定性为实字,用为动词时则定性为虚字,这敏锐地揭示了动、名之间功能性的差异(张斌,2002)。因此除区分词汇、功能之外,可能还有一种更一般的、更底层的分类,即功能性等级、词汇性等级。不同功能成分的功能性并不都是相同的。本书将从句法语义互动视角,运用多维研究法对功能成分进行描写和解释。

四、章节安排

本书共分为五章。

第一章是功能成分和汉语虚词研究。本章讨论名词性功能成分中的方位词和介词、小句性功能成分中的语气词和结构助词"得"。我们着重研究这些虚词的句法作用、相关句法位置的生成机制。

第二章是功能成分和"的"研究。本章专门研究汉语虚词"的",提出不同性质的"的"是一个同一的范畴,"的"具有决定所在结构句法特征的作用,同时研究了"的"的结构地位、使用限制及其机制。

第三章是功能成分和汉语实词的区分与联系。本章从功能成分的句法作用角度讨论汉语实词的区分与联系问题,特别是动词和形容词兼类问题和名源动词问题。我们试图运用功能成分的特点解释汉语动词、形容词的特点和名源动词的生成机制。本章还将讨论汉语多位数词所体现的汉语库藏特点。

第四章是功能成分和汉语特殊句式、特殊结构。本章着重讨论功能成分在汉语特殊句式和特殊结构生成中的作用,主要包括特殊主语、特殊宾语、"喝花酒"类结构中的特殊定语等具有汉语特点的句法成分,供用句、量化词情态词共现句和异类并列结构等具有汉语特点的句式和结构。

第五章是英语母语留学生"得"字状态补语习得的实证研究。本章主要研究英语母语留学生对汉语特有功能成分"得"和汉语特殊句式"供用句"的习得特点及其原因。

第一章 功能成分和汉语虚词研究

本章从功能成分视角重新观察汉语虚词,主要讨论名词性功能成分中的方位词和介词("给"类词)、小句性功能成分中的语气词"吗""呢"和结构助词"得"。本书主要讨论单音方位词,因为这类词具有附缀特征,属于功能成分;双音方位词则是处所名词,本书也会附带讨论。介词是处在词汇性与功能性分界点的一类功能词,"给"类词可以出现于多个位置,这充分体现了句法语义的互动性。语气词"吗""呢"问句的窄焦点表达方式,体现了汉语的特点。"得"状态补语是汉语独特而显赫的成分,且较为复杂,充分反映了汉语的特点。我们将从句法语义互动视角,多维地观察汉语虚词,着重研究这些虚词的句法作用、相关句法位置的生成机制。同时,根据有限变异的句法制图理论将汉语虚词与英语等其他语言作比较,揭示其中的共性和差异。

第一节 汉语方位词的句法地位探讨
——兼论汉语语言成分句法地位的鉴别手段

一、引言

对于现代汉语中表达空间概念的方位词(locative particles)的性质问题,文献中有很多争议。Ernst(1988)认为方位词是后置介词,刘丹青(2003)认为方位词是框式介词的后一部分。Li(1990)等提出,方位词和名词用在句中都需要格,且都是后核心,因此方位词不是后置介词,而是名词。Liu(1998)认为汉语方位词是附缀(clitic)。李亚非(2009)认为汉语方位词的核心成员不是附着语素,方位词(Locative Word,简称L,下同)是从名词N中分离出来的词类,两者的差异在于名词"用'的'和名词组中的其他成分连接"(如"桌子的腿"),方位词前不用"的"(如"*桌子的后")。单音方位词专属于语类L,双音方位词则具有L和N(普通名词)双重地位。(又见黄正德等,2013)但是汉语名词前并不都用"的"(如"高校教师"),方位词的不同用法之间也有很大差异,方位词前能否加"的"并没有得到很好的描写与解释,相关问题需要进一步研究。

汉语语言成分的句法地位以及词和短语的区分问题,具有重要的理论和应用价值,前人从多方面作了研究探索,但至今没有圆满解决。认知语言学认为语法范畴呈现出原型特征(Taylor,1995),语法化学说揭示了语言单位历时的重新分析(reanalysis)过程(Heine et al.,1991;刘坚等,1995)。形式语言学承认语言单位共时层面的双重地位现象,Chomsky(1995)认为被动动词是一个带有[+V]特征但没有为

[N]加标记的中和语类(a neutralized [＋V] category with no marking for the feature [N]),因此既不是动词[＋V,－N],也不是形容词[＋V,＋N]{A passive verb, while not a verb ([＋V,－N]), is not an adjective ([＋V,＋N]) either};从另一角度看被动动词具有动词和形容词双重地位。黄正德等(2013)认为汉语"给"具有介词、动词双重地位,不及物动词构成的"A 不 A"问句具有并列 VP 推导和形态重叠推导双重地位。我们认为共时层面长期双重地位会导致历时的重新分析。本书以原型范畴等理论为指导,拟运用综合手段①讨论两方面的问题:一是论证单音、双音方位词的句法地位,二是在方位词研究基础上探讨区分汉语语言成分句法地位的多种手段。

下文将分别讨论单音方位词、双音方位词的句法地位,所用语料源自北京大学 CCL 语料库、北京语言大学 BCC 语料库和已有相关研究中的典型例句。

二、单音方位词的多种用途和双重地位

(一)单音方位词的多种用途

吕叔湘(1979)指出:"单音方位词有三种用途:(1)构成方位短语,(2)做复合名词中的前加成分,(3)跟介词组合成副词。双音方位词只有两种用途:(1)构成方位短语,(2)单用(之×,以×除外)。"

单音方位词和双音方位词都能构成方位短语[即用途(1)],如"桌子上""桌子上面",但实际上两者存在重要差异,后者可以插入"的",前者不可以。"上面"等双音方位词应该是独立的词,"上"等单音方

---

① 吕叔湘(1979)认为语法分析需要综合几方面的标准,并指出既然要综合几方面的标准,就会得出不同的结论。本书认为运用综合手段可以帮助我们发现更为丰富的语言现象。

位词的性质则有所不同。

单音方位词除了用途(1)(2)(如"往上""向上")和用途(3)(如"前门""东城")之外,还有用途(4),即作复合动词的前加成分,如"上进""上升"等。

单音方位词构成方位短语的用途(1)和用途(2)(3)(4)的性质不同。用途(2)(3)(4)都有实际语义内容,不读轻声,为实义语素;用途(1)语义可能虚化,可能读轻声,我们认为这是因为单音方位词具有附缀的句法地位。

《现代汉语词典》(第7版)把单音方位词"上""里"处理为读轻声和不读轻声两个词条。不读轻声的用例包括用途(2)"往上看""往里走"、用途(3)"上游""里屋"、用途(4)"上进""上升""里应外合"。读轻声的用例包括用途(1)中表示空间的"脸上""墙上""桌子上""手里""话里有话"等,表示地点的"这里""头里"等,表示事物范围的"会上""课堂上"等,表示某一方面的"事实上""思想上"等。这一处理反映出词典编写者认为方位词"上""里"具有不同性质。

跟方位词"上""里"一样,方位词"下""中"也有读轻声和不读轻声两种情况。读轻声的情况如吕叔湘(1965)提到的用途(1)"地下""年下""乡下""情形下""胸中"等。不读轻声的用例包括用途(2)"往下看"、用途(3)"下部""中锋"、用途(4)"下行"。方位词"下""中"在词典中只有一个词条,可能是考虑到方位词"下""中"读轻声的情况比较少。事实上方位词"下""中"和"上""里"都有读轻声和不读轻声两种情况,都可以列两个词条,分别具有附缀和实义语素两种句法性质。

(二) 词还是附缀

Liu(1998)认为汉语单音方位词是附缀,其依据有三点:单音方位词语音上不能独立,可以不带本调;语义上仅为前面名词组提供"[+loc]地点"特征;词汇上,构成一个封闭的类。

Spencer and Luis(2012)在 Zwicky(1977)等人的研究的基础上,提出典型的(canonical)附缀既具有某些功能词(汉语传统称为虚词)的特点,又具有某些词缀的特点:①由一个单音莫拉(monomoraic)构成;②韵律上不显著,同时依赖于另一成分;③其位置是相对于词组而言的;④对并列结构取宽域。①②为词缀特点,③④为功能词特点。比如英语助动词 is 附缀化后的 s 就是一个典型的附缀,它只有一个辅音/s/,符合①。它依附于前面的 he,而且拼读为一个韵律词/his/,满足②。同时,s 是句子的系动词,是功能核心词,它的位置是相对于词组而言的,满足③。当它后接于并列成分如 lying and crying 时,取宽域(指 s 同时管辖 lying 和 crying),满足④。叶狂、潘海华(2014)认为结合汉语特点应该将典型的附缀的特征①列为"读轻声或调值不明显"。事实上英语莫拉可以区分附缀和虚词,汉语轻声并不能区分词缀和虚词,汉语词缀和虚词都读轻声。刘丹青(2017)提出"语音从宽""句法从严"两条原则,"语音涉及音段和韵律的很多改变","只需重点确认那些对句法结构影响较大的(如涉及结构错配等)依附性成分为附缀,语音上不独立但无上述现象者可优先分析为虚词或词缀"。这对确认汉语附缀来说是可行的操作标准。关于附缀的讨论实际上综合运用了语音①②、句法③和语义④的手段。附缀实际上体现了语言单位的词缀和功能词的双重地位。

根据以上研究,汉语单音节方位词用途(1)的语音具有①和②的特点,句法语义具有③和④的特点,比如:

(1)a. [李四买的那张桌子][上]。
  b. 他在饭馆和教室里都穿着西服。
  c. 小明在家里和学校都不听话。

例(1a)中"上"的语音附着在"桌子"上,但句法附着在整个短语"李四买的那张桌子"上,语义取宽域,如果取窄域"桌子上",那么和"那张"的语义无法组合。例(1c)中"里"为附缀,"家里"还是名词性成分,"家里"和处所名词"学校"并列,"家里和学校"作"在"的宾语。如果认为"里"为后置介词,则需要解释为什么"家里""学校"可以并列(刘丹青,2003)。根据附缀的性质,例(1)中的句子都可以得到自然的解释,不需要做任何特殊的假设。

Li(1990)指出单音方位词的句法作用在于附着在名词成分之后构成方位词组;方位词组常常出现在状语位置,也出现在主语、宾语位置。本书认为附在名词之后构成方位短语的单音方位词的性质为来源于名词的附缀,因此它保留了名词的一些语法性质,同时具有附缀的句法性质。

李亚非(2009)列举"靠左站、向下看"等例子证明方位词不需要在语音上依附名词短语,因此方位词不是附缀,是独立的词。上文研究显示单音方位词具有多种用法,其中用途(2)(3)(4)为实义语素,用途(1)具有附缀的句法地位,不同用法的单音方位词具有不同的句法性质。因此认为所有方位词都为附缀,从而把用途(2)(3)(4)看成是附缀的观点是不正确的;用"靠左站"[用途(3)]等例子否认单音方位词用途(1)具有依附性的观点也是不正确的。

李亚非(2009)还用数量搭配说明"名词+单音方位词"不是复合词,而是词组,其中单音方位词是独立的词。请看下面的对比:

(2)a. *一张床腿 b. 一条床腿 c. 一张床下
(3)a. *这棵树皮 b. 这片树皮 c. 这棵树旁

数量搭配显示,"床下""树旁"不同于"床腿""树皮"。根据例(2)

(3)的对比,李亚非得出结论:单音方位词L和前面的名词N不构成复合词,而是一个短语的结构。"方位词前面的名词,无论有没有数量词修饰都是名词短语。"李亚非据此认为,单音方位词用途(1)为独立的词。

如上文所述,不能用单音方位词用途(3)来否认用途(1)具有依附性;同时,把单音方位词确定为独立的词,不能说明其依附性。数量搭配实际上显示单音方位词用途(1)的句法辖域为数量短语"一张床""这棵树",而不是名词"床""树"。韵律和句法语义存在错配,这是附缀的典型特征。单音方位词用途(1)的依附性和辖域特点,说明其具有附缀性质。

本书认为数量搭配是个很好的鉴别手段。长期以来,汉语语法难以区分复合词和词组,数量搭配可以解决一部分问题。依附性证明单音方位词用途(1)为"语缀",数量搭配进一步证明"名词+单音方位词+方位词"中方位词不是词缀,而是"附缀"。例如:

(4)a. 现在谁也看不出<u>这块土地下</u>曾经埋葬过一位绝代奇侠的尸体。(古龙《孔雀翎》)

b. 雪花凝结在<u>那扇窗上</u>。(Lisa See《雪花与秘密的扇子》)

例(4a)中单音方位词"下"的语音附缀在"土地"上,例(4b)中单音方位词"上"的语音附着在"窗"上,但其结构是相对于词组而言的,句法结构分别为"[这块土地]下""[那扇窗]上",语义取宽域,这正是附缀特征的体现。这和单音方位词用途(1)来自名词附缀的句法性质是一致的。

(三)附缀的原型性差异

单音方位词用途(1),即名词和单音方位词组成名位组合时,其中的单音方位词具有附缀的句法地位,但不同语境中单音方位词作为附缀的原型性存在差异,有的是原型的附缀,有的可能还有实义语素的特点。单音方位词用途(1)在有些情况下语义具有泛向性,语音上必读轻声,句法上可以被删除或被其他方位词替换,它们是原型的附缀;但在有些情况下,语义具有定向性,可以读轻声,也可以读本音,句法删除替换会导致不合法或基本语义改变,这样的单音方位词还有一定实义语素的特点,附缀的原型性差一些。

单音方位词用途(1)作为附缀的原型性差异有两个方面的表现。第一个表现是语义定向和泛向的差异。吕叔湘(1965)就提到过单音方位词具有两种意义:一种是定向性的,一种是泛向性的。例如:

(5)a.“回家”这两个字像针般刺在智威的<u>心上</u>。(言妍《紫色星辰》)

b. 5月2日,帝国大厦的<u>大楼上</u>飘起了一面鲜艳的红旗,苏联红军以牺牲30万人为代价,一举攻克了柏林。(《作家文摘》1995年)

(6)a.<u>心里</u>不甘不愿的。(董妮《拜金女郎》)

b.<u>机舱里</u>不知何处响起金属尖利的呼啸声。(张贤亮《习惯死亡》)

例(5a)中的“心上”指的不是“心的上面”,“上”在这里并不和“下”相对,“心上”就是“心”,所以此时的“上”具有泛向性,是原型的附缀;而例(5b)中的“大楼上”指的就是“大楼的上方”,是有具体意义的,此时的“上”不具有泛向性,作为附缀的原型性差一些。例(6a)中的“心里”指的不是“心的里边”,“里”在这里也不是和“外”相对的,“心里”就是“心”,所以此时的“里”具有泛向性,意义已经模糊,是原型的附缀;

而例(6b)中的"机舱里"指的就是"机舱的内部",和"机舱的外部"相对,所以"里"在这里是有具体意义的,不具有泛向性,作为附缀的原型性差一些。

单音方位词用途(1)作为附缀的原型性差异的第二个表现是语音是否读轻声。结合语料调查我们发现,单音方位词用途(1)可读轻声,但并不是必读轻声,是否读轻声存在"四缺一"格局。"四缺一"本质上是一种"最小差别(minimal pair)"格局:在两对各自由"是—非"两个变量所构成的四个搭配中,只有一个不存在(陆丙甫、丁健,2016)。

我们可以观察"母老虎"和"老古董",这是两个具有比喻意义的词,它们的读音如下表所示:

表1

	词语	本音	变音
本意	母老虎 老古董	mǔ lǎohǔ lǎo gǔdǒng	
比喻义	母老虎 老古董	mǔ lǎohǔ lǎo gǔdǒng	mú lǎohǔ láo gǔdǒng

根据王永图(2015)等实际调查,"母老虎"和"老古董"对于某些发音人来说是否变调有一定随意性;但对于另外一些发音人来说,只有在表示比喻意义的时候读音才会发生变调。从上表可以很清晰地看出,总共有四种可能性,但有一种可能性会缺失,这就形成了"四缺一"格局。

请看下面单音方位词用途(1)的语料:

(7)a. 声音直透进他的脑后,他心下也不禁忐忑。(吉尔·柏奈特《奇妙佳人》)

b. 他把头放在水龙头下冲洗了足有十分钟。(莫言《酒神》)

(8)a."你的东西掉<u>地上</u>了",他突然这样说。(川端康成《千只鹤》)

b. 离我们<u>头顶上</u>2万米的高空中,大气运动如万花筒般变幻莫测。(《文汇报》2003年第8期)

例(7a)中的"心下"和例(8a)中的"地上"在语义上具有泛向性,并且此处的"下"和"上"可以被其他词语代替(如"心上""地下")而基本意义不发生改变,在语音上必须读轻声。例(7b)中的"水龙头下"和例(8b)中的"头顶上"在语义上则不具有泛向性,此处的"下"和"上"在句法上若是被删除或被其他词语替换,则会改变意义,在语音上的表现就是名词后的单音方位词可以不读轻声。"N+单音方位词"的语音"四缺一"格局见下表:

表2

词语	读轻音	读本音
心下 地上	xīnxia dìshang	
水龙头下 头顶上	shuǐlóngtou xia tóudǐng shang	shuǐlóngtou xià tóudǐng shàng

轻声的"四缺一"格局表明,单音方位词用途(1)作为附缀的原型性存在差异。

很多情况下,单音方位词用途(1)究竟是否具有实际语义很难分清,比如:

(9)现在谁也看不出这块<u>土地下</u>曾经埋葬过一位绝代奇侠的尸体。(古龙《孔雀翎》)

例(9)中"下"的语义为定向还是泛向难以确定,"下"一般读轻声,也可以读强调重音,句法删除也不会使语义发生明显改变。因此不宜根据名位组合中单音方位词是否读轻声和语义虚实而把它分为两个词条,这应该是同一个语素作为附缀的原型性存在差异的体现。

(四)单音方位词前不能加"的"

李亚非(2009)提出方位词是从名词里分离出来的,根据运算的低费用原则,以是否用"的"区分名词和方位词;用英语助动词 do 来类比汉语"的"的语法作用,认为二者的使用都需要"独立原因"。

本书认为这一论证不能成立,语义为空的情态词 do 用来构成疑问句和否定句,但却不能用来构成陈述句(强调句中的 do 与此处的 do 不是一个语素),这说明其分布受限制,所以是有标记的(marked);而汉语"的"和普通名词共现,特殊名词(方位词)则不出现"的",和普通名词共现的"的"应该是无标记的(unmarked)。do 和"的"的环境特点正好相反。

本书认为汉语单音方位词具有附缀特征,某些结构中单音方位词的前面不能加"的"是由单音方位词的附缀性质决定的。

白鸽等(2012)认为"的"是一个典型的附缀,无法充当宿主(host)。但是李亚非(2009)指出:"方位词和'的'都是附着语素,而两个附着语素不能共存,因此在有方位词的情况下就不能再使用'的'。这种说法同样不能成立。"因为汉语"允许连续使用附着语素",比如"做完了题了的就可以离开了"。个别情况下单音方位词前面允许有"的",李亚非观察到下面三个例句"方位词虚化程度和句子的可接受性成正比":

(10)a. 桌子的腿上有个字儿,椅子的上没有。

 b. ? 西厢房的屋檐下堆了些柴火,正房的下还空着呢。

c. *仓库的门前是操场,主楼的前是花园。

李亚非将该结构表达为(11),"椅子的上"是"椅子的腿上"的省略,并认为这样的"的""上"连用"需要严格的句法条件,即方位词前面的名词必须省略"。"'上'作为方位词不容许方位词短语内部的直接成分[即例(12)的 NP]带'的',但自然无法控制非直接成分[即例(11)的 NP_1]是否带'的'。"

(11) $[_{LP}[_{NP_1}\text{ }NP_2\text{ 椅子的 \_\_}]\text{上}]$

(12) *$[_{LP}[_{NP}\text{ 桌子}]\text{的上}]$

我们认为仅仅依靠例(11)(12)这样的结构分析,而不承认某些单音方位词的附缀性,并不能真正解释为什么例(11)可以接受而例(12)不可接受。运算低费用原则难以说明为什么 do 用在有标记语境下,而"的"用在无标记语境下。另外,"的"和方位词连用一定要求结构中存在名词省略的观点也有问题。下面例句中"的"和方位词连用,但很难确认省略了什么名词。

(13)a. 宝石衬着什么底子都不好看。放在同样的颜色上,倒是不错,可是看不见,等于没有了。放在白的上,那比较出色了,可是白的也显得脏相了。(《读者》合订本)

b. 诸位做学问,不先求其大者而先把自己限在小的上,仅能一段段一项项找材料,支离破碎,不成学问。(钱穆《中国史学名著》)

c. 那两个男的里会不会有一个是她的男朋友?(西格尔《奥利弗的故事》)

  d. 在他所混过的宅门里,有文的也有武的;<u>武的里</u>,连一个能赶上刘四爷的还没有;<u>文的中</u>,没遇到一个讲理的。(老舍《骆驼祥子》)

例(13a)中的"白的上",如果把"颜色"补进去就不像地道的汉语了。石定栩(2009)认为:"按照中国人的说话习惯,除非为了修辞效果而故意重复,表示同一个事物的名词性成分很少会以同一个形式出现,再次提及时通常会采用代词,特别是零形式的指代成分。"例(13b)中的"小的上"与前面的"大者"平行,并没有省略什么。例(13c)中的"那两个男的里"不能补进"人"之类的词语。例(13d)有前文"有文的也有武的",下文"武的里""文的中"表达非常清晰,无法补进任何名词性成分。朱德熙(1966)指出:"在许多情况下,用省略来解释十分牵强,甚至完全讲不通。""语言事实证明这个说法也是站不住的。""离开了一定的语言环境和上下文,光说'红的''方的''木头的',就不知道指的是什么东西了。其实完整的语言格式所表示的意念不一定是自足的。'这个东西'并没有省略什么,可是离开了一定的语言环境,我们就不知道它指的是什么'东西'。"石定栩(2009)称这种"的"后补不出名词成分的结构为"独立'的'字结构"。

  其实,要解释例(11)(12)的对立现象,就必须承认单音方位词某些用法的附缀性。例(13a)中的"的"附缀在"白"上构成"白的",然后"上"附缀在"白的"上构成"白的上"。线性上似乎"的"是宿主,其实"白的"是宿主,所以"的"和单音方位词连用也是合法的。例(13b)(13c)(13d)的情况与此相同。李亚非(2009)事实上也承认"上"作为最具有附着语素特征的方位词,并不排斥另一个附着语素"的",所以例(11)可以接受。附缀在语音附着的同时,也伴随着语义虚化,这也可以解释为什么"方位词虚化程度和句子的可接受性成正比",如例

(10a)(10b)(10c)所示。

例(12)不能成立是因为该结构要求"的"后为有实际语义的词或短语,不能是附缀,因此作为附缀的单音方位词不能在此位置出现。单音节方位词"上"等不能占据此位置,是其附缀性质的体现。

吕叔湘(1979)已经注意到偏正结构中,加"的"的"大的树"成分可以扩展,而不加"的"的"大树"成分不可以扩展,因而"大树"等组合被称为"短语词"。朱德熙(1982)区分"粘合式偏正结构"和"组合式偏正结构",并指出粘合式体词性偏正结构的功能相当于一个单个的名词。陆烁(2017)从语义和句法上论证,不带"的"的定中结构是一个词而非短语。他明确指出,不带"的"的定中结构中的定语和中心语之间是"词汇性修饰"关系,而带"的"的定中结构的定语和中心语之间是"短语性修饰"关系。本书认为"桌子的上面"等"N+的+L"是短语结构。

彭家法(2007)提出汉语"的"字短语可以统一到一个句法结构中,在这个句法结构中"的"对整个结构的性质起决定性作用。因此"的"能够成为一个功能中心语,具体结构如下图所示。

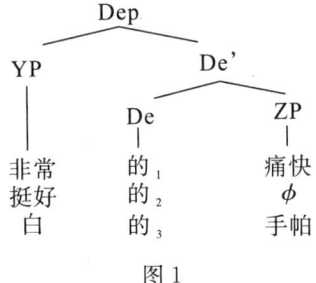

图1

熊仲儒(2016)指出生成语法使用 $\bar{X}$[①] 结构表征短语结构,核心之外的所有成分都是短语。偏正结构中的修饰语和中心语位于非核心位置,因此偏正结构中的修饰语和中心语都由短语充当。这些位置上的词实际都具有短语地位。"*桌子的上"中"的"后成分为短语,至少

---

① 为便于打字印刷,英语文献里也写成 X'。

由一个实词来充当,因此作为附缀的单音节方位词"上"等占据此位置不合法。

(五)鉴别手段的综合运用

数量搭配需要和能否加其他成分(如"的")等鉴别手段相配合。

(14)一张桌子腿　一条桌子腿　桌子的腿
(15)＊一所校徽　一枚校徽　＊校的徽
(16)? 两棵枣树叶　两片枣树叶　＊枣树的叶
(17)＊一只羊肉　羊的肉
(18)这块地上　＊地的上
　　一张桌子后　＊桌子的后

数量搭配和能否加"的"两个标准有时会得到相同的结果,如例(14)中的"桌子腿"是词组,例(15)中的"校徽"是复合词;有时结果不一致,如例(16)中数量搭配产生的结构能否被接受难以判定,以能否插入"的"作为标准较为可靠,"枣树叶"为复合词,而例(17)中"羊肉"虽能插入"的",但是否可靠存疑,数量搭配证明其是复合词。陆志韦(1964)以"羊的肉"在句子里说来不顺口为由,认为"羊肉"是词,相较而言,数量搭配是一个更具操作性的鉴别手段。例(18)中"地上""桌子后"不能插入"的","上""后"具有附着性,数量搭配标准证明其取宽域,为附缀。

Bloomfield(1933)认为:"一般地说,一个复合词成员不能像短语中的一个词那样作为句法结构中的一个成分来使用。短语 black birds(黑的鸟)中的 black 这个词能够被 very 来修饰(very black birds,很黑的鸟),但 blackbirds 中的复合词成员 black,就不能这样。"①

数量搭配和前加修饰成分这两种鉴别手段都以词汇完整性为依据(冯胜利,2013)。词汇完整性假说(Lexical Integrity Hypothesis)认为,短语规则不能影响到词汇内部的任何成分。数量搭配和修饰成分都可以影响短语的成分,而不会影响词汇内部成分,因此我们可以以这两种手段来区分汉语的词和短语。

三、双音方位词的句法地位

(一)"的"和数量搭配的作用

李亚非(2009)认为,是否与"的"共用决定双音方位词的句法地位。和"的"共用的双音方位词是普通名词(N),如例(19);不和"的"共用的双音方位词具有方位词(L)和普通名词双重地位,如例(20)。两种情况的句法结构表达如下:

(19)[$_{NP_1}$[$_{NP_2}$ 三棵枣树]的下边]
(20)[$_{LP}$[$_{NP}$ 三棵枣树]下边]

李亚非还认为"双音节+双音节"式的名位组合和名—名组合的结构也是不同的。"双音方位词在没有'的'的情况下实际上也是以前面的 NP 作补足语,而不跟其前的 N 组成 N-N 复合词。由于在该 NP 和方位词之间没有'的',那么,后者一定是 L,是名词的偏离语类。"

---

① 原文是"Generally, a compound-member cannot, like a word in a phrase, serve as a constituent in a syntactic construction. The word black in the phrase black birds can be modified by very (very black birds), but not so the compound-member black in blackbirds"。

(黄正德等,2013)这就是说,没有"的"的名位组合例(21a)和名—名组合例(21b)的结构不同:

(21)a. [三棵枣树]下边　[两辆汽车]后边
　　b. 三片[枣树叶子]　两只[汽车尾灯]

例(21a)中的"枣树下边"和例(21b)中的"枣树叶子"一样,都包含两个双音词。但是例(21a)中的数量词"三棵"和"枣树"呼应,可见"三棵枣树"先组合,"枣树下边"不是复合词,一定是词组,"下边"不是构词成分,而是独立的方位词;例(21b)中的数量词"三片"和"叶子"呼应,说明没有"的"的名—名组合"枣树叶子"是复合词,"叶子"是构词成分。

李亚非用能否插入"的"和数量搭配等句法表现来论证方位词的句法性质,其方法具有可操作性,但以上两个论断还存在以下几点问题。

数量搭配只能说明例(21a)(21b)结构关系有差异,不能说明双音方位词不同于名词。有"的"结构的例(19)和无"的"结构的例(20)中方位词"下边"的语法地位存在差异的论证也难以成立。

首先,"数量词+名词+名词"可以有不同结构,比如:

(22)a. [三所高校]学生
　　b. 三位[高校学生]

例(22)中的两个词组都是可以成立的,但两个词组的结构存在差异,这是因为"三所"不能跟"学生"搭配,"三位"不能跟"高校"搭配。"高校""学生"这样的普通名词可以出现在不同结构关系中,结构不同

是由词汇语义引起的(胡裕树,1995)。

李亚非列举的例子"三片枣树叶子""两只汽车尾灯"成立,"三棵枣树叶子""两辆汽车尾灯"也是成立的,结构分析如下:

(23)[三棵枣树]叶子   [两辆汽车]尾灯

下面是语料库中的实际语料:

(24)包括复旦大学、上海交通大学等<u>30多所高校学生</u>。(《文汇报》2001年第12期)
(25)来自全国22个省市的<u>80多家小城市市长</u>和部分专家学者。(《人民日报》1994年)

由此可知,"数量词+名词+名词"中词汇语义不同,就会有不同的结构。例(21a)必须分析为"[三棵枣树]下边""[两辆汽车]后边",是因为方位词的词汇语义和普通名词的词汇语义不同,词汇语义制约结构的组合关系。

如此看来,李亚非通过"数量词+名词+名词"类比"数量词+名词+方位词"的方法来比较方位词和名词的句法地位的做法是值得怀疑的。文炼、胡附(2000)提出双音方位词是处所名词,我们认为是比较恰当的。

其次,带"的"和不带"的"的名位组合中的结构都是词组,不是复合词。李亚非提出的带"的"和不带"的"的名位组合中方位词的性质不同的观点值得怀疑。下面是"面""边""头"构成双音方位词的实际语料,语料例(26)(27)(28)是不带"的"且有量词的名位组合:

(26) 走到<u>一片槐树下面</u>,树荫罩地。(李文澄《努尔哈赤》)

(27) 冬子望了望<u>信封里边</u>。(渡边淳《红》)

(28) <u>这座房子外头</u>的人行道已经不再是溜冰场。(彼得·梅尔《追踪塞尚》)

语料例(29)(30)(31)是带"的"的名位组合:

(29) 两个小男孩看到她立刻躲到<u>柜台的下面</u>。(祁秋怜《爱你不信邪》)

(30) 我家就在前边山坡上,那棵<u>大柿树的下边</u>。(王晋康《失去它的日子》)

(31) <u>门的上头</u>说五十号,门的背面却反驳说不对,是五十二号。(雨果《悲惨世界》)

按照李亚非的观点,语料例(26)(27)(28)和例(29)(30)(31)中的双音方位词语法性质不同。语料例(26)(27)(28)中的"下面""里边""外头"就是独立的词,具有方位词和普通名词双重地位,不同于普通名词;语料例(29)(30)(31)中带"的"的名位组合中的双音方位词"下面""下边""上头"等不具有双重地位,就是普通名词。

这并不能说明不带"的"的名位组合中双音方位词的句法地位不同于名词。相反,数量搭配倒是能说明带"的"和不带"的"结构中双音方位词的共性。不带"的"的名词和双音方位词组合(如"槐树下面")构成词组,而非李亚非所说的复合词;带"的"的名词和双音方位词组合(如"柜台的下面")也是词组。双音方位词都是具有一定语义特点的名词,是否插入"的"不改变结构中方位词的性质和句法地位。

(二)"是否加了其他成分"和"能否加其他成分"

李亚非(2009)提出从"的"字和数量词着手来区分词组和复合词。

请看例句：

(32) a. 四条床腿　　　　对比　　　＊四张床腿
　　 b. 这片树皮　　　　对比　　　＊这棵树皮
(33) a. (?)四条床的腿　　对比　　　四张床的腿
　　 b. (?)这片树的皮　　对比　　　这棵树的皮

两个名词性成分("床腿"的"床"和"腿")之间的"的"似乎可有可无。但是当"的"不出现时，量词必须与右边的名词性成分(也就是中心语)匹配，如例(32)中的"腿"；而当"的"出现时，量词可以选择与其中任何一个名词性成分匹配，如例(33)中的"床"和"腿"。所以李亚非认定例(32)中的名—名组合是复合词，而不是词组；例(33)中带"的"的名—名组合是名词词组。(又见黄正德等，2013)我们认为数量搭配是汉语词和短语区分的重要手段，但这一手段还需要结合其他因素综合考虑。

陆志韦(1964)认为离合词扩展之后是短语，没有扩展时是词。吕叔湘(1979)认为"大树"和"大的树"是不一样的。熊仲儒(2013b)认为"大的树"和"很大的树"也是不一样的，因为"很大的树"可以加数量词变为"很大的一棵树"，"大的树"不可以变为"＊大的一棵树"。以上诸家都是采用"是否加了其他成分"的方法来论证语言单位的句法地位。文炼、胡附(2000)认为"桌子上边"的"上边"不是方位词，而是处所名词，因为当中可以插入"的"。可见，以"是否加了其他成分"和"能否加其他成分"作为判断标准会得出不同的结果。我们认为"是否加了其他成分"和"能否加其他成分"是不同的鉴定手段，有时我们可以采用"能否加其他成分"(如"的")的方法来论证语言单位的句法地位。如果语素之间加了其他成分，则一定为词组，如"枣树的下面"已经加了

"的",所以它是词组;虽然没有加其他成分,但如果插入其他成分而不改变基本语义和句法功能,也可能为词组,如"枣树下面"虽没有"的",但是加入"的"以后,其基本意义和句法表现没有明显改变,所以"枣树下面"和"枣树的下面"同样为词组;不能插入"的",则可能为词,含复合词和派生词,例如:

(34)平行四边形的上边平行于下边。(梁绍鸿《初等数学复习及研究》)

例(34)中"上边"之间不能加"的","上""边"是具有实际意义的,"上边"为复合词。又如:

(35)我家就在前边山坡上,那棵大柿树的下边。

例(35)中"下边"中间也不能加"的",其中"边"不是实义成分,是词缀,"下边"为派生词。

当然,加入其他成分如果造成该语言成分语法功能的改变,则会改变语言成分的语法性质,所以吕叔湘先生认为"大树"是"短语词","大的树"是短语,两者语法性质不同。

(三)派生方位词和复合方位词的差异

黄正德等(2013)指出:"语素'面''头''边'在单独运用时是名词。""如果'面''头''边'等仍被看做名词,那么双音节方位词就是名词。如果认为'面''头''边'的语类内涵跟声调和语义内容一起失去了的话,那么,复合词中仍能决定这个语类的唯一语素就是单音节方位词,因此整个复合词被当做 L(方位词,特殊名词)。"根据一般定义,具有语义内容的"面""头""边"构成的双音方位词应该为复合词,而失去语义内容可以读轻声的"面""头""边"构成的双音方位词不是复合词,而应该是派生词,其中读轻声的"面""头""边"为词缀。所谓"双重地位"分析实际上混淆了作为派生词的双音方位词和作为复合词的双音方位词。

徐世荣(1982)、沈家煊(1999)、孙景涛(2005)提出语音在语言成分性质鉴别中具有重要作用。双音方位词可能是派生词,如例(35)中的"下边",派生双音方位词中"边""面""头"为词缀,语义相对模糊,可以读轻声,"边""面""头"几乎可以互换;双音方位词还有可能是复合词,如例(34)中的"下边",复合双音方位词中"边""面""头"具有名词性,有相应的声调和具体语义内容,"边""面""头"互换会造成语义明显改变。

双音方位词为复合名词和派生名词的语音可以用下表表示,仍然以"下边"为例:

表3

	词语	读本音	读轻音
复合名词	下边	xiàbiān	
派生名词	下边		xiàbian

李亚非(2009)认为:"如果把'边'当作名词,'下边'就是一个由单音节方位词和名词组成的复合词。""整个复合词的词性由'边'决定,是名词性的,在句法中自然要用'的'。另一方面,如果把'边'当成无词性语素,则'下边'的词性只能来自带词性的'下'。整个词是方位词,在句法里不能用'的'。"按照引文的意思,"下边(xiàbian)"体现为方位词(特殊名词),句法里不能用"的";"下边(xiàbiān)"则体现为普通名词,句法里要用"的"。语料显示,无论带不带"的","下边"的"边"都可能有实际语义而不读轻声,也都可能没有实际语义而读轻声。带

"的"结构中的双音方位词有可能是派生词,不带"的"结构中的双音方位词有可能是复合词。例如:

(36)a. 我家就在前边山坡上,那棵大柿树的下边 。(王晋康《失去它的日子》)

b. 一群热血青年竟然在城南的那座小山下边、在树林和山顶上辩论起来。(张炜《你在高原》)

(37)a. 两手左右的找胯骨尖作摆动的限度,两胯摆得正好使上身一点不动,可是使旗袍的下边左右的摇摆。(老舍《樱海集》)

b. 这件衣服口袋下边的针脚不够对称,口袋下边的针脚要密些。(王家馨《应用服装画技法》)

可见,派生词和复合词"下边"都可加"的",也可不加"的",不能以是否加"的"作为鉴别手段。

"下边"等双音方位词有时是派生词,有时是复合词,但是口语中经常出现的一般的双音方位词的句法地位为派生词,并不具有双重句法地位。

四、本节结语

汉语单音方位词的用法不同,其句法性质也有所不同。附在名词之后构成方位短语的单音方位词保留了名词的一些语法性质,同时具有附缀的语法性质,不同语境中单音方位词作为附缀的原型性存在差异。"*桌子的上"中"的"后成分为短语,至少由一个实词来充当,单音节方位词"上"等不能占据此位置,这是其附缀性质的体现。汉语双音方位词不存在双重地位,它们只是具有一定语义特点的名词。本书支持文炼、胡附(2000)双音方位词为处所名词的观点。"下边"等有时是派生词,有时是复合词,两者性质不同,并不存在双重地位。

研究显示,需要综合运用语音、语义、句法(删略、替换、加其他成分、数量搭配等)手段区分汉语语言成分的句法地位。数量搭配能够证明"名词+单音方位词"不是复合词,但不能证明双音方位词的句法地位不同于名词。名位组合无论是否加"的",其中双音方位词的句法地位没有区别,因此可以运用能否加"的"的方法来论证语言单位的句法地位。

本书通过单、双音方位词的研究发现现代汉语中即使是同一语言成分也可能具有不同的句法地位,从历时的角度看,这是语法化的结果,我们还需要用共时和历时相结合的方法进一步研究。

第二节 "给"类词不同句法位置的生成

一、引言

现代汉语"给、在、向、往、自、以、于"等词组成的"给"类结构既可以用在动词之前,也可以用在动词之后,位置比较灵活。我们把这几个词称为"给"类词。对这类词不同位置生成方式的探讨,对句法、语义、语音互动关系研究具有重要理论意义。

关于"给"类结构置于动词之后的句法功能,语法学者主要有两种对立的观点:一是"给"类结构放在动词的后面作补语;二是"给"类词跟前面的动词构成一个复合动词。认为"给"类结构作补语的代表学者有孙玄常(1957),赵元任(1979),刘月华等(2001),黄伯荣、廖序东(2011)等。赵元任(1979)认为介宾短语在动词后作补语,且作补语的介词仅限于"到、在、给"。他又认为介词是特殊动词,而且注意到后一个介词(语音上)的附属地位,它粘着于前面的动词,如"睡在床上"属于粘着的短语补语,其结构是动词加上一个动宾短语。刘月华等(2001)提出"介词短语补语"的概念,认为"在/到/给+名词"既可以位于动词之前,也可以位于动词之后,位于动词之后都是作结果补语。

另一种观点是把"给"类词分析为(语音上)附粘动词,与前面的动词形成一个整体,相当于一个动词。这一观点的代表学者主要有郑飞(1980)、张纯鉴(1980)、朱德熙(1985)、胡裕树(1995)、金昌吉(1996)、吕叔湘(1999)、陈昌来(2002)、黄正德等(2013)。朱德熙(1985)在讨论介词结构作补语的问题时指出,对"爬到山顶上"这一结构的分析,最合理的办法是把"到"看成"爬"的补语,把"山顶上"看成述补结构"爬到"的宾语。胡裕树(1995)认为"在、向、于、到、给、自"等可以直接附在动词或其他词语后边,构成一个整体,相当于一个动词。黄正德等(2013)认为"给、在、向"可以独立用作动词,也可以充当复杂动词谓语的第二个动词。本书认为,句子内介词从来不出现在动词后,这是现代汉语的独立要求,动词后出现的介词"给、在、向"实际是动词。

关于用在动词前后的"给"类词的性质,我们认为其实以上两个观点并不矛盾,"给"类词是不是一个词跟前面的语音有关,双音节动词和后面的"给"类词不构成一个整体,而单音节动词和后面的"给"类词经历了长期的语法化,逐渐凝固成了一个词。另外,"给"类词实际上分成两种:一种是只能用在动词前或者动词后,如"自、于、以"等,它们不能单独作谓语,是介词;还有一种是不仅能用在动词前后,还能单独作谓语,如"给、向、往、在"等,具有动词、介词双重身份(黄正德等,2013)。从语法简明性角度考虑,在语义没有明显改变的情况下不需要设置动介兼类。

除本体研究之外,有些文献进行了"给"类词相关的汉英对比及第二语言习得研究。沈家煊(1984)比较汉英介词在语序、是否具有强制性(能不能省略)、语义对应方面的异同。崔希亮(2005)研究欧美学生习得汉语介词的特点,并认为其主要表现在使用频率上。钱玉莲(2011)通过对"跟""向""给""为"等介词与其英语对应形式的详尽比照,预测出母语为英语的学习者的习得顺序。周文华(2011)将汉语介词分为五类,并通过定量分析得出不同介词的习得难度及顺序。

学术界关于"给"类词的研究成果有助于我们进一步了解"给"类词的功能和特点,其观点、研究角度、方法值得我们参考。但纵观前人的研究成果不难发现以下不足之处:一是对"给"类词组成的短语在不同句法位置的成因研究关注不足;二是对"给"类词句法性质的认识存在分歧。因此本书将研究"给"类词的具体用法,确定各个词的具体句法性质,从句法、语音、语义角度解释"给"类词在不同句法位置出现的原因。

二、"给"类词的句法位置及句法性质

"给"类词的词性包括动词、介词,处于实词向虚词过渡的语法化过程中,因此用法较多。在句法位置上,"给"类词主要出现在"G+NP+V""V+G+NP""V+O+G+NP"三种结构中("给"类词用"G"表示,动词用"V"表示,宾语用"O"表示,"NP"是"给"类结构中的名词)。"给"类词分布的位置并不完全相同,下面将详细分析"给"类词出现的不同句法位置。

(一)"给"类词位于动词前("G+NP+V")

"给、在、向、往、自、以、于"都可以位于动词前,下面分别讨论。

1. "给"

以下是"给"用在动词前的例子。

(1) a. 医生正在给他们看病。

b. 学生们给老师行礼。

c. 请给我帮个忙。

d. 开垦新地来给他们做实验。

例(1)中的"给"构成的结构都是"给＋NP＋V"。例(1a)中"给"后的宾语"他们"是动作的受益者；例(1b)中"给"介引动作的对象"老师"；例(1c)中"给"后跟受益方"我"；例(1d)中"给"表示"对方为接受对象"，不能换成"替"。在语义上"受益者"和"接受对象"相关、相通。在句法关系上，将"给＋NP＋V"分析为连动或状中皆可。当"给＋NP"用在不同的动词之前时，有的似乎能用"为、向、替"替换"给"，如例(1a)(1b)(1c)；有的不能，如例(1d)。但这些"给"都是一个词，具有动词、介词双重身份，不存在兼类。

2."在"

(2) 小狗在地上打滚。——＊小狗打滚在地上。

(3) 我在作业本上写字。——＊我写字在作业本上。

(4) 奶奶在屋里坐着。——＊奶奶坐着在屋里。

"在＋NP"表示动作的处所时，必须放在动词前作状语，放在动词后则句子不成立，如例(2)(3)(4)。吕叔湘主编的《现代汉语八百词》(1980)中提到"动词如带有后附成分，'在＋……'只能用在动词之前"，如例(4)"在屋里坐着"不能说成"坐着在屋里"。"在＋NP"表示动作进行的处所，此时的动作者不一定位于处所里，如例(3)"在作业本上写字"的"我"不在"作业本上"。

3."向""往"

"向""往"都可以与处所名词或方位词组成"向/往＋NP＋V"结构,用在动词前表示动作的方向。例如:

(5)<u>向</u>大楼走去。——<u>向</u>东走。
(6)<u>往</u>桥洞里走。——<u>往</u>东走。

"向/往＋NP＋V"结构中的 NP 如果是抽象名词,则无法表示出动作的具体方向,如例(7b)。如果 NP 是具体名词,其后可以跟方位词,如例(7a);也可以跟名词加方位词构成的方位词组,如例(8a);还可以跟一个名词,如例(8b),这些都是表示方向位置的名词性成分。

(7)a.把雕塑<u>向</u>左边推。(具体方向)
 b.把公平<u>向</u>极致推。(无具体方向)
(8)a.把玩具<u>向</u>/<u>往</u>盒子里面扔。
 b.<u>向</u>学校走去。

这些"向""往"也具有动词、介词双重身份。

4."自""以""于"

(9)考古队<u>自</u>山上下来。
(10)小明<u>以</u>夸张的手法写作。
(11)老师已经<u>于</u>昨日回国。

"自""以""于"都是典型的介词。"自＋处所词/方位词"置于动词前表示处所的起点,如例(9)中的"自"表示地点,可以用"从"替换;

"以"用在动词前表示方式、原因,此时的"以"可以与"用"互换;"于"用于动词前表示时间、地点或范围时,可以与"在"互换。

"给、在、向、往、自、以、于"都可以出现在动词前,此时的"给"类词一般不能省略,如例(1)至(11)中的"给"类词省略后,句子都将不成立。只有表示时间的"于+NP"用在动词前时,"于"可以省略,如:"(于)当年 7 月创办福建汽车股份有限公司"。但是当"于"前有修饰语限制时,"于"不能省略,如"新生已*(于)九月初正式上课"。

本书将动词前的"给"类结构总结为表 1。

表 1 动词前的"给"类结构

动词前的"给"类结构	"给+NP"	"向+NP"	"往+NP"	"在+NP"	"自+NP"	"以+NP"	"于+NP"
主要作用	表示动作的对象	表示动作的方向	表示动作的方向	表示事物存在的处所	表示处所的起点	表示凭借、方式	表示动作的范围
例句	<u>给</u>老师打通了电话。	<u>向</u>大楼走去。	<u>往</u>山洞里走。	<u>在</u>酒瓶上移动。	<u>自</u>额前淌下的血滴。	<u>以</u>原作者的身份出面。	一切均<u>于</u>无意中完成。

(二)"给"类词位于动词后

"给、在、向、往、自、以、于"还可以位于动词后,下面分别讨论。

1. "给"

不同句法位置的"给+NP"语义可能相同,有差异的地方是在动词前的"给+NP"强调动作,如例(12a);在动词后的"给+NP"强调接受对象,如例(12b)。

(12) a. 你<u>给</u>他带这本书。(强调"带")

b. 这本书你带<u>给</u>他。(强调"他")

(13) a. <u>给</u>他买一本书送人。

b. 买<u>给</u>他一本书。

不同句法位置的"给"类词语义可能不同,如例(13a)是歧义句,"他"可能是受益者,句中的"给"可以用"替""为"代替;"他"也可能是接受者,不能换为"替"。如果把动词提前变成例(13b),"他"只能是接受者。需要指出的是,单音节动词与"给"形成复合动词,而不能与受益者标记"替"构成复合动词,这是因为动词前是受益者的常规位置,同时是接受者的可选位置;动词后是接受者的常规位置,但不是受益者的可选位置。

2. "在"

不同句法位置的"在+NP"表达的重点有所差异,动词前的"在+NP"强调动作,动词后的"在+NP"则强调处所。但是,不同的句法位置不影响动词前后的"在"的语义。例如:

(14)我住在人民路小区。——我在人民路小区住。
(15)歌词出现在屏幕上。——歌词在屏幕上出现。

有时,动词后的"在+NP"移位至动词前时,句子可能会稍作变化。因为音节问题,只有加上助词"着",句子才成立。例如:

(16)我躺在床上。
　　我在床上躺着。

3. "向""往"

动词前后的"向""往"都是引出动作的方向。"向""往"放在动词后时,一般限于单音节动词。"向"用在"走、指、推"等单音节动词后表示方向,"往"用在单音节动词"开、送、逃"等动作动词后表示方向。动

词后的"向"引出的名词可以是具体名词,也可以是抽象名词,而"V+往"后主要跟具体名词。例如:

(17)a. 我打开门,走向窗户。(具体名词)
　　b. 走向思想的深处。(抽象名词)
(18)开往东北的火车即将出站。(具体名词)

"向/往+NP"后不能带"上""里面"等方位名词,例如:

(19)a. *走向窗户上。
　　b. *开往东北里面的火车即将出站。

4. "自""以""于"

"自"是古汉语的遗留词,使用范围非常有限,一般跟在有"来源"义的双音节动词后表示"从"的意义。"自"跟在"来、出、引"等少数单音节动词后固定成粘宾动词。例如:

(20)这部分摘录自网络。
(21)a. 这句话出自小明的嘴里。
　　b. 来自未来世界的我。

"以""于"的语法化程度较高,很多用在单音节动词后的"以""于"由于长期使用逐渐双音节化,凝结成粘宾动词,如"予以、借以、勇于、善于"已变成动词。"于"用在双音节动词后与名词组合作补语,表示时间或处所。例如:

(22)对违法者予以严厉处罚。

(23)这部小说完成于2001年。

"给"类词都可以出现在动词后,此时的"给"类词一般不能省略,因为省略"V+G+NP"结构中的"给"类词G后,一般名词与单音节动词直接构成动宾结构,这在语义上常常不成立或有所改变,如"买给孩子≠买孩子""摘自网络——*摘网络";名词NP一般不能单独在双音节动词后作补语,如"完成于2001年——*完成2001年"。

当名词是处所名词时,放置类动词后的"给"类词可以省略,如"把它放(在)家里"。

名词表动作对象的"V+给+NP"结构,只有当动词V与"给"的方向性一致时,"给"才可能省略,反之不能省略。例如:

(24)a. 这位外商悄悄地送(给)他一件衬衫。("送"与"给"都是"给予")

　　　b. 父亲把漫画当作玩具买给孩子。("买"是"取得","给"是"给予")

本书将动词后的"给"类结构总结为表2。

表2　动词后的"给"类结构

动词后的"给"类结构	"给+NP"	"向+NP"	"往+NP"	"在+NP"	"自+NP"	"以+NP"	"于+NP"
主要作用	表示交付、传递的接受者	表示动作的终点或方向	表示动作的终点	表示处所	表示处所或时间(动词一般只限于"来")	表示方式	表示时间、地点、来源、对象、原因

(续表)

动词后的"给"类结构	"给+NP"	"向+NP"	"往+NP"	"在+NP"	"自+NP"	"以+NP"	"于+NP"
例句	把方法传授(给)众乡亲。	奔向了那灯火。	开往东北的火车。	将水桶平稳地搁(在)井台上。	来自未来。	对她们报以微笑。	完成于7月。

（三）"给"类词位于宾语后

"给""在""向"等除了用在动词前后，还可能出现在宾语后，形成"V＋O＋G＋NP"结构。这一结构相当于把宾语O插入"V＋G＋NP"结构中的动词与"给"类词之间，例如：

(25) 写一封信给我。

挂一幅画在墙上。

伸出一只手向太阳。

"V＋G＋NP"结构中插入宾语O，宾语O可能出现在动词与"给"类词之间形成"V＋O＋G＋NP"结构，也可能出现在"给"类短语之后形成"V＋G＋NP＋O"结构，但是不能出现在"给"类词与名词NP之间。因为动词可以带宾语，而"给"和它的宾语NP结合紧密，中间不能插入其他成分。例如：

(26) 妈妈织一件毛衣给我。（"V＋O＋G＋NP"结构）

妈妈织给我一件毛衣。（"V＋G＋NP＋O"结构）

＊妈妈织给一件毛衣我。（＊"V＋G＋O＋NP"结构）

能放在宾语后的"给"类词不单是"给"这一个词，黄正德等(2013)指出，"给、在、向""可以有效充当复杂动词谓语的第二个动词，不论是

采取短语形式还是复合形式"。也就是说,"V+O+G+NP"结构中的"给"类词的动词特征明显,但是能进入这一结构的"给"类词只限于"给""在""向",主要因为它们具有可以单独充当谓语中心的句法性质。"以""自""于"已经完全虚化,不能用在宾语后;虽然"往"也是动词,但不能构成"V+O+往+NP"结构,这与"往"自身的虚化程度有关。

宾语后的"给"类词不能省略,因为"V+O+G+NP"结构省略"给"类词G后形成的不是双宾语结构,而是不合法的"V+O+NP"结构,如"写一封信给我——*写一封信我"。

本书将宾语后的"给"类结构总结为表3。

表3 宾语后的"给"类结构

宾语后的"给"类结构	主要作用	例句
"给+NP"	引出施事、受事	写一封信给我。
"在+NP"	表示动作发生的时间、处所	挂一幅画在墙上。
"向+NP"	表示动作的方向	伸出一只手向太阳。

(四)"给"类词位于句首

"给"类词都可以在一定语境下用在句首表示强调,但只有"给""在""于""自"用在句首是常规用法。位于句首的"给"表示对象,"自"表示起点,"在""于"表示位置,例如:

(27)给你妈说,我晚上加班。(表示对象)
　　自今日起,该公司正式上市。(表示起点)
　　在远方有个人在等我。(表示位置)

如果句中的"给"类短语结构复杂,而主语短小,"给"类短语插在主语与谓语中心之间会使得它们的联系变得松散;"给"类短语放在句首可以使句子结构更加紧凑,更符合人们的语言逻辑和习惯。例如:

(28)在105毫米或155毫米的定时炮火的掩护下,坦克可以毫发不伤地推进。(复杂介词短语作状语)
　　＊坦克在105毫米或155毫米的定时炮火的掩护下可以毫发不伤地推进。

有些句首状语受语义制约不能移到句中,如表条件的"给"类短语作句首状语时表示整个事件成立的前提条件,如果移到句中会导致句子不成立或改变句意。例如:

(29)自那时起,他始终忠于自己的诺言。
　　他自那时起始终忠于自己的诺言。
(30)在地球上,这种侵入时时刻刻都在发生,而且侵入的频率和范围还将不断扩大。(表示条件)
　　＊这种侵入在地球上时时刻刻都在发生,而且侵入的频率和范围还将不断扩大。

"给"类词在句首有时可以省略,构成存现句,如"(在)远方有个人在等我"。句首表时间、地点的"给"类词也可以省略,如"(自)今日起,该公司正式上市"。

本书将位于句首的"给"类结构总结为表4。

表4 位于句首的"给"类结构

位于句首的"给"类结构	主要作用	例句
"给+NP"	NP为一般名词(词组),表示动作对象	(给)你妈说,我晚上加班。
"在+NP"	NP是时间名词或地点名词,表示时间或空间位置	(在)远方有个人在等我。
"于+NP"	NP是时间名词或地点名词,表示时间或空间位置	(于)昨日下午全军出动作战。
"自+NP"	NP是时间名词或地点名词,表示起点	(自)今日起,该公司正式上市。

(五)"给"类词的句法性质

"给"类词中的"自""以""于"是古汉语遗留下来的典型的介词。它们不能单独充当句法成分,总是附着在所介引的成分之前,或附在动词之后。

"往"动词性比较强,可以表示向某处去,但是"往"在句中作谓语,只有在"对举"时才成立。例如:

(31)一个往东,一个往西。

动词"往"及其宾语还可以和另一个动词组成"往+宾语+动词组"结构,表示动作的方向,例如:

(32)往教室走去。

"给"类词中的"给""向""在"能够单独充当谓语。它们具有动词的显著特点:都可以单独作谓语或谓语中心;都能受否定副词"不"或

"没"的修饰;都能自由地用"X 不/没 X"方式提问,如"在不在""给不给"等。例如:

(33)儿子说:下午就走,连长<u>给</u>了一天假。(表示使对方得到)

(34)他让我把双脊的头抬起来,让它的嘴巴<u>向</u>着天,然后他把瓶子插到牛嘴里。(表示方向)

(35)他说:"不,不<u>在</u>学校门口,被人看到影响不好。"(表示处所)

"给"作谓语可带助词"了、过",意为使对方得到。"向"作谓语必带宾语,意为正对某个方向。"在"作谓语表示存在,以及人或事物存在的处所、位置等。

同样,在"给/向/在+宾语+动词组"结构中,"给/向/在"仍有动词性,同时也有介词性,具有动词、介词双重身份。其中,"给"还可以用在"动词组+给+宾语"结构里。例如:

(36)<u>给</u>他拿去——拿去<u>给</u>他
　　　<u>在</u>房间里走来走去
　　　<u>向</u>终点跑去

关于"给"类词的词性,我们认为不同位置并不影响"给"类词的词性,因为位置虽不同,但其语义并没有明显改变。能单独使用的是动词,能被"替"等典型介词替换的是介词,某些位置则兼具动词、介词双重身份,不必设置动词、介词的兼类。如"我给你送一本书"中的"给"、"我在家看书"中的"在"、"向他扔鸡蛋"中的"向"都兼具动词、介词双

重身份;而"往"在对举句中仍然单独使用,是动词,但是它有格式限制。很多学者把这些"给"类词分析为介词和动词兼类,理由是它们出现在介词常出现的状语位置,但实际上动词也可以出现在状语位置,如"我乘车回家""我们鼓掌通过了这一选举结果"都是动宾式结构作状语。因此没必要把放在状语位置的"给"类词看成介词、动词兼类,否则不仅使汉语语法体系变得复杂,更增加了对外汉语教学以及留学生学汉语的难度。

三、不同位置的生成

不同位置的"给"类词具有同一性,它们的不同位置是句法移位造成的。另外,语义和语音因素也会影响"给"类结构在句中的位置。

（一）句法与"给"类词的位置

轻动词句法是生成语法最简方案下的一个句法理论假设。冯胜利(2005)指出轻动词的语法意义多于词汇意义,并根据其外在形式把它们分为不带音的轻动词和带音的轻动词,轻动词直接促发它所控制的下属动词的句法移位,即"轻动词移位"。

1. 从"G+NP+V"结构到"V+G+NP"结构

"V+G+NP"结构是"G+NP+V"结构通过轻动词移位生成的。黄正德等(2013)指出图1是既定事件所有外部与内部参与者的最小结构,它准确描述了动词结构中可供句法运算的所有论元位置。

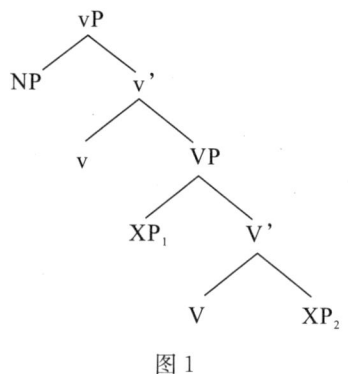

图 1

我们来看一组句子：

(37) a. 给他送一本书。（动词前）
　　 b. 送给他一本书。（动词后）

例(37a)是"给"类词用在动词前，根据图1，"给"在轻动词v位置，受益者NP_1"他"在XP_1位置，动作对象NP_2"一本书"在XP_2位置，所以例(37a)的句法结构应该为图2。

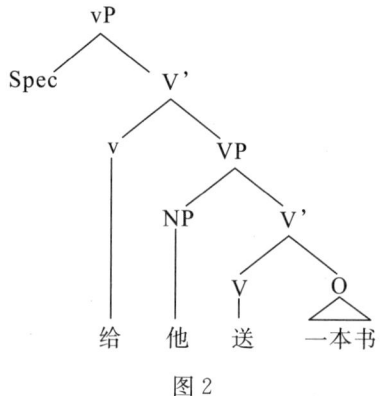

图 2

如图2所示，"给"在轻动词v位置上，动词"送"是被轻动词C‑command的下属动词V。V提升到v位置，与"给"合并成一个复合动词，这个过程就是"轻动词移位"。复合词"送给"是由两个动词性成分构成的某种单一成分,其中词汇性的"V"必须移位到轻动词"v"位置,移位后的"给"与动词合并成一个动词,得到"V+G+NP"结构。王永娜(2011)指出移位后的"向/往"与动词合并成一个动词,仍保留语音形式,因此可移位的动词必须是单音节的。如图3所示:

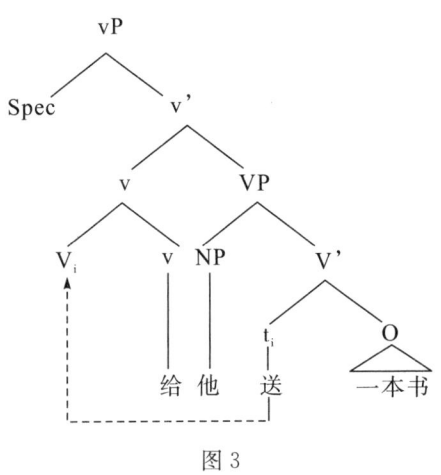

图 3

句法图 3 中的 t_i 是 V 移位后留下的空语迹,V_i 是移位后动词的位置。"给"与移位后的动词合并,此时的"给"正是黄正德等(2013)提到的复合形式的第二个动词,即例句中的"送""给"都是动词,只不过"送"是主动词,"给"是第二动词。

除"给"之外,其他的"给"类词也可以通过轻动词移位派生出"V+G+NP"结构,例如:

(38) 向远处看——看向远处
　　 往北京开——开往北京
　　 在北京住——住在北京
(39) 自北京来——来自北京
　　 以微笑回报——报以微笑
　　 于1998年完成——完成于1998年

例(38)中动词前的"向""往""在"通过移位成为复合形式的第二个动词,其词性仍是动词。例(39)中的"自""以""于"的语法意义大于词汇意义,其中,"以"的虚化程度高,大多与单音节动词凝结成粘宾动词,分开后句子不成立,如"报以微笑"不能说成"以微笑报",换成双音节动词"回报",句子才能成立;"于"可以构成"难于、勇于"等粘宾动词,也可以跟在双音节动词前后,如例(39)中的"完成"。"给""在"在这一生成过程中没有音节限制,前后的动词可以是单音节的,也可以是双音节的。例如:

(40)<u>给</u>他推荐一本书。——推荐<u>给</u>他一本书。

(41)<u>在</u>操场发生打架事件。——打架事件发生<u>在</u>操场。

表5 "给"类词移位与单、双音节动词比较简表

"给"类词	给	在	向	往	自	以	于
单音节动词	+	+	+	+	+		+
双音节动词	+	+				+	+

2. 从"G+NP+V"结构到"V+O+G+NP"结构

我们来看另一组句子:

(42)a. 明天<u>给</u>他送一本书。(动词前)

b. 明天送一本书<u>给</u>他。(宾语后)

我们尝试将例(42a)的句法结构分析为图4。

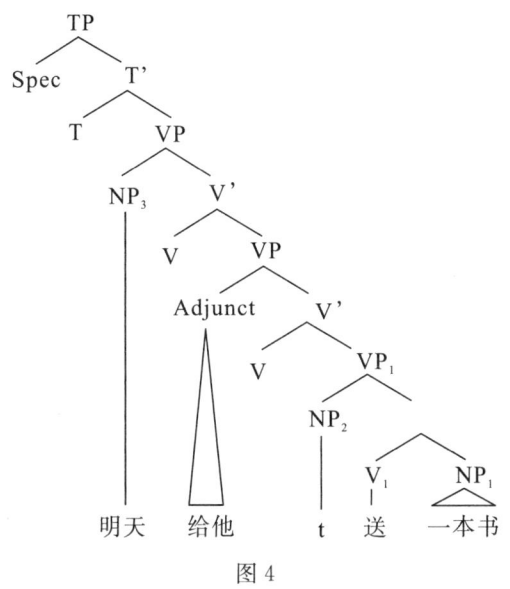

图 4

本书认为"给"不是介词,可以称之为"附加语"。如图 4 所示,"给他"作为一个"给"类短语放在附加语位置,动词"送"与"一本书"合并成一个动词词组。彭家法(2012b)认为"谓词组的整体移动",不同于传统的动词中心语移位,不是其他成分不动只有动词的自身提升,而是谓词携带其密切成分整体提升。根据这一理论,假设"V+O+G+NP"结构是由"G+NP+V"(给他送一本书)原结构中的谓词组"送一本书"整体提升至轻动词位置生成的。其派生过程如下:

(43)a. 明天给你[送一本书]
(44)b. 明天[[送一本书]$_j$ 给你 t$_j$]$_i$

谓词组移位到"给你"之前,此时"给"的词性也是动词,即黄正德等(2013)提到的短语形式后的第二个动词。

对比以上两种轻动词移位,"V+G+NP"结构是由"G+NP+V"结构中的动词 V 提升与"给"形成复合动词得到的,"V+O+G+NP"

结构是由"G+NP+V"结构中的谓词组提升得到的。因此可以看出,这三种基本结构是相互派生的。

3.句中状语与句首状语

多数句首状语是通过句中状语移位形成的,移到句首起强调作用。有些"给"类短语必须位于句首,除了上文提到的冗长复杂状语只能位于句首外,还有些在句首表示时间的状语,由于汉语的语言习惯也必须位于句首。例如:

(45)<u>在</u>后期,由于对钙的利用率降低,日粮钙不能满足鸡蛋壳钙化的需要。

"给"类词中表示时空义的"在""自""于"置于句首有两种情况:一种情况是构成存现句,如例(46)的"在+NP"结构只能置于句首,这个"在"可以省略;另一种情况是"自"和"于"表示事件发生的时间和地点时,既可以用在句首,也可以用在主语之后、动词之前,这种"自""于"一般可以省略,如例(47)和(48)。

(46)(<u>在</u>)前方有一块高达三十米左右的巨石。
(47)a.(<u>自</u>)话筒里,他听到她浓重的呼吸。
　　b.他(<u>自</u>)话筒里听到她浓重的呼吸。
(48)a.(<u>于</u>)昨日下午全军出动作战。
　　b.全军(<u>于</u>)昨日下午出动作战。

(二)语音与"给"类词的位置

"给"类词位于动词后有很大的限制,首先是音节限制。"给"类词组成的"给"类短语用在动词后时,有些学者认为是作补语,有些学者

认为是复合动词的构成成分。王永娜(2011)认为"V ＋ 向/往 ＋ NP"是由"向/往 ＋ NP ＋ V"结构中"给"类词的轻动词性质以及引发的核心动词移位构成的,这一句法运作过程受到了韵律句法的限制,要求其中的动词"V"只能为单音节形式。这说明有些"给"类词只能位于单音节动词后。语音上看,动词的单、双音节可能会影响"给"类词在句中的位置。其中,单音节动词与其后的"给"类词可能会词化为粘宾动词。

1. 单音节动词后的"给"类词

关于"给"类结构在单音节动词后的情况,请看例句。

(49)他把烟分给乡亲们。

(50)它们嘹亮的鸣叫冲破教堂的房顶,飞向凄凉的天空。

(51)自他被调往农场后,家里的生活质量不断提高。

(52)然后站起来,从包袱里摸出一张神符,放在一个大黑碗里烧化了。

(53)这庙里的五通神像,大概是出自他们的祖先之手。

(54)这部作品用夸大的方式从另一方面加以丑化。

(55)然而,新厂长却说:我打小在黄河浪里钻过,要敢于下海,不怕喝水。

语音上,"$V_{单}$ ＋'给'类词"已经形成一个复合动词。胡裕树(1981)认为,动词与"给"类词是一个整体,相当于一个复合动词。陈昌来(2002)也指出动词后的"给"类词在语音上与前面的动词相连,一些"给"类词已经和动词组成一个复合词。"给"类词后附的动词语音上一般是单音节的。这一观点主要依据语音停顿的位置,"$V_{单}$＋G＋NP"结构的语音停顿在"给"类词的后面,不能在动词和"给"类词之

间,如"分给/老乡——*分/给老乡""敢于/下海——*敢/于下海"。此外,"给"类词中的"给""向""往""在"仍保留动词性质,后附动词后仍读原调,而"自""以""于"已经完全虚化,后附在动词后语音上往往弱读。粘宾动词就是这类复合动词高度凝结的结果。

汉语的双音节化使"$V_{单}$+G+NP"结构中的"给"类词逐渐远离名词性成分,与单音节动词结合。因此汉语中出现一种特殊的动词——粘宾动词。如:例(54)中的"加"和"以"均为单音节语素,在双音化机制的作用下,容易形成一个双音节词;例(55)中的"敢于"是个形式动词,后面必须要跟宾语,"敢于"可以构成"敢于不敢于"结构表示疑问。金立鑫(1993)认为:"现代汉语谓语动词后的介词短语中的介词有一种强烈的粘附动词的句法要求,或者说有一种与谓语动词紧密结合的倾向。"因此在双音节化以及高频的使用率的影响下,"加以""敢于"日益凝固,最终词化为粘宾动词。

粘宾动词中的动词语义抽象性越高,句法的粘着性越强,粘宾动词的成因包括语义较抽象、句法功能单一以及汉语语音的双音节化等。需要强调的是,"$V_{单}$+'给'类词"并不都能构成粘宾动词,"给"类词中多数不能构成粘宾动词,原因是粘宾动词"加以""等于"等意义比较抽象,而很多复合动词的意义实在,如"送给"表示"给予"义,"开向/往"表示动作的方向,"放在"介引动作的位置或终点,"来自"表示来源。因此单音节动词后的"给"类词仍是一个词,而粘宾动词中的"给"类词已经虚化为一个构词成分。

2. 双音节动词后的"给"类词

关于"给"类结构在双音节动词后的情况,请看例句:

(56)他绝不肯将这女人的隐私<u>暴露给</u>部下的。

(57)挑战才有出路,<u>昂扬</u>向上的人绝境中捕捉飞逝的机遇。

(58)这里地势不好,队长建议<u>出发往</u>河南方向。

(59)驴的脖子弯曲着扬起来,<u>滞留在</u>空中,然后沉重地甩下去,发出潮湿而粘腻的肉响。

(60)这样一来,作者似乎认为就用不着"<u>转引自</u>"某人某时某著作了。

(61)撒谎者们忘记了一个常识,蒸馏酒最早<u>出现于</u>汉代。

以上例子都是"给"类词出现在双音节动词后,它们不属于复合动词。一方面,由于双音节词占优势,人们习惯将"V$_双$＋'给'类结构"的语音停顿在动词和"给"类词之间;另一方面,谓语中心是双音节动词,结构比较凝固,使得其后的"给"类词难以附着在动词上,仍在动词与名词之间起联系的作用,且"给"类词与名词的联系较为紧凑,"给"类词很难脱离名词性词语。因此"给"类词与后面的名词性成分组成"给"类结构在动词后作补语。

与"飞向""调往"这类"V$_单$＋G＋NP"结构相比,我们发现,"V$_单$＋G＋NP"结构的语音停顿在"给"类词之后,"V$_双$＋G＋NP"结构的语音停顿在动词之后,这说明双音节动词后的"给"类词仍是一个词,还未虚化成一个构词成分。

对比动词前后的"给"类词可以看出,"给"类词在单音节动词与双音节动词后的性质有可能不同。如:粘宾结构中的"给"类词已经成为一个构词成分,而其他单音节动词或双音节动词后的"给"类词仍然是一个词。

(三) 语义与"给"类词的位置

谓语动词的语义特征可能会影响"给"类词在句中的位置。朱德熙(1979)提到当谓语动词具有"给予"义时,动词后和宾语后的"给"类词可以相互转化;当谓语动词具有"取得"义时,两者之间不能相互转

换。例如:

(62)送一本书给他。(宾语后)——送给他一本书。(动词后)
赢一笔钱给他。(宾语后)——*赢给他一笔钱。(动词后)

首先,例(62)中"赢一笔钱"完整的说法是"赢来一笔钱",而"赢给"不能说成"赢来给"。另外,从语义上看,"赢"是"取得"义动词,"赢一笔钱"与"给他"是两个不同事件,而"送一本书"就是"送给他"的。

如果谓语动词具有"制作"义,那么"给"类词只能放在动词前和宾语后,不能放在动词后。例如:

(63)我给孩子织毛衣。(动词前)
我织毛衣给孩子。(宾语后)
*我织给孩子毛衣。(动词后)

"给"类短语句法位置的不同可能会影响对其语义的解读,如"在+NP"表示动作发生的时间时用在动词前;当"在+NP"表示时间或处所时,放在句首起强调作用。例如:

(64)在下午四点前交稿。(动词前)
(65)在东城,我们遇到了很多百岁老人。(句首)

在现代汉语中,状语主要位于动词前起修饰限制的作用,补语主要位于动词后起补充说明的作用。这种状语和补语在语法作用上的差异,可能会导致"给"类短语在句中的不同位置存在不同的解释。如"在桌子上跳"的"在"表示"处所","跳在桌子上"的"在"表示"方向"。

"在+NP"位于句首、动词前、动词后的意义好像不同,但其中的"在"都表示事件发生地点或时间的"定位",基本语义没有区别,具体细节的差异是由不同句法位置引起的,而造成这种句法位置差异的原因是移位。

"给"类词的不同义项影响"给"类结构的位置。如"向"表示动作的方向时可以位于动词前,也可以位于动词后,而介引动作的对象时,只能用在动词前;"于+NP"结构表示处所、比较、来源、目标时一般置于动词后,只有表示时间或范围的义项时才可能放在句首或动词前。例如:

(66)向老师表示感谢。(动词前,表示对象)
(67)于千山万水中寻找你。(句首,表示范围)

四、"给"类词相关的汉英对比

"给"类词相关的汉英差异主要表现在句法位置、句法性质和语义对应三个方面,差异中同时也表现出共性,这种共性和差异都可以用有限变异的句法制图理论来解释(刘丹青,2011;彭家法,2013b)。"给"类词的句法位置对比说明两种语言的基础位置是相同的,差异只在是否有移位;"给"类词的句法性质和语义对应方面的比较说明两种语言库藏存在差异。

(一)"给"类词句法位置相关的汉英对比

汉英"给"类词在句法位置分布上存在差异。汉语中"给"类结构可以位于动词之前,而英语只能置于动词之后,如例(68)。彭家法(2012b)认为:"英语的词序跟汉语很不相同,附加语处于中心动词之

后,而且附加语之间的顺序正好和汉语的顺序构成'镜像'关系,两种语言正好倒过来。"

(68)孩子们在街上玩。(动词前)
The kids were playing in the street.(动词后)

更具体来说,汉语"给"类结构在句中的位置比较灵活,既可以位于动词之前,又可以位于动词之后和宾语之后,还可以位于句首。例如:

(69)a. 一个有钱的商人在小镇上住。(动词前)
　　 b. 一个有钱的商人住在小镇上。(动词后)
　　 c. 在小镇上,住了一个有钱的商人。(句首)
　　 d. 放了一个包在椅子上。(宾语后)

英语中对应的"给"类结构相对固定,一般位于句末。例如:

(70)She disliked his involvement with the group.(句末)
　　 *She disliked with the group his involvement.

汉语、英语都可以为了强调,将"给"类结构置于句首。例如:

(71)在这种情况下,很容易看到发生了什么。(句首)
　　 In this case, it's very easy to see what happens.(句首)

关于汉英"给"类词的省略情况,汉语中"给"类词的使用具有一定

的弹性,而英语中相应的结构在句法位置上表现出明显的强制性。例如:

(72)他喜欢<u>在</u>暑假旅游/他喜欢(<u>在</u>)暑假旅游/(<u>在</u>)暑假他喜欢旅游。

He likes to travel <u>in</u> summer.

当汉语"给"类结构用在动词前充当状语时,一般不能省略,但移到句首位置时有时可以省略。而英语相应的"给"类词在句首不能省略。例如:

(73)(<u>在</u>)桌上有两个玻璃杯。(句首)

<u>O</u>n the table stood two glasses.(句首)

汉语的"V+G+NP+方位词"结构去掉"给"类词 G 后,"NP+方位词"结构可以直接跟在动词后,而英语的此类结构必须加相应的"给"类词。如例(74)中汉语可以表示成"在桌上"或"桌上";而英语中的"on the table"表示处所,必须在"the table"之前加"on"。

(74)放(<u>在</u>)桌上。—— Put <u>on</u> the table.

需要注意的是,位于单音节动词后的汉语"给"类词受语音的影响,"V+G"结构已经固化为粘宾动词,此时的"给"类词必须强制出现,如"勇于、加以"。英语也有相似情况,如"ask for"。

根据有限变异的句法制图理论(彭家法,2013b),汉英"给"类词在语序、是否可以省略方面的差异是由语言成分是否移位和功能词隐现

造成的。

(二)"给"类词句法性质相关的汉英对比

汉英"给"类词在句中的词性也存在差异。汉语习惯用动词表示动作行为,而英语中有丰富的介词,因此汉语的动词多对应英语的介词。这是一种特殊的对应。例如:

(75)a. 有人<u>给</u>他撑腰。(动词前)——He has someone <u>behind</u> him.

b. 奔<u>向</u>终点。(动词后)——Race <u>to</u> the finish line.

例(75a)中的"给他撑腰"是个动词组,对应英语的介词"behind",因为汉语"给"可以单独作谓语,而英语介词可以表示相关义。例(75b)中的"向"是复合动词中的第二动词,而译成英语对应的是介词"to"。

还有一种情况是汉语动词对应英语动词,如例(76)中的动词"给"都对应英语的动词"give"。

(76)a. 我希望有时你能<u>给</u>我们谈谈那件事。——I hope you will <u>give</u> us a talk about it some time.

b. 谁<u>给</u>我们上课?——Who <u>give</u> us the lecture?

汉语"给"类词及英语对应词语在词类性质方面存在差异。这符合有限变异的句法制图理论的设想。

(三)"给"类词语义对应相关的汉英对比

沈家煊(1984)认为:"从语义上看,英汉介词的作用都在于引出与动词相关的对象(施事、与事、受事、工具)以及处所、时间等。"汉英

"给"类结构有的直接对应,如"G+NP"结构,汉语的"在公园"对应英语的"in the park"。有的不直接对应,如:汉语"给"类结构表示处所时,其结构是"G+NP+方位词"或"G+NP";英语中没有方位词,且英语对应的"给"类词本身就表达处所义,不需要接方位词,其结构是"G+NP"。因此汉语的"G+NP+方位词"相当于英语的"G+NP",如汉语的"在……里"对应英语的"in/into/inside+NP"。

(77) 他把钥匙藏<u>在</u>领带<u>里</u>。
He concealed the key <u>inside</u> his tie.

有时两种表处所的结构语义上也不对应,如英语的"in + NP"结构,汉语一般表示"在……里",有时却表示"在……上"或"在……下",例如"in the street——在街上""in the sun——在阳光下"。

有限变异的句法制图理论认为,汉语"给"类词及英语对应词之间的语义不对应反映出两种语言在库藏方面存在差异。

五、本节结语

本节详细分析了"给"类词在句中的不同位置,并从句法、语音和语义的角度探究了"给"类词处于不同位置的原因。从句法上看,动词前与动词后的"给"类词是轻动词移位形成的,动词前与宾语后的"给"类词是相互派生的,不同位置的"给"类词语义没有明显差异,具有同一性;有些"给"类词是典型介词,有些"给"类词则兼具介词、动词双重身份。从语音上看,"给"类词在动词前后与动词的单、双音节有关,单音节动词后的"给"类词更倾向于与动词合成一个复合动词。从语义上看,谓语动词的语义、"给"类结构的语义以及不同"给"类词自身的

义项都可能影响"给"类词的位置。"给"类词能否省略受到其句法、语音、语义特点的影响。本节还从汉英对比的角度认识汉语"给"类词的特点,通过汉英对比,我们发现了两种语言的共性,以及在句法位置、句法性质和语义对应三个方面存在的差异,这种共性和差异都可以用有限变异的句法制图理论来解释。现代汉语"给"类词研究对句法、语音、语义之间的互动关系等方面的研究具有重要的理论价值,并且在汉语国际教育等方面也具有广泛的应用价值。

第三节　现代汉语"得"字状态补语的类型及生成方式

一、引言

"得"字状态补语结构是现代汉语出现频率较高的一种结构,学者们对此进行了大量的研究与探讨。本书立足于现代汉语"得"字状态补语结构在教学中的实际需要,基于前人研究的理论成果,对汉语"得"字状态补语结构类型及生产机制进行具体研究。

首先,前人对"得"字状态补语结构中"得"的语法性质做了大量分析。朱德熙(1982)认为表示状态的述补结构中的"得"是动词后缀。施关淦(2011)将助词"得"分为表示可能的"得$_1$"和作为"补语标志"的"得$_2$",并认为"得$_2$"的语法意义可以归结为表示动作、变化或行为的已然。

生成语法学者一般把状态补语结构中的"得"看成标句词或者轻动词。杨寿勋(1998)在 Huang(1982)的基础上把"得"看作泛动词。Huang et al.(2009)认为"得"有两种,一种标示情状,一种表达致使语义。熊仲儒(2014)利用生成语法中的轻动词理论,在句法结构中引进

Caus、Bec等范畴,致使范畴Caus负载致使义,达成范畴Bec负载达成义,"得"字状态补语结构中,"得"是达成范畴的语音实现,负载达成义。黄正德等(2013)认为"得"是标句成分。潘海华等(2015a)指出在生成语法框架内,"V得"句一直被分析为控制结构,但本质上它是一个提升结构。本书采用生成语法的观点,认为"得"是具有黏着特点的功能成分,这样可以更清晰地描写汉语相关结构的句法性质。

其次,关于"得"字状态补语结构中补语的分类问题,前人也做了大量研究。朱德熙(1982,1985)认为带有"得"的补语为组合式述补结构,其中表示状态的格式称为状态补语。张豫峰(2002)、陶瑞仁(2007)等对"得"字状态补语的语义指向做了具体分析,认为"得"字补语有双重的语义指向和两个指向对象语义重合的情形。黄正德等(2013)认为动词(或形容词)加"得"后的成分有表示结果的,有表示方式或程度的,表方式的"动词-得"与表结果的"动词-得"之间的差别可概括为:有语音实现的NP宾语只有在表结果的"动词-得"结构中才允许出现在动词之后(如"气得我不想写信/*唱得小曲特别好听")。目前对于现代汉语"得"字补语分类问题的研究还不够具体充分,大部分学者只是做了举例式分析,并没有对分类形成统一明确的体系。

关于"得"字状态补语研究,尽管成果显著,不足之处仍然明显。"得"字状态补语结构复杂,总体上它们都属于"状态补语",这是它们的共性;但又有很多不同的类型,这是它们的差异性,如:"得"字状态补语可以分为表示动作结果状态的状态补语和表示动作本身状态的状态补语,各种类型都还需要做进一步的具体分析。本书将在前人研究的基础上,具体描写实际语料中"得"字状态补语的类型,分析各种类型中"得"的性质和"得"字状态补语的生成机制,并在相关理论的指导下对各种类型的"得"字状态补语结构做出统一解释。

二、表示动作结果状态的状态补语和表示动作本身状态的状态补语

根据语义类型,"得"字状态补语可分为表示动作结果状态的状态补语、表示动作本身状态的状态补语。现代汉语"得"字补语的中心语大多是动词,只有少数是形容词。本书主要讨论中心语是动词的情况,因为动词带"得"的补语句更加复杂。

（一）表示动作结果状态的状态补语

表示动作结果状态的状态补语描述句子中心动词所指称事件的结果。本书基于前人的理论研究成果,将表示动作结果状态的状态补语划分为以下四类：一是"$NP_1 + V_1$ 得 $+ NP_2 + V_2P$",其中 NP_1、NP_2 表示名词短语,V_1 表示句子的中心动词,V_2P 表示谓词性成分,包括动词短语和形容词短语,主要作句子的补语。这一类例句如"妈妈打得她自己手都肿了""我找得你们好辛苦"。二是"$NP_1 + V_1$ 得 $+ V_2P$",这一类结构中没有 NP_2,V_2P 补语是对 V_1 中心动词所导致的结果的描述,例如"他气得哇哇大哭""我哭得哑了嗓子"等。三是"V 得(补语省略)",这一类结构中补语被省略了,但是我们可以根据语境将它补出来,如"看弄得(乱七八糟的),这是哑巴让我给老张邮的信,还得重画"。四是"V 得 + 四字语",这一类结构中"得"后面的成分主要是四字固定语或者成语,如"他喝得酩酊大醉""昨天他喝得一塌糊涂"等。

其中,"$NP_1 + V_1$ 得 $+ NP_2 + V_2P$"这一包含小句主语的结构最为复杂。这一类结构的特点是"得"后的成分中多了一个 NP_2,按照 NP_1 与中心动词 V_1 之间的语义关系,可以分为广义的施事与动词的关系、广义的受事与动词的关系、没有直接关系；按照 NP_2 与中心动词 V_1

之间的语义关系,可以分为广义的施事与动词的关系、广义的受事与动词的关系、没有直接关系。这里广义的施事包含那些非典型施事作主语的情况,广义的受事包括客体、对象等作宾语的情况。此外,这里前后之间的关系不能任意互换,互换后语义就会发生改变。这样 NP_1、中心动词 V_1、NP_2 三者按照因子分类(factorial typology)(Prince and Smolensky,2004),共有 $3^2=9$ 种可能关系,但实际语料中不一定都能够成立,以下分别说明。

1. 施事与动词、施事与动词的关系

这种类型的句子中 NP_1 与中心动词 V_1 之间是广义的施事与动词的关系,NP_2 与中心动词 V_1 之间是广义的施事与动词的关系,举例如下:

(1)小明唱得他自己都听烦了。
(2)他自己唱得小明都听烦了。

例(1)(2)将名词位置互换,句子正确,但语义发生了变化。例(1)的意思是"小明一直唱歌,自己都听烦了",例(2)是"别人一直唱歌,小明都听烦了"。

2. 施事与动词、受事与动词的关系

这种类型的句子中 NP_1 与中心动词 V_1 之间是广义的施事与动词的关系,NP_2 与中心动词 V_1 之间是广义的受事与动词的关系,举例如下:

(3)我找得你们好辛苦。
(4)*我不找得你们好辛苦。

例(3)(4)说明这种句子中,V_1前不能加否定副词"不"。

3.施事与动词的关系、没有直接关系

这种类型的句子中NP_1与中心动词V_1之间是广义的施事与动词的关系,NP_2与中心动词V_1之间既不是施事与动词的关系,也不是受事与动词的关系,二者没有直接关系,举例如下:

(5)聂小轩愁得一整天也没吃下东西去。
(6)*一整天愁得聂小轩没吃下东西去。

例(5)(6)表明,NP_1与NP_2不能互换。

4.受事与动词、施事与动词的关系

这种类型的句子中NP_1与中心动词V_1之间是广义的受事与动词的关系,NP_2与中心动词V_1之间是广义的施事与动词的关系,举例如下:

(7)三千米跑得我好辛苦。
(8)*我跑得三千米好辛苦。

例(7)中,NP_1是动词的广义受事,NP_2是动词的广义施事。NP_1与NP_2互换后句子不成立。

5.受事与动词、受事与动词的关系

这种类型的句子中NP_1与中心动词V_1之间是广义的受事与动词的关系,NP_2与中心动词V_1之间是广义的受事与动词的关系,举例如下:

(9)*这个消息听得声音很大。

理论上根据语义角色可以有这种类型的句子,但在语料库及实际应用中,都没有找到相应的句子。虽然可以"听消息""听声音",但前后名词短语都是受事,这个句子在语义上是不成立的。

6. 受事与动词的关系、没有直接关系

这种类型的句子中 NP_1 与中心动词 V_1 之间是广义的受事与动词的关系,NP_2 与中心动词 V_1 之间没有直接关系,举例如下:

(10)那首歌唱得大家都听烦了。

(11)*大家唱得那首歌都听烦了。

例(10)(11)表明,NP_1 与 NP_2 互换后句子不正确。

7. 没有直接关系、施事与动词的关系

这种类型的句子中 NP_1 与中心动词 V_1 之间没有直接关系,NP_2 与中心动词 V_1 之间是施事与动词的关系,举例如下:

(12)这个消息高兴得我手舞足蹈。

(13)*我高兴得这个消息手舞足蹈。

例(12)(13)表明,NP_1 与 NP_2 互换后句子不正确。

8. 没有直接关系、受事与动词的关系

这种类型的句子中 NP_1 与中心动词 V_1 之间没有直接关系,NP_2 与中心动词 V_1 之间是受事与动词的关系,举例如下:

(14)*今天跑得步很累。

理论上根据语义角色可以有这种类型的句子,但在实际应用中没有找到相应的句子,这种类型的句子不成立。

9.没有直接关系、没有直接关系

这种类型的句子中 NP_1 与中心动词 V_1 之间没有直接关系,NP_2 与中心动词 V_1 之间也没有直接关系,举例如下:

(15)＊我刮得公路上尘土飞扬。

理论上根据语义角色可以有这种类型的句子,但是语义不通顺,在实际应用中也没有找到相应的句子,这种类型的句子不成立。

(二)表示动作本身状态的状态补语

表示动作本身状态的状态补语描述句子中心动词所表示动作的状态。本书基于前人的理论研究成果,将表示动作本身状态的状态补语划分为以下三类:一是"V_1 得＋V_2P",补语由谓词性成分充当,主要描述中心动词所表示动作的状态,例句如"他跑得很快";二是"V 得(补语省略)",补语省略分为两类:一类是表示结果的,一类是表示动作本身状态的,这里谈论的是第二类,例句如"瞧她美得,我真怕她头重脚轻地飞起来","美得"后面省略补语,可以将补语补上:"瞧她美得那个样子";三是"V 得＋四字语",四字语主要是补充说明中心动词的状态,例句如"他吃饭吃得津津有味""演员们表演节目表演得引人入胜"。

(三)实际语料中各类"得"字状态补语结构的分布

1.语料收集和处理

为了更详尽观察和了解各类"得"字状态补语结构的具体特点以及汉语母语者的使用情况,我们对现实语料进行了调查,并将在已有理论研究的基础上,针对语料库中的有效语料进行统计、归类和分析。具体思路如下:一是通过对 BCC 语料库中汉语母语者使用现代汉语

"得"字状态补语句的情况进行搜索,找出语料库中需要的"得"字句。二是对这些"得"字句进行分析和判断,去除不符合要求的句子。如:去除含有实词"得(dé)""得(děi)"的句子;将完全重复的句子删除;去除现代汉语"得"字补语句之外的句子,如古代汉语、近代汉语、早期白话中的"得"字补语句;去除"得"字状态补语句之外的"得"字补语句。三是根据现代汉语"得"字状态补语句的判断标准进行分类。

2.研究结果

我们将汉语母语者对现代汉语"得"字状态补语结构的使用情况进行了统计,并将相关统计结果绘制成表1。

表1 汉语母语者对现代汉语"得"字状态补语结构总体使用情况分布表

类别		表示动作结果状态的补语	表示动作本身状态的补语	行合计
NP_1+V_1得$+NP_2+V_2P$	a_1	0		0
	a_2	29		29
	a_3	47		47
	a_4	4		4
	a_5	0		0
	a_6	8		8
	a_7	2		2
	a_8	3		3
	a_9	0		0
$NP+V_1$得$+V_2P$		166	103	269
V 得(补语省略)		1	0	1
V 得+四字语		3	5	8
列合计		263	108	371

注释:a=NP_1+V_1得$+NP_2+V_2P$。NP_1与V_1、NP_2与V_1之间的关系依次为:a_1=施事与动词、施事与动词的关系;a_2=施事与动词、受事与动词的关系;a_3=施事与动词的关系、没有直接关系;a_4=受事与动词、施事与动词的关系;a_5=受事与动词、受事与动词的关

系;a_6=受事与动词的关系、没有直接关系;a_7=没有直接关系、施事与动词的关系;a_8=没有直接关系、受事与动词的关系;a_9=没有直接关系、没有直接关系。

在371例"得"字状态补语句中,列合计结果显示,表示动作结果状态的补语有263例,占总数的70.89%;表示动作本身状态的补语有108例,占总数的29.11%。行合计结果显示,"NP+V_1得+V_2P"类别有269例,占总数的72.51%;其余类别有102例,占总数的27.49%。

统计结果表明,汉语母语者对不同类别的"得"字状态补语的使用情况存在很大差异。列统计结果表明使用表示动作结果状态的"得"补语的数量较多,行统计结果表明使用"NP+V_1得+V_2P"类别的数量较多。由于样本量少,仍存在不足之处。一是实际语料中没有找到a_1(施事与动词、施事与动词的关系)的句子,例句如"妈妈打得她自己手都肿了"。二是实际语料中没有找到表示动作本身状态的"V得(补语省略)"句,例句如"瞧他忙得(那个样子),饭都来不及吃了"。这说明理论上各种类型的"得"字补语结构都有可能出现,虽然在语料库中没有找到,但现实中是存在的,可以合理地推出。下文我们将基于有限变异的句法制图理论对汉语各类"得"字状态补语的生成方式进行详细讨论。

三、各类"得"字状态补语的生成方式

(一)统一的生成方式

基于有限变异的句法制图理论,我们将结合具体语料对各类"得"字状态补语的生成方式做具体分析。无论是表示动作结果状态的补语还是表示动作本身状态的补语,它们的生成方式都是一样的,是由"得"移位形成的。

下面我们根据现代汉语"得"字状态补语的不同类型,分别举例说明。"得"字状态补语结构可分为四类:第一类是"$NP_1 + V_1$ 得 $+ NP_2 + V_2P$"结构,第二类是"$NP + V_1$ 得 $+ V_2P$"结构,第三类是"V 得(补语省略)"结构,第四类是"V 得+四字语"结构。

(二)"$NP_1 + V_1$ 得 $+ NP_2 + V_2P$"结构的生成方式

第一类是"$NP_1 + V_1$ 得 $+ NP_2 + V_2P$"结构,即包含小句主语的状态补语结构,是表示结果状态的补语独有的形式。根据主句主语 NP_1、中心动词 V_1 与小句主语 NP_2 的关系,又可以具体分为九个小类。

第一小类,施事与动词、施事与动词的关系。这种句法结构中主句主语与中心动词是施事与动词的关系,小句主语与中心动词是施事与动词的关系。例如:

(16)小明唱得他自己都听烦了。
(17)妈妈打得她自己都累了。

这些例子指陈一个致使性事件,因此主句主语是主要动词的施事,同时也是一个致事,如例(17)"妈妈打得她自己都累了"的意思是妈妈打我致使她自己累,"妈妈打我"充当引起者。例(17)的句法结构如图 1 所示,在"妈妈打得她自己都累了"这句话中,"妈妈"基础生成于"Spec-vP"的位置,充当句子的主语,"她自己"基础生成于"Spec-BecP"的位置,以"得"为中心语的 CauseP 结构的补足语是"她自己都累了"。"得"是具有黏附性质的功能成分,一般和动词在一起。

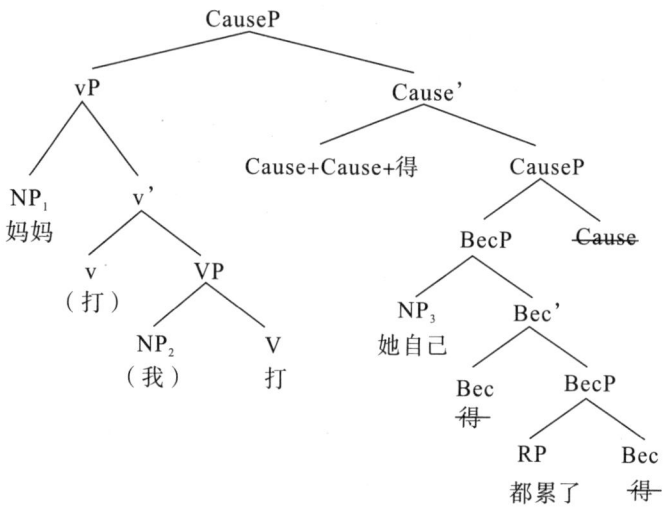

图1

参考潘海华等(2015a)的观点,该句法结构有以下特征:第一,可以将句子的主从关系联系起来。这个句子可以扩展成重动句"妈妈打我打得她自己都累了",主句是"妈妈打我",从句是"她自己都累了"。第二,致使范畴的结构在本质上与实义动词(vP-VP)一样都是有两层的。

例(17)的句法结构(图1)不同于潘海华等(2015a)提出的句法结构的方面包括:第一,NP_2不是主句动词的宾语。插入"呀"后能形成停顿,构成"妈妈打得她自己呀,都累了",这最多只能证明在韵律上NP_2在主句内,但并不能证明它就是 V 的宾语。NP_2 如果是主句动词的宾语,"连……也/都"短语就应该出现在该动词的左边,然而事实上这是不可能的(Gu and Pan,2001)。因此,"他骑得马很累","V 得"后面的"NP+VP"在句法上构成独立的成分,小句中的 NP 只能是小句主语(欧茹萍等,2017)。第二,参考熊仲儒(2017)的观点,Causer 和 Causee 即引起者和被引起者都是事件(使役事件和结果事件),由小句表达。例句中,"妈妈打我"这个事件属于引起者,"她自己都累了"属于被引起者。第三,涵盖重动句等更多语言事实(妈妈打我打得她自己都累了)。第四,设置功能成分 Bec(达成范畴)。

第二小类,施事与动词、受事与动词的关系。这种句法结构中主句主语与中心动词是施事与动词的关系,小句主语与中心动词是受事与动词的关系。例如:

(18)这小兔崽子害得姐从六楼下去又上六楼。
(19)阳光刺得人眼睛都睁不开。

这两个例子都是使役结构,由使役事件和结果事件构成。以(18)为例,"这小兔崽子害得姐从六楼下去又上六楼"可以转化为重动句"这小兔崽子(害姐)害得姐从六楼下去又上六楼",即引起者是"小兔崽子害姐"这个事件,被引起者是"姐从六楼下去又上六楼"这个事件,小句主语"姐"是主句的隐宾语。它的句法结构如图 2 所示。

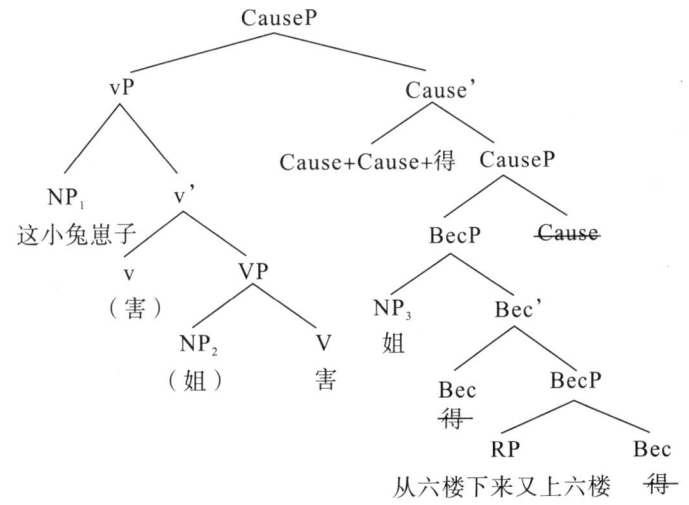

图 2

第三小类,施事与动词的关系、没有直接关系。这种句法结构中主句主语与中心动词是施事与动词的关系,小句主语与中心动词之间

没有直接关系。例如:

(20)我痛得眼泪直流。
(21)张三哭得李四好伤心。

这类句法结构可以理解为使役结构,致使者是隐藏的,在表层结构中没有出现。以(20)为例,"我痛得眼泪直流"的深层结构就是"我痛得眼泪直流"。句法结构如图3所示,小句主语"眼泪"是主句主语"我"的一部分,引起者是"我痛",被引起者即结果事件是"眼泪直流"。

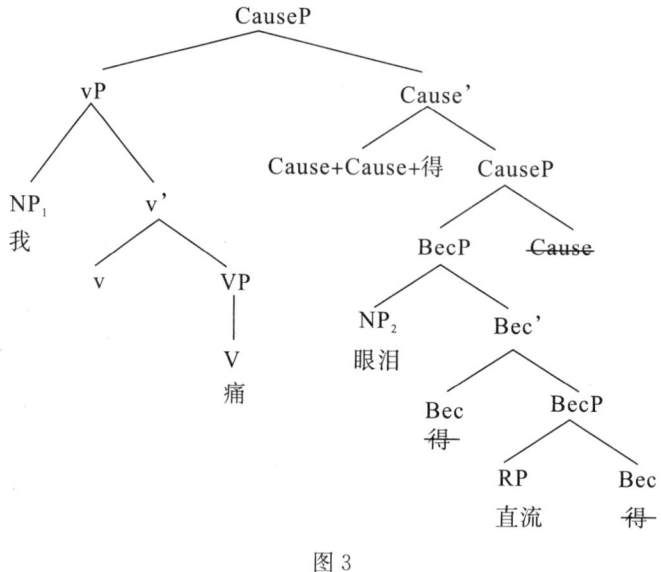

图3

第四小类,受事与动词、施事与动词的关系。这种句法结构中主句主语与中心动词是受事与动词的关系,小句主语与中心动词是施事与动词的关系。例如:

(22)三千米跑得他上气不接下气。
(23)这顿饭吃得我好开心。

这两个例子都是使役结构,由使役事件和结果事件构成。以(22)为例,"三千米跑得他上气不接下气"即"(他跑)三千米跑得他上气不接下气",小句主语是主句的隐主语。如图4所示,"V得"句表示致使语义,致使强特征必须得到核查,"得"基础生成于"Bec"位置,向上提升至"Cause+Cause"位置,引导一个结果事件"他上气不接下气"。

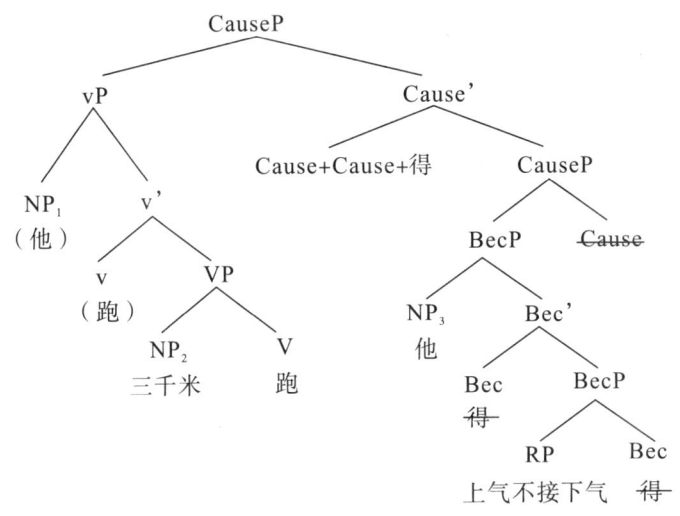

图 4

第五小类,受事与动词、受事与动词的关系。这种句法结构中主句主语与中心动词是受事与动词的关系,小句主语与中心动词是受事与动词的关系。例如:

(24)＊这个消息听得声音很大。

这个句法结构理论上虽然存在,但现实中并没有对应的正确句子。"这个消息听得声音很大","这个消息"和"声音"都是"听"的宾语,句子不成立的原因是"听这个消息"不会导致"声音很大"。

第六小类,受事与动词的关系、没有直接关系。这种句法结构中

主句主语与中心动词是受事与动词的关系,小句主语与中心动词没有直接关系。例如:

(25)室友吓得水差点洒了。
(26)桑拿洗得全身都暖和了。

这种结构也属于使役结构,即某事致使某人达到某种结果。以(25)为例,"室友吓得水差点洒了"可以转换为重动句"(某人或某物吓)室友吓得(室友)水差点洒了",句法结构如图5所示,小句主语"水"不等于主句主语"室友"。

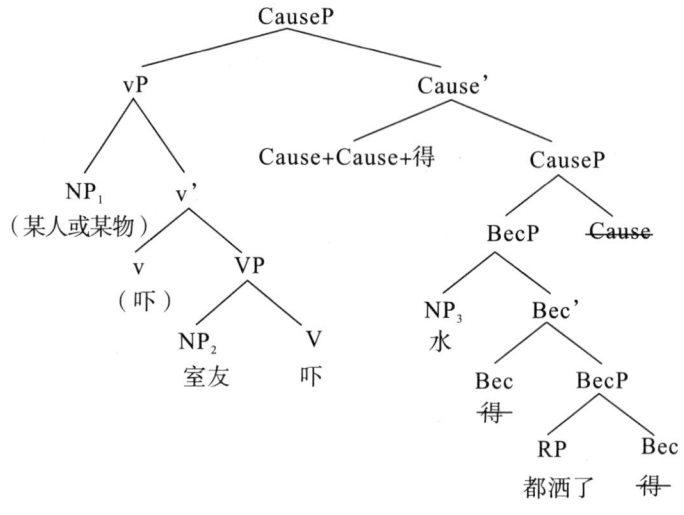

图 5

第七小类,没有直接关系、施事与动词的关系。这种句法结构中主句主语与中心动词没有直接关系,小句主语与中心动词是施事与动词的关系。例如:

(27)这个消息高兴得我手舞足蹈。

(28)放假激动得小明睡不着觉。

以(27)为例,"这个消息高兴得我手舞足蹈",用重动句可表达为"(我为)这个消息(高兴)高兴得我手舞足蹈",小句主语是主句的隐主语,"这个消息"为附加语(状语),句法结构如图6所示。

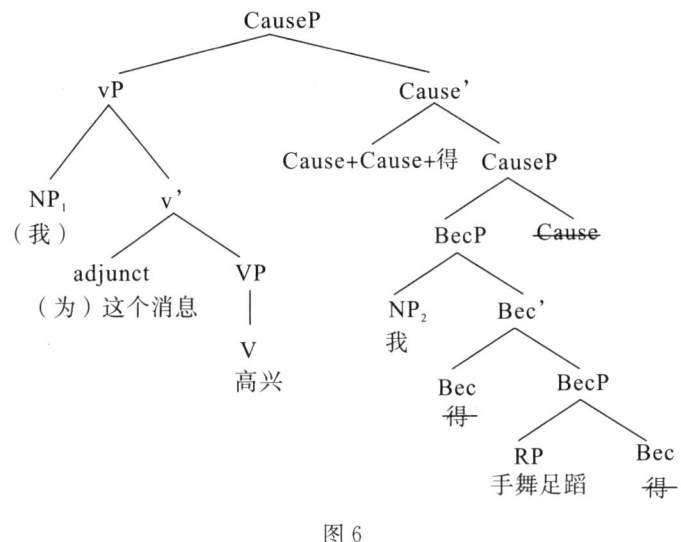

图6

第八小类,没有直接关系、受事与动词的关系。这种句法结构中主句主语与中心动词没有直接关系,小句主语与中心动词是受事与动词的关系。例如:

(29)*今天跑得步很累。

这个句法结构理论上虽然存在,但现实中并没有对应的正确句子,原因是"今天跑"不会导致"步很累"。

第九小类,没有直接关系、没有直接关系。这种句法结构中主句主语与中心动词没有直接关系,小句主语与中心动词也没有直接关系。例如:

(30)＊我刮得小狗乱跑。

这个句法结构理论上虽然存在,现实中却并没有对应的正确句子,原因是"我刮"无法用主要动词来解读,也无法用"致使"等轻动词来解读。

(三)其他类型的"得"字状态补语结构的生成方式

第二类是"NP＋V_1得＋V_2P"结构。表示动作结果状态的状态补语[如例(31)]和表示动作本身状态的状态补语[如例(32)]都有这种类型,"得"字后面直接引出一个动词短语作补语。例如:

(31)我跑得很累。
(32)他跑得很快。

例(31)的句法结构如图 7 所示,"我跑得很累"的深层结构为"我跑(这件事)致使(我)很累",句法图与前面不一样的地方是小句主语NP_2是空语类"Pro",代指主句主语"我"。

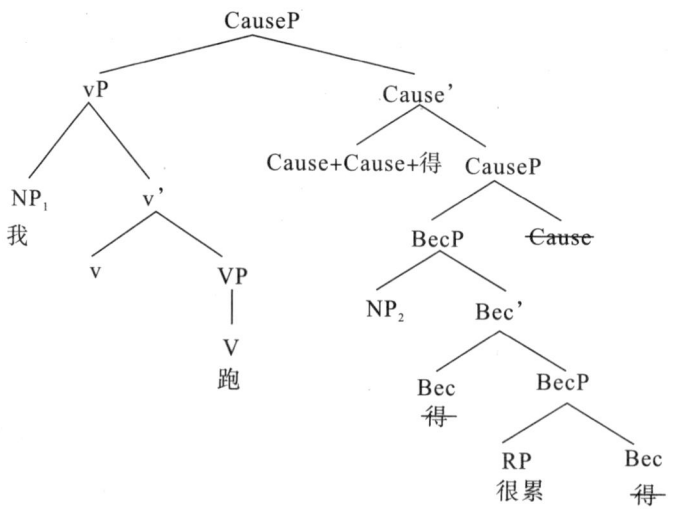

图 7

例(32)是表示动作本身状态的状态补语结构,"他跑得很快",是"'跑'很快",而不是"'他跑步'致使他很快",这个句子没有致使义,不表示动作结果的状态。表示动作本身状态的状态补语结构中,"得"是结构助词(Huang et al.,2009;陈虎,2001),"V 得"后面不能带宾语,例如"他骑得马很快"是不正确的,如果带宾语必须改成重动句的格式"他骑马骑得很快"才能成立。"V 得"由 VP 的中心语位置移到 vP 的中心语位置,核查强特征,句法结构如图 8 所示。

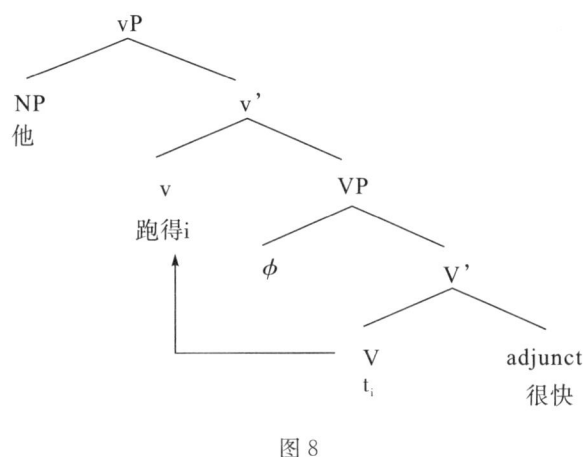

图 8

第三类是"V 得(补语省略)"结构。表示动作结果状态的状态补语[如例(33)]和表示动作本身状态的状态补语[如例(34)]都有这种结构,"得"字后面的补语不直接出现。例如:

(33)看弄得(乱七八糟的),这是哑巴让我给老张邮的信,还得重画。

(34)瞧她美得(那个样子),我真怕她头重脚轻地飞起来。

以(33)为例,其句法结构如图 9 所示,这个句子可以转换为重动句"(某人弄信)弄得(信)乱七八糟的",隐含的小句主语是主句的隐宾语。

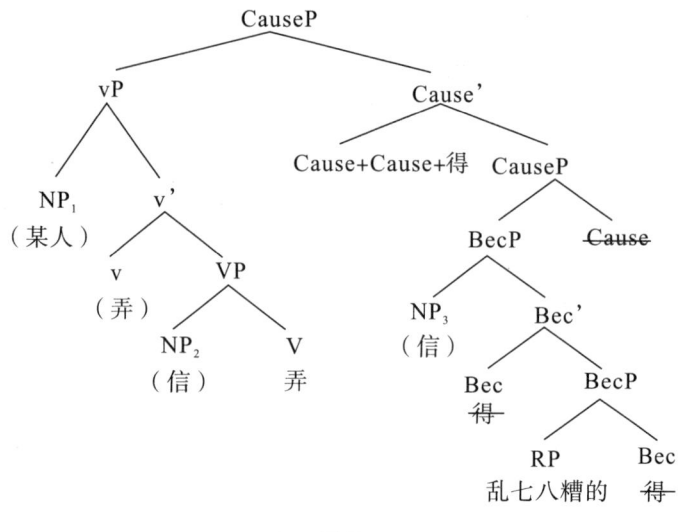

图 9

例(34)是表示动作本身状态的状态补语结构,动词"美"后面不能加宾语,它表示动词"美"本身达到的一种程度,句子没有致使义,句法结构如图 10 所示。

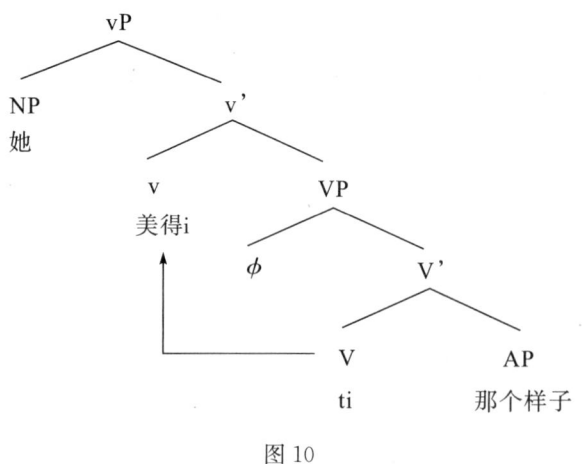

图 10

第四类是"V 得＋四字语"结构。表示动作结果状态和动作本身状态的状态补语都有这种结构,例如:

(35)他喝得酩酊大醉。

(36)演员们表演得引人入胜。

"得"后的四字语包括两部分：一部分是属于"NP＋V₁得＋V₂P"的类型，如："他喝得酩酊大醉"（表示动作结果），"演员们表演得引人入胜"（表示动作本身）。第一个句子的句法结构和图7类似；第二个句子动词后不能带宾语，"V得"一起移到轻动词的位置，核查句法特征，句法结构和图8类似。另一部分是属于"NP₁＋V₁得＋NP₂＋V₂P"的类型，如："他摔得头破血流"（表示动作结果）。这类结构和第一类类似，生成方式如图1所示。

四、关于"得"字状态补语的汉英对比

（一）基于有限变异的句法制图理论的解释

刘丹青（2011）的语言库藏类型学强调一个范畴如果在某语言中既凸显（特征明显）又强势（使用广泛），那就是该语言中的显赫范畴。状态补语是汉语中的显赫句法成分，具有明确的语法化标志，它覆盖了英语的补语并且超越了其范围，具有极大的类推力和能产性（陆丙甫等，2015）。

虽然不同语言的功能成分是显性实现还是隐性实现可能存在差异，库藏显赫性和语言分析性或综合性方面存在差异，同时不同语言可能会存在不同的"移动"从而导致语言成分显性位置的差异，但是不同语言的功能层级在中心语的种类、数量、相对顺序等方面都存在共性。

"得"字状态补语结构可以分为表示动作结果状态的状态补语和

表示动作本身状态的状态补语,"得"(动作结果状态的状态补语)或"动词+得"(动作本身状态的状态补语)的移位是显性移位。表示动作结果状态的状态补语结构中,"得"经过两层移位,才与中心动词合成,中心动词在此过程中没有发生移位。表示动作本身状态的状态补语结构中,结构助词"得"与中心动词一起作为音系词发生移位,移位到轻动词的中心语位置,核查句法特征。轻动词"得"在句法生成中起到至关重要的作用。结合汉语中"得"字状态补语结构的生成方式,基于有限变异的句法制图理论可知,"得"字状态补语是汉语中独有的库藏,英语中没有这一库藏(李强,2018;王聪、张明辉,2017)。

(二)汉英对比分析

汉语中的"补语"一词,在英语中一般用"complement"表示,但两者是完全不同的概念,要区别对待。汉语补语出现在述补结构中补充说明述语,与谓语中心词有紧密联系,主要用来说明动作的结果或状态。英语补语是系动词和宾语后面的补充成分,补充说明主、宾语的特征、性质、属类。

汉英补语的相同点是功能上都有补充说明的作用,分为核心动词事件和补语事件(翁义明,2014)。不同点较多,下面一一说明。一是补语的分类。汉语补语主要分为粘合式述补结构和组合式述补结构,"得"字补语属于组合式述补结构,补语与述语紧密结合。汉语补语种类繁多,形容词、动词、主谓短语、句子都可以作补语,并且有"把"字句、"被"字句等特殊句式。英语补语分为主语补语和宾语补语,补语主要与主、宾语联系密切,与谓语关系不大。英语补语以词和短语为主。二是语义指向。汉语补语的语义指向复杂,可以指向主语、宾语、主谓结构、谓语中心词,以及语义指向存在歧义等。英语补语的语义指向主语或宾语,指向明确,说明主、宾语的特征,和谓语无关。三是句法结构。汉语动补结构可以是形容词状态事件,也可以是动词行为

事件（翁义明，2014），且补语在句法结构上不是不可或缺的，如"她走掉了"换成"她走了"，语义并没有发生改变。英语动补结构以形容词状态事件为主，由于补语指向主、宾语，因此其在句法结构上是不可或缺的，去掉补语会影响句子语义表达的完整性。四是汉英互译。汉语"得"字补语在英语表达中具有多样性，以状语或表语为主，互译过程中以语义为基础，汉英互译结果并不是一一对应的。五是表达方式。汉语"得"字补语结构，在谓语中心词和补语之间必须加结构助词"得"。英语对应的补语结构，述语和补语之间没有相当于"得"的结构助词来连接。以"得"字状态补语结构为例，"$NP_1＋V_1$ 得＋$NP_2＋V_2P$"结构属于致使结构，由致使事件和结果事件构成。翻译成英语没有固定的对应表达式，可以用"SVOC"结构、"SVO"结构、被动语态、"主语＋定语从句"等表达。如"这个消息激动得我睡不着觉"，可以翻译为"The news was so exciting that I couldn't sleep"。"$NP＋V_1$ 得＋V_2P"结构，英语一般翻译为表因果或伴随关系的句式。"V 得（补语省略）"结构，省略的补语表示程度。如"瞧她美得"对应"She is beautiful"或者"Look at her beautiful"，一般把谓语中心词翻译成形容词或者对应的动词。"V 得＋四字语"结构和第一类结构相似，属于致使结构，可以用表因果关系的主从复合句、并列句、以"too...to"连接的简单句等表示，还可以将四字语转换成副词形式表达（严威娜，2009），如"她们表演得引人入胜"可以翻译为"They performed spectacularly"。

五、本节结语

本节首先探讨了现代汉语"得"字状态补语结构的分类问题，将"得"字状态补语分为表示动作结果状态的补语和表示动作本身状态

的补语两大类,并按照语义类型的因子分类,对两大类做进一步的下位分类。接着,对现实语料进行调查,分析汉语母语者对"得"字状态补语结构的使用情况,统计结果表明使用"$NP+V_1$得$+V_2P$"类别的数量较多,使用其余类型的数量偏少。最后,从有限变异的句法制图理论出发,运用功能成分(轻动词)对各类"得"字状态补语结构的生成方式进行了探讨,归纳出"得"字状态补语是汉语独有的库藏,英语中没有这一库藏,表示动作结果状态的"得"字状态补语中"得"的性质为含致使语义的轻动词,表示动作本身状态的"得"字状态补语中"得"的性质为结构助词,这两种"得"都是具有黏附性质的功能成分。对于"得"字状态补语的习得和教学研究,鲁健骥(1993)、吕文华(1995,2001)、孙德金(2002)等做了有益探讨。在本书的基础上进行进一步的习得和教学研究、实证研究等,都可以作为以后的研究方向。

第四节 "吗"疑问句的焦点表达方式和宽窄焦点的转换手段

一、引言

疑问句焦点有宽、窄两种。前人所作的相关研究主要有以下几方面。

(一)疑问和焦点的关系

疑问和焦点是语言中两种重要的语法范畴,它们之间存在着内在联系。疑问是一种交际行为。焦点是说话人主观上认为听话人应该作为重点关注的地方。疑问句中疑问中心和焦点必须统一,前者是后者在疑问句中的具体化。

吕叔湘(1942)最早提出汉语中疑问句的焦点就是疑问点。他指出"是非问"的疑点不在这件事情的哪一部分,而在整个事情的正确性。"特指问"用疑问代词来说明疑点所在。这里的术语"疑点"就是"疑问焦点"。后来林裕文(1985)、吕叔湘(1985)、汤廷池(1984)、尹洪波(2008)也探讨了问句中疑问焦点如何确定的问题。

关于疑问和焦点的关系,徐杰、李英哲(1993)和徐杰(1999)都认为在疑问句中,疑问中心和焦点的关系必须统一,前者是后者在疑问句中的具体化。邵敬敏(1996)又从答问方式的角度讨论疑问和焦点的关系问题,提出焦点具有主观性功能。另外,刘丹青(1991)还考察了苏州方言"阿 V"句式中疑问和焦点的关系。

后来,学者们又进一步分析不同类型疑问和不同类型焦点的关系。方梅(1995)通过对预设的分析,区分了疑问句的常规焦点和对比焦点。石毓智、徐杰(2001)从历时和共时的角度来看疑问代词和焦点标记之间的关系,讨论了焦点标记"是"的产生及其影响。唐燕玲、石毓智(2009)则进一步解释了疑问代词和焦点标记在形式上存在共性的主要原因是它们在功能上具有相似性。

随着疑问和焦点研究的深入,郭锐(2000)用焦点理论来解释疑问句的相关现象,指出焦点的位置跟"吗"问句的确信度有很强的关联性。郭婷婷(2005)从信息传递的视角出发,探讨信息结构对疑问句的形式和功能的影响及制约。钟华(2007)对"疑问焦点"作了语义解释,并且分析了不同类型的疑问句及其回答句的焦点性质。

(二)焦点类型、焦点算子及焦点标记

Rochemont and Culicover(1986)将焦点分为两类:介引焦点(presentational focus)和对比焦点(contrastive focus)。Gundel(1999)将焦点三分为心理焦点、语义焦点和对比焦点。徐烈炯(2001)将焦点四分为信息焦点、对比焦点、语义焦点和话题焦点。

Lambrecht(1994)与以上三位学者不同,他根据焦点所实现的句法单位的大小将焦点分为窄焦点(narrow focus)和宽焦点(broad focus)。窄焦点是指句子中的某一个单一的成分做焦点,即论元焦点。宽焦点又分为两个次类:句焦点(sentence focus)和谓语焦点(predicate focus)。句焦点是指整个句子都用来表达焦点,用来报道事件或引进新的话语所指对象;谓语焦点是指句子的谓语部分用来表达焦点,用来评论话题。这种焦点分类不是基于焦点的语义功能角度,而是着眼于焦点与句法成分的对应关系。

祁峰(2013)指出焦点标记和焦点算子都是一种非独立的语法形式,不是要求自己成为句子的焦点,而是要求句中另外的某一成分成为句子的焦点。不同的是,焦点标记仅仅标出具有突显性的可能焦点成分的可能位置,不增加新的功能,对其否定就导致对原句的否定,如"是"就是典型的焦点标记;焦点算子在标出可能焦点成分的同时,要运用自身的功能对可能焦点成分的语义内容进行新的运算,对其否定不一定导致对原句的否定,如"只、只有、都、就"。

(三)汉英疑问句焦点对比

汉、英两种语言分属不同的语系,其差异体现在各个方面,但关于疑问和焦点关系的对比研究,相比其他方面差异要小很多。

陆丙甫、徐阳春(2003)指出,导致疑问词前移的主要因素跟汉语中许多成分前移的原因一样,也是较大的可别性(identifiability),而不是焦点性。这跟英语疑问词的焦点性前移不同。这种功能原因的不同导致了两者的一系列差异。唐燕玲、石毓智(2011)从英语、现代汉语、古代汉语等角度来讨论焦点形式和疑问代词的位置问题。唐燕玲、石毓智(2011)还分析了英汉疑问词移位与否的原因:在特指问句中,英语疑问词前置,最根本的原因是英语的焦点化成分必须得到突显;而汉语并不需要突显疑问焦点,因而疑问词保留在句法原位上。

张志恒(2012)指出汉语前置疑问代词问句的焦点性质,即前置疑问代词不是一个话题,而是一个认定焦点(identificational focus),语义上具有穷尽性(exhaustivity)。

综上所述,前人对疑问句的四种基本类型(是非问、特指问、选择问、正反问)的焦点问题已有所研究,但是对其他疑问句类型中的焦点问题则涉及得较少,如反问句、附加问、回声问等。目前对疑问和焦点关系的研究主要是一种单向性研究,即研究不同类型的疑问句中句子焦点的确定方式。本书将从双向性的角度去研究疑问和焦点的关系,即从焦点的角度对疑问句进行分类,选取"吗"问句作为研究对象,具体研究各类焦点的表达方式。

二、"吗"疑问句焦点的表达方式

从焦点表达方式的角度对"吗"问句进行重新分类,可分为宽焦点"吗"是非问句、窄焦点"吗"是非问句两种。再进一步细分,宽焦点"吗"是非问句的表达方式可分为不含焦点算子、焦点标记、成分移位、对比重音的一般"吗"是非问句、附加问和反问句,以及特殊"吗"是非问句,即"吗"处于句尾的问候句。窄焦点"吗"是非问句的表达方式可分为含有焦点算子、焦点标记、成分移位、对比重音的一般"吗"是非问句,以及含有疑问代词的"吗"是非问句。这样,"吗"问句根据焦点及其表达方式可分为两大类、六个小类,如下表所示。

表1

大类		小类	例句
宽焦点"吗"是非问句	不含焦点算子、焦点标记、成分移位、对比重音	一般"吗"是非问句	——小明在家吗? ——是的,在。
		附加问	——张三去了北京,不是吗? ——是的,去了。
		反问句	——你难道没吃早饭吗? ——是的,没吃。
	特殊"吗"是非问句	"吗"处于句尾的问候句	——最近好吗? ——很好。
窄焦点"吗"是非问句	含有焦点算子、焦点标记、成分移位、对比重音	一般"吗"是非问句	——只有张三去了北京吗? ——是的,只有张三。
	不含焦点算子、焦点标记、成分移位、对比重音	含有疑问代词的"吗"是非问句	——你今天买了什么书吗? ——是的,买了一本语法书。

(一) 宽焦点"吗"是非问句

宽焦点"吗"是非问句,问话人对"吗"所缀接的整个陈述进行提问,可以将这个陈述看作一个命题,问话人对这个命题进行提问,听话人只能对这个命题的真值进行回答。

(1)历史学是科学。

(2)历史学是科学吗?

例(2)是宽焦点"吗"是非问句,"吗"对例(1)这个陈述句进行提问。在实际的对话中,"历史学是科学吗"可以用平调(如图1)或者句末升调(如图2,重音落在"吗"上)表达,两种语调下句子语义没有发生变化,"吗"可以帮助表达疑问。

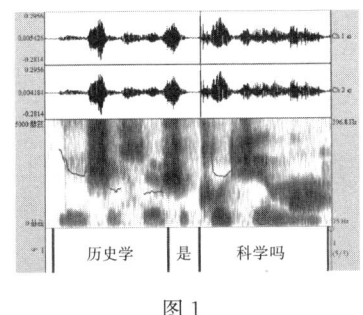

图1

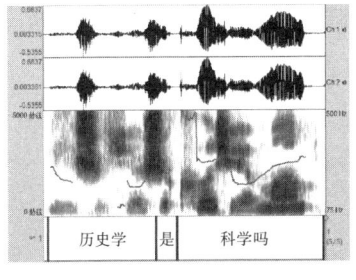

图2

问句中虽然存在可能的窄焦点"历史学"和"科学",但是答话人只能回答"是"或"不是",因为这种句子中没有焦点算子、焦点标记,用平调或者句末升调(重音落在"吗"上)读的时候,这两个可能的窄焦点都无法竞争成为疑问焦点。只有通过对句中的某些成分进行重读,形成对比重音,获得对比重音的可能窄焦点才能竞争成为疑问焦点。值得注意的是,一句话中只能有一个承载重音的部分,与其他部分形成对比,两个以上的对比重音在逻辑上是不恰当的,提供新信息的焦点只能出现一次。

(3)这是天堂吗?

(4)张明提的意见吗?

例(3)(4)如果用平调或者句末升调(重音落在"吗"上)读,都是宽焦点"吗"是非问句,但是通过对比重音,就可以转化为窄焦点"吗"是非问句。例(3)中存在两个可能的窄焦点"这"和"天堂",问话人可以重读"这"(如图3),也可以重读"天堂"(如图4),这样不仅可以突出问话人想要获得的新信息,而且还能体现"猜度求证"的功能。例(4)如果重读"张明",则表达出问话人想求证:是张明吗? 不是其他人? 可能存在其他人,不包括张明,其他人提出这个意见的可能性比张明提出这个意见的可能性高。若是重读"意见",则表明问话人对张明能提出这种意见的质疑。张明提出的内容可以作为一个集合,而意见仅仅是这个集合中的一个。

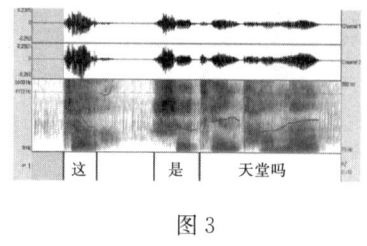

图 3

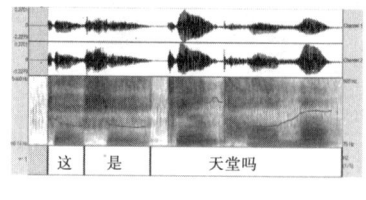

图 4

(5) a. 张成明天去上海?
　　b. 张成明天去上海吗?

如果去掉"吗",还想表达疑问语气,必须用升调。但是去掉"吗",升调的重音可以落在句末,也可以落在其他地方。那么疑问句中的焦点会产生变化吗?其疑问语义是否也会发生变化?例(5a)中存在三个可能的窄焦点,即主语"张成"、状语"明天"和宾语"上海"。例(5a)若是想表达窄焦点疑问,就必须将其中一个可能的窄焦点变成疑问焦点。由于没有焦点算子和焦点标记,因此只有通过对比重音来突显疑问焦点,即例(5a)中一共有三个地方可以形成升调,表达疑问。重读"张成"表明问话人希望对谁明天去上海进行猜度求证(这个句子的主语位置是一个集合,而张成只是其中一个成员,如图5)。重读"明天"表明问话人希望对张成什么时候去上海进行猜度求证(这个句子的状语位置是一个时间集合,而明天只是其中一个成员,如图6)。重读"上海"表明问话人希望对张成明天去哪里进行猜度求证(这个句子的宾语位置是一个地点集合,而上海只是其中一个成员,如图7)。如果分别对例(5a)中的这三个成分进行重读,就可以得到三个具有不同疑问语义的问句,但它们都是窄焦点疑问句。

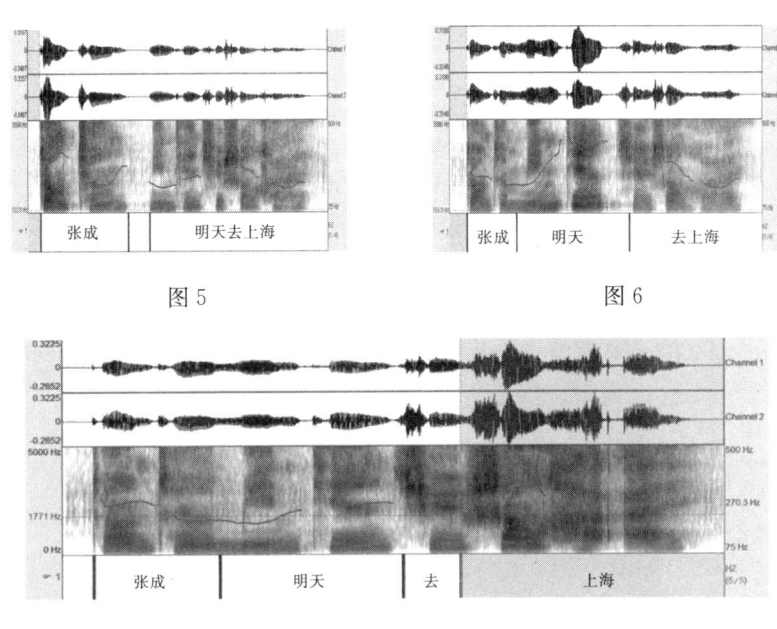

图 5   图 6

图 7

例(5b)表示宽焦点疑问时,可以读平调(无对比重音,如图8),也可以将重音落在疑问词"吗"上(如图9)。由于"吗"在表示宽焦点的这两种情况下都可以表达疑问,即表达对整件事情的疑惑,例(5b)也可以通过对比重音转化为窄焦点疑问,其对比重音可以落在主语"张成"、状语"明天"以及宾语"上海"上。

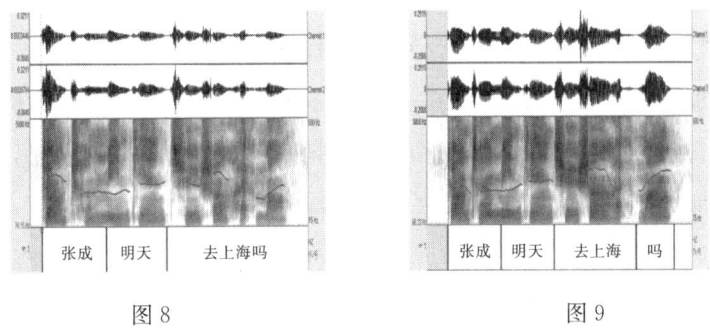

图 8   图 9

(6)a.天气预报说明天下雪,是吗?

  b. 天气预报说明天下雪,是吗?
     ··········
  c. 天气预报说明天下雪,是吗?
      ··
  d. 天气预报说明天下雪,是吗?
       ··
(7)a. 天气预报说明天下雪,是?
  b. 天气预报说明天下雪,不是?
  c. 天气预报说明天下雪,是不?
(8)a. 玛丽难道没去食堂吗?
  b. 玛丽难道没去食堂吗?
   ··
  c. 玛丽难道没去食堂吗?
     ··
(9)玛丽难道没去食堂?

  宽焦点"吗"是非问句除了包括上述不含焦点算子的一般"吗"是非问句外,还包括附加问[如例(6)(7)]和反问句[如例(8)]。例(6a)可以用平调读,也可以用句末升调(重音落在"吗"上)读,其疑问语义不会发生变化,依旧是宽焦点疑问句。但是,当重音落在"天气预报"上,如例(6b),其回答可以是"是的,是天气预报说的",即问话人想对是谁说明天下雪进行猜度求证(主语位置存在一个集合,天气预报是这个集合中的一个元素)。当重音落在"明天"上,如例(6c),其回答可以是"不是的,不是明天,是后天",即问话人想对什么时候会下雪进行猜度求证(时间状语位置存在一个集合,而明天只是其中一个元素)。当重音落在"下雪"上,如例(6d),其回答可以是"不,不下雪,明天下雨",即问话人想对明天的天气状况进行猜度求证(宾语位置是一个集合,下雪只是其中一个元素)。所以,宽焦点附加问句转变成了窄焦点附加问句。例(6)如果去掉"吗",得到例(7a)和(7b),则必须用句末升调读,且两例都是宽焦点附加问,例(7b)比(7a)更常见。去掉"吗",例(7c)是合格的语句,而且例(7c)表达宽焦点的时候可以用平调读,也

可以用句末升调读。当其转换成窄焦点问句时,和有"吗"的情况是一样的,重音可以分别落在"天气预报""明天""下雪"上。

例(8a)可以用平调读,也可以用句末升调(重音落在"吗"上)读,其疑问语义不会发生变化,依旧是宽焦点反问句。但是用对比重音读例(8b)(8c),就如同例(6b)(6c)(6d)一样,宽焦点反问句转变成了窄焦点反问句。例(8)去掉"吗"后,得到例(9),只能用句末升调读,但是其依旧是宽焦点反问句。

特殊"吗"是非问句指的就是"吗"处于句尾的问候句。例如:

(10)最近好吗?

(11)吃饭了吗?

例(10)(11)是问候句,是宽焦点中的句焦点,只用来打招呼,所以句调可以用平调,也可以用句末升调。用升调读,只是问话人想吸引答话人的注意,期待对方的言语行为回应,不是信息回应。

综上所述,宽焦点"吗"是非问句可以用平调(无对比重音)读,也可以用句末升调读,且重音位置落在"吗"上,因此我们认为宽焦点"吗"是非问句的焦点其实就是"吗"。当然,宽焦点"吗"是非问句可以通过对比重音转变为窄焦点"吗"是非问句,其语义也会发生变化。宽焦点"吗"是非问句中可以存在几个可能的窄焦点,但是转变为窄焦点"吗"是非问句时,只有一个可能的窄焦点变为疑问焦点,并且这个疑问焦点承载着对比重音。同时我们也发现在窄焦点"吗"是非问句中,焦点重音往往落在实词上。这也符合上文提到的限制条件:一句话中只能有一个承载重音的部分,与其他部分形成对比,两个以上的对比重音在逻辑上是不恰当的,提供新信息的焦点只能出现一次。

宽焦点"吗"问句除了不含焦点算子、焦点标记、成分移位、对比重

音的一般"吗"是非问句之外,还应包括附加问和反问句,以及特殊"吗"是非问句,即"吗"处于句尾的问候句。

(二) 窄焦点"吗"是非问句

窄焦点"吗"是非问句,是对句内窄焦点的疑问。窄焦点是指句子中的某个单一成分做焦点,即论元焦点。使用窄焦点"吗"是非问句时,问话人往往带有"求确认""表怀疑"等语气。听话人首先对整个命题进行肯定或否定的回答,然后再对窄焦点进行回复。窄焦点可以通过焦点算子、焦点标记、成分移位、对比重音等方式产生,运用对比重音生成窄焦点的情况上一节已有讨论,下面讨论前面三种生成窄焦点的手段。

含有焦点算子的"吗"是非问句中,可以通过焦点算子,如"只有、不是、难道、真的、只、就"形成窄焦点。

(12) a. 你吃过这种水果吗?
　　　b. 只有你吃过这种水果吗?
　　　c. 只有你吃过这种水果?

(13) a. 你看过这部电视剧吗?
　　　b. 你不是看过这部电视剧吗?
　　　c. 你不是看过这部电视剧?

(14) a. 你没吃早饭吗?
　　　b. 你难道没吃早饭吗?
　　　c. 你难道没吃早饭?

(15) a. 如果缺少这些合法性要素的支持,政策创新会失败吗?
　　　b. 如果缺少这些合法性要素的支持,政策创新真的会失败吗?
　　　c. 如果缺少这些合法性要素的支持,政策创新真的会

失败?

(16) a. 你身上有100元了吗?

b. 你身上<u>只</u>有100元了吗?

c. 你身上<u>只</u>有100元了?

(17) a. 张成早上吃一个鸡蛋吗?

b. 张成早上<u>就</u>吃一个鸡蛋吗?

c. 张成早上<u>就</u>吃一个鸡蛋?

例(12a)(13a)(14a)(15a)(16a)(17a),若只用平调(无对比重音)或句末升调(重音落在"吗"上)读,就都是宽焦点"吗"是非问句;若用对比焦点重音读,就可以转变为窄焦点"吗"是非问句,并且焦点重音的位置不是唯一的,其疑问语义也会随着焦点重音的位置变化而改变。例(12b)(13b)(14b)(15b)(16b)(17b)中的"只有、不是、难道、真的、只、就"是焦点算子,听话人对问句进行肯定或否定的回答后,还要对焦点算子后面的疑问焦点进行回复,因此这些例句属于窄焦点疑问句。如对例(12b)的回答一般是"是的,只有我吃过这种水果"或简略回答"是,只有我",也可直接作否定回答"(不),不只我吃过这种水果"。例(12b)(13b)(14b)(15b)(16b)(17b)中由于可以用焦点算子确定疑问焦点,即使用平调读,也不会模糊疑问焦点。如果用升调读,升调位置可以在焦点算子后面的疑问焦点上,也可以在句末"吗"上。例(12c)(13c)(14c)(15c)(16c)(17c)中无"吗",必须用升调表示疑问,其升调的位置只能在句末最后一个字上。

用焦点标记也可以将宽焦点"吗"问句转变为窄焦点"吗"问句吗?我们可以用典型的焦点标记"是"来检测,请看例句:

(18) a. 你以前吃过这种水果吗?

b. 是你以前吃过这种水果吗?

c. 你是以前吃过这种水果吗?

d. 你以前是吃过这种水果吗?

＊e. 你以前吃过是这种水果吗?

f. 是你以前吃过这种水果?

g. 你是以前吃过这种水果?

h. 你以前是吃过这种水果?

例(18a)用平调(无对比重音)或句末升调(重音落在"吗"上)读,都是宽焦点"吗"是非问句。例(18b)与(18a)不同的是其在主语之前加了焦点标记"是"。例(18b)不管用平调还是用升调读,都是窄焦点"吗"问句,并且重音只能落在"是"后的主语上。与例(18b)对应的无"吗"问句例(18f),只能用句末升调表示疑问,但是依然是窄焦点问句。例(18c)在状语之前加焦点标记,用平调或升调读,都是窄焦点"吗"问句,升调的重音也是落在"是"后的状语上。与例(18c)对应的例(18g)同样也是用句末升调表示疑问,且是窄焦点问句。例(18d)的焦点标记在谓语之前,不能转变为窄焦点问句,依然是宽焦点问句,而且是谓语焦点。与例(18d)对应的无"吗"问句例(18h),必须用句末升调表示疑问,且是一个宽焦点问句。例(18e)则是一个不合格的句子,说明焦点标记不可以位于谓语之后、宾语之前。

再看成分移位是否可以将宽焦点"吗"问句转变为窄焦点"吗"问句。请看例句:

(19) a. 你明天去上海吗?

b. 明天,你去上海吗?

c. 明天吗,你去上海?

  d. 上海,你明天去吗?

  e. 上海吗,你明天去?

  例(19a)用平调(无对比重音)或句末升调(重音落在"吗"上)读,都是宽焦点"吗"是非问句。例(19b)(19d)分别将"明天""上海"提到句首的位置,虽然通过移位改变了句序,但是用平调或者句末升调(重音落在"吗"上)读,依然是宽焦点疑问句。例(19c)(19e)分别在"明天""上海"的后面加上"吗",无论用平调还是句末升调(重音落在最后一个字上)读,它们都不再是宽焦点疑问句,而变成窄焦点疑问句了。所以在疑问句中,将疑问焦点提前的同时,加上疑问语气词"吗","吗"前的成分就成为强制的对比焦点。

  "吗"处于句尾的特殊疑问句中含有疑问代词,如"谁、什么、哪些、为什么"。疑问代词是独立的焦点强迫形式,要求自己就是句中的焦点。为什么疑问代词就是句中的焦点?请看下面的例句:

  (20)a. 他叫谁给打了一顿?

    b. 他叫谁给打了一顿。

  例(20a)是疑问句,"谁"重读。例(20b)是陈述句,"谁"轻读,意思是他被打了,这里的"谁"不是疑问代词,而是不定代词。从这两个例句可以看出,疑问代词在疑问句中是重音的承载者,形成焦点。

  (21)你知道我是谁吗?

  (22)你们知道章子怡拿的第一个大奖是什么吗?

  (23)你们俩一起聊过今后的生活会怎么样吗?

例(21)(22)(23)作为窄焦点"吗"是非问句的时候,必须重读疑问代词。这时听话人一般先回答是否,再对疑问焦点进行阐释。含有疑问代词的"吗"是非问句还可以由窄焦点疑问句转换为宽焦点疑问句,即用平调或升调(如重音落在"知道""聊过"上)读,这时,对例(21)(22)(23)的回答只能是"是的,知道/聊过"或"不,不知道/没聊过"。如果例(21)(22)(23)去掉"吗",还想表达疑问语义,则必须用句末升调读,表达的可能是宽焦点,也可能是窄焦点;若用平调读,是非问句就变成了陈述句。

(三)小结

上文已经对不同类型的宽、窄焦点"吗"疑问句进行了具体分析,通过对比重音、焦点标记、成分移位这三个方法考察了宽焦点"吗"疑问句是怎样转变为窄焦点疑问句的。先总结一下宽、窄焦点"吗"疑问句的语调特点,如表2所示。

表2

大类		小类	"吗"删除	必须升调	升调位于句末
宽焦点"吗"是非问句	不含焦点算子、焦点标记、成分移位、对比重音	一般"吗"是非问句	否	否	是
			是	是	是
		附加问	否	否	是
			是	是	是
		反问句	否	否	是
			是	是	是
	特殊"吗"是非问句	"吗"处于句尾的问候句	否	否	是
			是	是	是
窄焦点"吗"是非问句	含有焦点算子、焦点标记、成分移位、对比重音	一般"吗"是非问句	否	否	否
			是	是	否
	含有疑问代词的"吗"问句		否	否	否

"吗"疑问句的语调可以概括为两条原则:第一,如果删除句末语气词"吗",则必须用升调读;如果不删除"吗",则既可以读升调,也可以读平调。句末语气词"吗"和升调都是疑问标记,至少出现一个标记,不可以二者全部缺位,否则无法与陈述句相区别。第二,宽焦点的升调位置在句末,窄焦点的升调位置在焦点算子后面的疑问焦点和疑问代词上。焦点算子和疑问代词都具有标记焦点位置的作用。

不同类型的宽焦点"吗"问句在转变为窄焦点"吗"问句的时候又有一些不同,如下表所示。

表3

转换方式	句类	特点
对比重音	一般"吗"是非问句	都必须用升调(对比重音)读,且焦点重音位置只能落在句中的实词上
	附加问	
	反问句	
焦点标记	一般"吗"是非问句	焦点标记"是"不可以位于谓语和宾语之间。可以用平调(无对比重音)读,也可以用升调读,但是升调的重音落在"是"之后的实词上
	附加问	
	反问句	
成分移位	一般"吗"是非问句	将成分移位的同时,疑问语气词"吗"也要跟着一起移位,"吗"前的成分成为强制的对比焦点。既可以用平调读,也可以用升调读
	附加问	
	反问句	

注释:"吗"处于句尾的问候句无法转变为窄焦点问句。

三、"吗"疑问句焦点表达相关的汉英对比

语言具有共性,同时也具有差异性。根据有限变异的句法制图理论,所有的语言都不同程度地使用语调来标记不同的焦点结构构造(focus structure construction),而在其他的句法形态手段上则会有所不同。英语就是一种主要用语调来体现焦点的语言。英语的语序比

较固定,焦点可以落在句子的任一成分上,通过重读来体现,而词序不发生改变。当然,英语也可以用分裂结构或者存现句来表现焦点,即使用句法手段来表现焦点(但是本书只讲疑问句,所以不涉及这一部分,即认为英语疑问句中只能通过焦点重音来表现焦点)。徐烈炯(2001)谈到汉语焦点表现形式时,归纳了四种形式:零形手段、重音、语序和焦点标记。当焦点为句焦点或谓语焦点时用零形标记,实际上就是不需要重读。

疑问语气词是汉语独有的,英语中没有这个库藏,所以在表达疑问时汉语无须改变词序去获得疑问语气,而英语则需改变词序去表达疑问。由于英语在表达疑问时必须改变词序,所以在体现焦点时只能靠焦点重音和焦点标记。汉语中有疑问语气词,除了焦点重音和焦点标记外,还可以通过语序(其实汉语改变词序就是话题化)来体现焦点。

(一)宽焦点"吗"疑问句相关汉英对比

宽焦点"吗"是非问句可以通过对比重音转变为窄焦点"吗"是非问句,其语义也会发生变化。宽焦点"吗"是非问句可以将焦点重音落在虚词"吗"上,也可以不用焦点重音。但是当它转变为窄焦点"吗"是非问句时,句子中的某个实词或词组(即可能的窄焦点)就必须带焦点重音,且只有一个可能焦点变为疑问焦点,这个疑问焦点承载着对比重音。宽焦点"吗"是非问句对应英语的一般疑问句,英语的一般疑问句也可以通过对比重音转变为窄焦点是非问句,其语义也会发生变化(徐烈炯,2009b)。

汉英最大的不同就是汉语可以通过语序来体现焦点,使宽焦点疑问句转变为窄焦点疑问句,如前文例(19),为方便阅读,重新排列为例(24):

(24) a. 你明天去上海吗?

　　 b. 明天,你去上海吗?

　　 c. 明天吗,你去上海?

　　 d. 上海,你明天去吗?

　　 e. 上海吗,你明天去?

(25) a. DO you go to Shanghai tomorrow?

　　 b. Do you go to Shanghai TOMORROW?

　　 c. Do you go to SHANGHAI tomorrow?

　　 (全部用大写字母书写的单词重读。下同。)

例(24a)可以用平调(无对比重音)或者句末升调(重音落在"吗"上)读,由于没有任何焦点标记,所以它是宽焦点"吗"是非问句。例(24b)(24d)分别将"明天""上海"提到句首的位置,虽然通过移位改变了句序,但是用平调或者句末升调(重音落在"吗"上)读,依然是宽焦点疑问句。例(24c)(24e)分别在"明天""上海"的后面加上"吗",即使用平调或者句末升调(重音落在最后一个字上)读,它们也不再是宽焦点疑问句,而变成窄焦点疑问句了。所以在疑问句中,将疑问焦点提前的同时,加上疑问语气词"吗","吗"前的成分就成为强制的对比焦点。在英语中,若想表达出例(24c)(24e)的疑问语义,只能通过对比重音改变宽窄焦点。例(25a)可对应例(24a)(24b)(24d),而例(25b)(25c)分别对应例(24c)(24e)。

(二) 窄焦点"吗"疑问句相关汉英对比

在汉语中,"吗"处于句尾的特殊疑问句中含有疑问代词,如"谁、什么、哪些、为什么"。在英语中,与之相对应的是"Do you know+wh-词"。

(26) —Do you know who I am?

　　—Yes, I do. You are Tom's sister.

(27) —Do you know what the math teacher said in class yesterday?

　　—Yes, I do. He said he would go to Shanghai next Monday.

英语中的疑问代词要求自己就是句中的焦点,并且不可以通过焦点重音来改变疑问焦点。汉语也是通过重读疑问代词来表示窄焦点问句,但是和英语不同的是,汉语可以通过焦点重音的改变,将窄焦点疑问句转变为宽焦点疑问句。如例(26)中英语问句对应的汉语句子"你知道我是谁吗",当对比重音落在疑问代词"谁"上时,它是窄焦点疑问句;但是当对比重音落在"知道"上时,它就变成了宽焦点疑问句。

四、本节结语

在与英语的对比中发现,在宽焦点"吗"问句中,汉语可以通过对比重音、焦点标记、成分移位来体现焦点,使宽焦点疑问句转变为窄焦点疑问句,但是相对应的英语只能通过对比重音改变宽窄焦点;在窄焦点"吗"问句中,汉语可以通过焦点重音的改变,将窄焦点疑问句转变为宽焦点疑问句,但是相对应的英语无法通过对比重音将窄焦点疑问句转变为宽焦点疑问句。汉英疑问与焦点关系的研究,对语言的句法、语义、语音关系的研究具有重要的理论意义,对语言习得与教学也具有重要的应用价值。

第五节 "呢"疑问句的焦点表达方式和宽窄焦点的转换手段

一、引言

疑问句焦点有宽、窄两种。前人对疑问和焦点关系的研究主要是一种单向性研究,即研究不同类型的疑问句中句子焦点的确定方式。本书将从双向性的角度去研究疑问和焦点的关系,即从焦点的角度对疑问句进行分类。上一节已经对"吗"问句各类焦点的表达方式进行了研究,本节将具体研究"呢"问句各类焦点的表达方式。

二、"呢"疑问句焦点的表达方式

从焦点的角度进行分类,"呢"问句主要有宽焦点"呢"问句、窄焦点"呢"问句。宽焦点"呢"问句的表达方式有"呢"的正反问句完整式、选择问句完整式以及反问句,窄焦点"呢"问句的表达方式有正反问句省略式、选择问句省略式、谓词特指问句、论元附加语特指问句。综上,"呢"问句共有两大类,合计七小类表达方式,如下表所示。

表1

大类	小类	例句
宽焦点"呢"问句	正反问句完整式	——工业化是否必然带来大众文化及大众史学呢? ——是的。
	选择问句完整式	你是放羊去呢,还是玩去呢?
	反问句	他家很穷,哪里有钱呢?

(续表)

大类	小类		例句
窄焦点"呢"问句	正反问句省略式		工业化是否必然带来大众文化及大众史学呢？现代化(是否……)呢？
	选择问句省略式		那姐姐(是放羊去呢，还是玩去)呢？
	谓词特指问句	位置问句(表在哪儿)	我的书在这儿，你的书呢？
		假设问句(表怎么样)	(如果)聋哑人能进行思维，盲人呢？
		条件问句(表怎么样)	(既然)聋哑人能进行思维，盲人呢？
	论元附加语特指问句		什么是生活的乐趣呢？

（一）宽焦点"呢"问句

宽焦点"呢"问句有三种表达方式，即含"呢"的正反问句、选择问句以及反问句。下面是含"呢"的正反问句的例子：

(1) 问：聋哑人能不能进行思维呢？
答：能/不能。

(2) 问：动物无法掌握人类的语言，那么，它们内部是否可以交际呢？
答：可以/不可以。

例(1)(2)是含有"呢"的正反问句，这两个问句都只能对其中一个命题的真值进行回答，如例(1)中的命题"聋哑人能进行思维"，例(2)中的命题"它们内部可以相互进行交际"。所以这两个例句都是用整个句子来表达焦点的，可以用平调(无对比重音)读，也可以用升调读。正反问句完整式升调的位置一般位于正反问的标记上，如"能不能""是不是""是否"等，起提醒答话人的作用(如图1)，也可以位于句末"呢"上(如图2)。正反问句完整式去掉"呢"，依旧是疑问句，且疑问语义不发生变化。

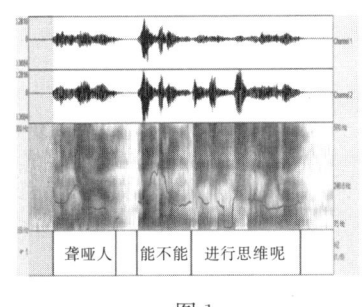

图 1

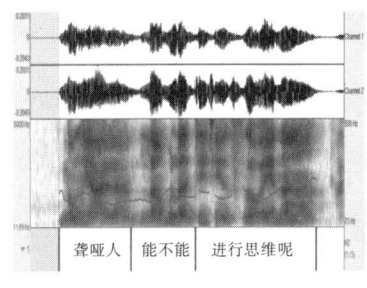

图 2

含"呢"的选择问句是句焦点,不管读升调还是平调都可以,其焦点和语义都不会改变。

(3) a. 它是提出者主观随意制定的呢,还是有其客观本原呢?
b. 它是提出者主观随意制定的,还是有其客观本原?
(4) a. 是他不愿实行呢?还是感觉实行的困难而不愿试呢?
b. 是他不愿实行?还是感觉实行的困难而不愿试?
(5) a. 你是放羊去呢,还是玩去呢?那姐姐呢?
b. 你是放羊去,还是玩去?

例(3)(4)(5)是选择问句,它们的疑问焦点是"是……还是……"格式。删除"呢"以后,例(3b)(4b)(5b)依然是宽焦点正反问,读平调和句末升调都可以,且焦点和语义不变。

含"呢"的反问句是句焦点,但是必须用升调读,不可以用平调读,如果用平调读,就是简单的疑问句了。升调的位置只可以落在疑问代词上,不可以落在句末"呢"上。

(6) 他家很穷,哪里有钱呢?(=没有钱)
(7) 你又依据什么来保障她的安全呢?(=没有依据)
(8) 张华已经负债累累,何能再经营这家饭店呢?(=不能再

经营了)

例(6)(7)(8)中虽然含有疑问代词"哪里""什么""何",但是不可以用平调读,其升调的重音落在疑问代词上,表示反问(如图3)。此外,上述三例中的"呢"可以去掉,去掉后依旧不能读平调,重音只能在疑问代词上,表示反问。

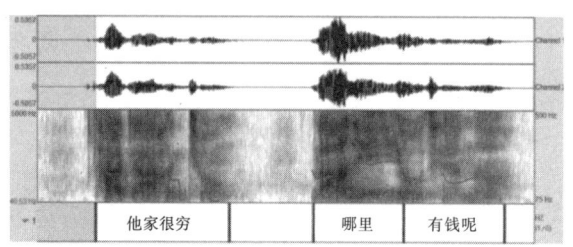

图3

(二)窄焦点"呢"问句

窄焦点"呢"问句的表达方式包括正反问句省略式、选择问句省略式、谓词特指问句和含"呢"的论元附加语特指问句。

(9)人类可以交际,动物呢?

例(9)中的"动物呢"是正反问句的省略式,不可以删除"呢",其完整式是"动物能不能进行交际呢",焦点在"动物"上,因此是窄焦点问句,一般用平调(无对比重音)读(如图4)。

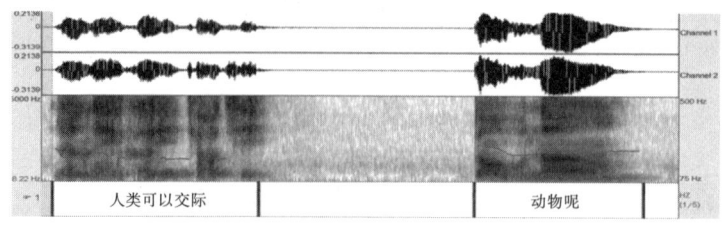

图4

(10)a. 你是放羊去呢,还是玩去呢?那姐姐呢?

　　b. *你是放羊去,还是玩去?那姐姐?

例(10a)中的"那姐姐呢"是选择问句的省略式,其完整式是"那姐姐是放羊去呢,还是玩去呢",焦点是"姐姐",因此是窄焦点问句,既可以用平调读,也可以用句末升调读。例(10b)中的"那姐姐"由于是省略形式,所以"呢"不可以删除。

谓词特指问句共有三种类型:位置问句(表示在哪儿)、假设问句(表示怎么样)和条件问句(表示怎么样)。

(11)a. 我的书在这儿,你的书呢?

　　b. *我的书在这儿,你的书?

(12)a.(如果)聋哑人能进行思维,盲人呢?

　　b.(既然)聋哑人能进行思维,盲人呢?

　　c. *(如果)聋哑人能进行思维,盲人?

　　d. *(既然)聋哑人能进行思维,盲人?

例(11a)是谓词特指问句:"陈述句+NP+呢",这里的陈述句一般表示人或物的位置。它既可以用平调读,也可以用句末升调读。位置问中的"呢"不能删除,如例(11b)所示。

例(12a)(12b)中虽然没有疑问代词,但是可以表达疑问的意思,其实是因为隐含了一个疑问焦点"怎么样"。例(12a)(12b)在口语中用平调或者升调读都可以,其语义没有发生任何改变,疑问词都是"怎么样",但焦点在实词成分上,即"盲人",因此是窄焦点问句。

例(12a)(12b)中的非疑问部分有所不同:例(12a)中的非疑问部

分"(如果)聋哑人能进行思维"表示的是假设,例(12a)也可以转换成"如果聋哑人能进行思维呢?盲人呢?",即"假设问句+NP+呢",其焦点和语义没有发生任何变化;例(12b)中的非疑问部分"(既然)聋哑人能进行思维"表示条件,例(12b)可以转换为"既然聋哑人能进行思维呢?盲人呢?"所以谓词特指问句有三种不同的解读方式。陆俭明(1984)指出"呢"疑问句表示假设关系。我们发现"呢"疑问句的完整式和省略式还可能表示条件关系。谓词特指问句的"呢"不可以删除,所以例(12c)(12d)都是不合格的句子。

窄焦点"呢"问句还包括含"呢"的论元附加语特指问句。在含有"呢"的论元附加语特指疑问句中,疑问代词就是疑问焦点。

(13)什么是生活的乐趣呢?

(14)a.怎样提高运动员的身体素质呢?

　　b.我们如何选拔人才呢?

　　c.为什么这盘菜没人吃呢?

因为上面的例(13)(14)中含有疑问代词"什么"(问论元)、"怎样""如何""为什么"(问附加语),所以疑问焦点都是确定的。上述四例既可以用平调读,也可以用升调读。若用升调读,升调的位置可以在疑问焦点上,也可以在句末,但是都不影响其语义。在含"呢"的特指疑问句中,去掉"呢"也不影响原来的语义。

那么宽焦点"呢"问句是否可以通过对比重音、焦点标记、成分移位等方式转换成窄焦点问句呢?宽焦点"呢"问句包括"呢"的正反问句完整式、选择问句完整式以及反问句三类,下面逐类讨论。

先讨论宽焦点"呢"问句是否可以用对比重音转换成窄焦点问句。正反问句的完整形式可以通过对比重音,将宽焦点问句转化成窄焦点问句。

(15)工业化是否必然带来大众文化呢?

例(15)如果用平调或句末升调读,是宽焦点疑问句,只需回答"是/不是"。但是,如果将重音落在"工业化"或"大众文化"上,形成对比重音,宽焦点问句就转变为窄焦点问句,回答"是的,工业化可以/不,工业化不可以"或"是的,可以带来大众文化/不,不能带来大众文化",这样更加自然合理。

含"呢"的选择问句的完整形式可以通过对比重音将宽焦点问句转变为窄焦点问句。

(16)妈妈明天去上海还是去北京出差呢?

例(16)表示宽焦点疑问时,可以用平调或句末升调读,可以回答"去上海/去北京"。但是,当它转变为窄焦点疑问句时,需将对比重音落在"妈妈"上,可以回答"是,妈妈去出差(但是不确定去哪儿)/不,妈妈不去出差";也可以将对比重音落在"明天"上,可以回答"是,妈妈是明天去出差/不,妈妈明天不去,可能后天去"。

(17)他(已经破产了,)哪里有钱呢?

例(17)是含"呢"的反问句,当重音落在疑问代词"哪里"上或用句末升调读时,例句表示宽焦点疑问。但是当对比重音落在"他"上时,例句转变为窄焦点疑问句,即主语位置的集合里有且只有一个元素"他"。

宽焦点"呢"问句是否可以用焦点标记来焦点化？对此，我们可以用典型的焦点标记"是"来测试。

(18) a. 聋哑人能不能进行思维呢？
　　 b. *是聋哑人能不能进行思维呢？
　　 c. *聋哑人能不能进行是思维呢？
(19) a. 你放羊去呢，还是玩去呢？
　　 b. *是你放羊去呢，还是玩去呢？
(20) a. 玛丽哪里有钱呢？
　　 b. *是玛丽哪里有钱呢？

例(18a)(19a)(20a)都无法通过焦点标记转化成窄焦点"呢"问句，因此例(18b)(19b)(20b)都是不合格的句子。

宽焦点"呢"问句是否可以用成分移位来焦点化？

(21) a. 聋哑人能不能进行思维呢？
　　 b. 能不能进行思维呢，聋哑人？
　　 c. 思维，聋哑人能不能进行呢？
(22) a. 你放羊去呢，还是玩去呢？
　　 b. 放羊去呢，还是玩去呢？你。
(23) a. 玛丽哪里有钱呢？
　　 b. 哪里有钱呢？玛丽。

例(21a)如果要成分移位，只能将主语位置的成分后移或者将宾语位置的成分前移。例(21b)(21c)中主语和宾语的成分都可以移位，并且例(21b)(21c)可以由宽焦点"呢"问句转变为窄焦点"呢"问句，答话人在对其真值进行回答以后,还要回答"为什么聋哑人可以/不可以进行思维"。因为成分移位有提醒的作用,它提醒答话人要回答"能/不能"的原因。例(22)(23)也都可以将宽焦点问句转变为窄焦点问句。

(三)小结

上文已经对不同类型的宽、窄焦点"呢"疑问句进行了具体分析,通过对比重音、焦点标记、成分移位这三个方法考察了宽焦点"呢"疑问句是怎样转变为窄焦点疑问句的。先总结一下宽、窄焦点"呢"疑问句的语调特点,如下表所示。

表2

大类	小类		是否可以删除"呢"	是否可以平调
宽焦点"呢"问句	正反问句完整式		是	是
	选择问句完整式		是	是
	反问句		是	否
窄焦点"呢"问句	正反问句省略式		否	是
	选择问句省略式		否	是
	谓词特指问句	位置问句(表在哪儿)	否	是
		假设问句(表怎么样)	否	是
		条件问句(表怎么样)	否	是
	论元或附加语特指问句		是	是

由上表可以总结出两个原则:第一,一般情况下可以删除"呢",但省略式和谓词特指问句不可以。谓词特指问句也隐含了疑问焦点,如"我的书(在哪儿)呢?""假如聋哑人能进行思维,盲人(怎么样)呢?""既然聋哑人能进行思维,盲人(怎么样)呢?"括号中都是被隐含的疑问焦点。省略式和谓词特指问句中的"呢"都是"呢"疑问句的区别性特征,删除之后就表达其他意义了,因此不能删除。一般情况下都是

"呢"和句式其他成分配合使用,删除"呢"不会导致理解错误。从删除"呢"的角度说,省略式和谓词特指问句在"呢"问句中是有标记的。第二,除了反问句之外,"呢"问句都既可以读升调,也可以读平调。这也是因为升调是反问句的区别性特征,如果用平调读就和一般疑问句没有区别;一般"呢"问句中升调并不是区别性特征。从读升调的角度说,反问句在"呢"问句中是有标记的。

不同的焦点转换方式应用于不同类型的宽焦点"呢"问句,主要包括正反问句、选择问句和反问句,宽焦点"呢"问句在转变为窄焦点问句的时候又有一些不同的特点,表3对此做了总结,并与"吗"问句的宽窄焦点的转换进行了对比。

表3

转换方式	句类	是否可以转换成窄焦点问句	与"吗"问句对比
对比重音	正反问句 选择问句 反问句	是	是
焦点标记	正反问句 选择问句 反问句	否	是
成分移位	正反问句 选择问句 反问句	是	是

通过比较可以发现,"呢"疑问句可以通过对比重音、成分移位两种手段将宽焦点变为窄焦点,这一点跟"吗"问句是相同的;但是不可以用焦点标记"是"把宽焦点变为窄焦点,这一点跟"吗"问句不同,这是因为焦点标记"是"能用于"吗"问句,不能用于"呢"问句。

三、"呢"疑问句焦点表达相关的汉英对比

根据有限变异的句法制图理论,所有的语言都不同程度地使用语调来标记不同的焦点结构构造,而在其他的句法形态手段上则有所不同。上节提出汉语中有疑问语气词,除了焦点重音和焦点标记外,还可以通过语序(其实汉语改变词序就是话题化)来体现焦点。下面讨论"呢"问句焦点表达方式的汉英对比。

宽焦点"呢"问句中含"呢"的正反问句和英语的反意疑问句只是部分对应。

(24)这个西瓜是不是张成送来的呢? = 这个西瓜张成送来的,是不是?

(25)你是不是把碗打碎了呢? = 你把碗打碎了,是不是?

(26)这张假钱是不是你收到的呢? = 这张假钱不是你收到的,对不对呢?

上述三例都可以转换成"陈述句+是不是(对不对)",陈述部分可以是肯定形式,如例(24)(25),也可以是否定形式,如例(26)。句子的疑问部分一般是"肯定+否定",如"是不是""对不对"。因此,这种正反问句可以看作是非问句的变体。例如:

(27)这个西瓜张成送来的,是吗?

(28)这张请柬你送去舅舅家,好吗?

(29)这张假钱不是你收到的,对吗?

这种正反问句的作用与英语的反意疑问句基本一致,句子结构也相似。英语的反意疑问句也是由两部分组成,前部分是陈述句,后部分是疑问句的省略形式。与汉语的正反问句不同的是,英语的反意疑问句要求陈述部分如果是肯定的,疑问部分一般是否定形式;陈述部分如果是否定形式,疑问部分一般是肯定形式。例如:

(30) Your mother expects us to follow him, doesn't she?
(你的母亲希望我们跟他去,是不是呢?)
(31) You are not offended, are you?
(你没生气,对不对呢?)
(32) But then life doesn't seem to be pretty, doesn't it?
(然而生活并不那么美好,是不是呢?)

例(30)(31)(32),如果用平调读,都是宽焦点疑问句,只用回答"Yes/No"就可以了。这类英语反意疑问句无法通过焦点重音改变疑问焦点,并且由于其句式是固定的,所以也不能通过焦点标记和成分移位来改变疑问焦点,无法将宽焦点疑问句转变为窄焦点疑问句。

汉语中还有一种正反问句,是表达征求同意的疑问句,这种疑问句的陈述部分一般是建议或要求,疑问部分是"好不好(呢)""行不行(呢)"。如果在陈述句的前面加上"要不要",也可以获得同样的效果。例如:

(33)这事就算过去了,我们不生气了,好不好呢?
(34)明天中午我们去看电影,行不行呢?
(35)要不要我给你倒杯茶呢?

英语中表达这种意义的疑问句通常用"shall we…?"或"Let's… shall we?"。例如:

(36) Shall we sit here?

（我们坐这儿,好不好呢?）

(37) Let's go in, shall we?

（我们进去,行不行呢?）

(38) Shall we go down first and book a table?

（我们要不要先下去订张桌子?）

例(36)(37)(38)也是宽焦点疑问句,并且无法通过焦点重音改变疑问焦点。

四、本节结语

从焦点的角度进行分类,汉语"呢"问句主要有宽焦点"呢"问句、窄焦点"呢"问句。宽焦点"呢"问句的表达方式有"呢"的正反问句完整式、选择问句完整式以及反问句;窄焦点"呢"问句的表达方式有正反问句省略式、选择问句省略式、谓词特指问句、论元附加语特指问句,其中谓词特指问句包括位置问句、假设问句、条件问句。在宽焦点"呢"问句中,含"呢"的正反问可以通过对比重音、成分移位转变为窄焦点,但是相应的英语无法转变为窄焦点。汉英疑问与焦点关系的研究,对语言句法、语义、语音关系的研究具有重要的理论意义,对语言习得与教学也具有重要的应用价值。

第二章 功能成分和"的"研究

本章从功能成分视角研究汉语"的"。本章提出不同性质的"的"在某些普通话使用人群中是一个同一的范畴;"的"本身并不具有[+N]或[+V]特征,但它具有决定所在结构句法特征的作用,因此可以认定为句法中心语;谓词性偏正结构和名词性偏正结构具有结构平行性,句法中不需要"附接"操作;普通话和汉语方言中"的$_1$""的$_2$""的$_3$"连用存在限制,其机制在于各自的功能。

第一节 中心语"的"的范畴统一性

一、以"的"为中心语的短语的结构平行性

Ning(1996)、彭家法(2007,2009,2012a)等认为在现代汉语名词性(如"我的书")、动词性(如"感激的说")和形容词性(如"挺好的")带"的"短语中,"的"是中心语。[按照朱德熙(1961)的做法,除引文外,

"的"和"地"不加区分]

以"的"为中心语的谓词性偏正结构、名词性偏正结构和状态形容词短语可以统一处理,"的"短语可以统一描写为图1,其中YP为限定语,ZP为补足语,三个"的"都是中心语,理论上都能带补足语。

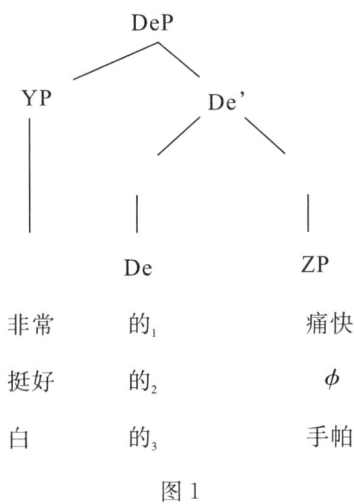

图1

图1的分析需要注意三种结构都具有很强的平行性。"的$_3$"带补足语,"的$_1$"也带补足语。"的$_2$"具有一定特殊性,其补足语位置为空(表示为ϕ)。"的$_3$"历史上都写为"底","的$_2$"历史上写为"地",两者来源不同(吕叔湘,1943)。

在当代语言理论背景下,将不同"的"字短语的结构作统一分析是理论所要求的。Kayne(1994)和Cinque(1999)认为不需要为传统的状语特设附接(adjoin)操作(因此把传统的状语称为"附加语"),附接操作不具有概括性。他们主张以$\overline{X}(X')$理论为基础假设附加语处于$\overline{X}$结构的限定语(specifier)位置上。

统一分析并没有取消三个"的"的差异性,特殊性和概括性是观察事物的不同角度。对于三个"的",语言学家认为其意义或语法作用不同,但母语使用者的语言知识是三者可以不加区分。这跟语音学中的情形相同,例如[a]和[ɑ]语音有差异,但汉语北方话中二者存在位置互补关系,不能区别意义,母语使用者认为它们没有区别,因此是一个"音位"。汉语北方话中三个"的"句法环境互补、读音相同,且可书写成相同的汉字。由于满足这三个条件,因此母语使用者感觉不到三个"的"的区别,把它们归并为一个"范畴"(吕叔湘,1962)。不同语言(方言)、不同语言使用者的范畴划分存在差异(刘丹青,2011),范畴分析需要以母语使用者的语言知识为基础。

二、"的$_1$"和"的$_3$"的范畴统一性

朱德熙(1961)从句法环境的差异论证"X 的$_1$"是副词性的,"X 的$_3$"是名词性的,事实上二者句法环境是互补的。吕叔湘(1962)概括指出《说"的"》是根据 X 的这一整个结构体的功能(亦即分布)来决定把的字分作三个语素的。只能在动词或形容词之前出现而不能在名词之前出现的是的$_1$;只能在名词之前出现而不能在动词或形容词之前出现的是的$_3$。① 下面具体考察"的$_1$"和"的$_3$"的句法环境,分析"的$_1$"和"的$_3$"的范畴统一性。

考察"的$_1$"和"的$_3$"的句法环境需要考察"X 的"结构的功能。"X 的"结构的功能存在多样性:有些只能作定语,语法功能和区别词相当;大多数既能作定语又能作状语,语法功能是区别词和副词之和;只能作状语,语法功能和副词相当的例子,我们还没有找到。

以 X 为双音节形容词为例,有些"X 的"结构一般只能作定语,如"矮小的、瘦弱的、衰老的、名贵的、渺小的、焦黄的"等。

---

① 朱德熙(1961)指出"X 的$_3$"还可以作主语、宾语。这不影响"X 的$_1$"和"X 的$_3$"的互补分布,因为"X 的$_1$"不能作主语、宾语。

(1)我记得他以前是个<u>矮小</u>的球员。

<u>瘦弱</u>的林徽因对艺术有种宗教般的热情。

这种盆外面镶着<u>名贵</u>的抽木龙雕。

<u>焦黄</u>的虾饼斜卧在青翠的菜叶之上。

X为双音节形容词的"X的"结构只能作状语的情况可能不存在,《汉语形容词用法词典》(郑怀德、孟庆海,2003)里只出现了两个,分别是"踊跃的"和"迅速的"。事实上"踊跃的""迅速的"也可以作定语。

(2)几名火头军煮好早粥,等着来打饭。平时最是热闹<u>踊跃的</u>时刻。

他们从一开始就收到了<u>踊跃</u>的报名。

在一些被隔离的小种群中最有可能出现这种<u>迅速</u>的进化演变。

它们从原本落后的农业经济沿着产业阶梯进行了<u>迅速</u>的产业升级。

X为双音节形容词的"X的"结构大多既可以作定语,又可以作状语,如"机灵的、积极的、秘密的、笼统的"等。

(3)太子的妻子贾妃,是个<u>机灵</u>的女人。

他<u>机灵</u>的一下子拔腿往西走。

美国宪法在起草过程中,却处于一种极其<u>秘密</u>的状态。

我听说他<u>秘密</u>的离开了夏尔。

按照朱德熙(1982,1985)提出的词类划分体系,只能作定语的词是区别词,只能作状语的词是副词,能够作谓语、补语、定语和状语的词是形容词。"努力学习"中,"努力"仍然是形容词,不必认为是副词,避免大量形容词、副词兼类,体现了"简明性原则"。沈家煊(2011b)认为朱德熙先生学术遗产的重要贡献在于:"在建立汉语语法体系的时候明确提出简明性和严谨性同等重要的原则并加以贯彻,使汉语语法研究更加'科学化'。"简明性原则要求把既可以作定语又可以作状语的"X的"结构处理为同一种性质的结构,而不是不同性质的兼类。

郭锐(2002)指出语言中最基本的两种表述功能是指称和陈述,但有些成分如区别词、副词等处在修饰语位置上,应该看成是第三种表述功能,即修饰。袁毓林(2010)认为"高速、自动"等只能修饰名词和动词,可以独立出来成为一类,称为修饰词。同样道理,我们可以把既可以作定语又可以作状语的"X的"结构看成是修饰性质的结构,而不是不同性质结构的兼类。

如果将"X的"结构统一处理为修饰性成分,则可以把其中的"的"处理为一个统一的范畴。按照郭锐(2002)的做法,"的"实际上是修饰标记,"努力的学生"和"努力的学习"中"的"的性质是相同的。

吕叔湘(1962)也认为"的"可以只是一个语素:(1)"如果这两个结构体是$(XY)_1$和$(XY)_2$,如'细心的(人)'和'细心的(看)',难道必须归结为X的不同或Y的不同吗?不能说这不同只存在于(XY)这整个结构体本身吗?"也就是说,将"细心的看"和"细心的人"两个结构中"细心的"的不同归结为"的"的不同,这并不是唯一的处理方法,将"细心的"整个结构本身看成是不同的也未尝不可。(2)不带"的"的结构体也可以有两种不同的分布,如"到底(去不去)"和"(坚持)到底";一个语素也有类似的情况,如"快(马)"和"快(跑)",那这些不同又可以归结为什么成分的不同呢?(3)朱德熙也认为将三个"的"归并为一个语素也是一种可能,只是这样的话"的"就没有固定的语法意义了。吕

叔湘则指出如果将"的"的功能只看作造成"的"字结构,这个问题就不存在了。

吕先生认为"快(马)"和"快(跑)"存在不同,没办法归结为什么成分;"细心的看"和"细心的人"中"细心的"不同,不必归结为"的"不同。按照朱先生的一贯做法,"快(马)"和"快(跑)"只是用法存在差异,一个用作定语,一个用作状语,词性没有不同,都是形容词。如果按照这种看法,理论上不允许我们把"细心的(看)"和"细心的(人)"看成不同性质的成分,二者只是用法不同,性质没有不同,都是修饰性成分。

"的$_1$"和"的$_3$"二者句法环境互补;北方话"的$_1$"和"的$_3$"读音相同;近现代以来很多人把二者写成同一个汉字(徐阳春,2004)。① 由于"的$_1$"和"的$_3$"同时符合这三个条件,母语使用者的语言知识不区分"的$_1$"和"的$_3$",因此可以把二者处理成一个统一的范畴:修饰标记。

三、"的$_2$"和"的$_3$"的范畴统一性

朱德熙(1961)认为"的$_2$"是状态形容词后缀,其功能和"的$_3$"不同。"X的$_3$"可以作主语、宾语和定语。"X的$_2$"可以作定语、状语,还可以作谓语和补语。除了都能作定语外,二者的分布是互补的。

朱德熙(1993)详细考察了分属六个大方言区的十种方言里的状态形容词后缀(的$_2$)的语音形式、句法分布及其名词化时与名词化标记(的$_3$)的组合关系。他指出:"在那十种方言里,状态形容词充任定语时必须通过加'的$_3$'的办法名词化。"名词化的方式之一是在"的$_2$"后头加"的$_3$",组成"R+的$_2$+的$_3$+N"(R表示状态形容词,N表示名词)。"的$_2$"和"的$_3$"构成加合关系(syntagmatic relation)。这就证明

---

① 严格区分"的""地"的人,可能把二者处理为不同的范畴。

"X 的₂"不能直接作定语,只有"X 的₃"可以作定语,二者的分布是完全互补的。

下面例(4)(5)(6)分别是山西文水话、广州话、福州话的例子(文水话"的₂"读成[tɿ],"的₃"读成[tiəʔ]。广州话"的₂"记成"咃","的₃"记成"嘅"。福州话"的₂"记成"喏","的₃"记成"唭"):

(4)白格冬冬[tɿ][tiəʔ]一碗面,可惜撒了。
   绿油油[tɿ][tiəʔ]叶子,红格丹丹[tɿ][tiəʔ]花。
(5)我要揾个肥肥咃嘅演员。(我要找一个胖胖的演员。)
   佢中意食酸酸咃嘅菜。(他喜欢吃带点酸味的菜。)
(6)掏蜀把利利喏唭刀。(拿一把很锋利的刀。)
   伊是妥当当喏唭侬。(他是老老实实的人。)

这些方言中"的₂"和"的₃"不同音,句法组合可构成加合关系。加合这种句法现象说明在文水话、广州话、福州话中,"的₂"和"的₃"是不同的范畴。

另一方面,朱德熙(1993)指出:"加合式在现代方言里分布如此之广,必有长久的历史,可是在文献里却不见踪影。"《朱子语类》和其他唐宋时期的文献里均未见加合式的例子。

除了晋语部分地区,汉语北方话也大多不允许加合式。

(7)绿油油的(﹡的)叶子,红彤彤的(﹡的)花。
   我要找一个胖乎乎的(﹡的)演员。
   他喜欢吃酸溜溜的(﹡的)菜。
   他是老老实实的(﹡的)人。

北方话"绿油油""胖乎乎""酸溜溜""老老实实"都可以加"的"构成状态形容词,应该存在"的$_2$";作定语时又有一个名词化的过程,因此也存在"的$_3$"。但北方话不能构成加合式,两个"的"不能连用。如何解释这些历史语法和标准语语法的事实呢?

解释这种现象的前提是承认存在加合式的汉语方言中"的$_2$""的$_3$"属于不同范畴。而北方话中"的$_2$""的$_3$"其实是同一个范畴,可以不加区分,这包含在北方话母语使用者的语言知识之中。

本书认为,句法层面上,以上北方话结构和存在加合式的汉语方言对应结构没有区别,都存在"的$_2$""的$_3$"的加合。语音层面上,两者存在差异。存在加合式的汉语方言在语音层面可以出现"的$_2$""的$_3$"线性相连,因为这些方言中"的$_2$""的$_3$"读音不同,写成不同的汉字,是不同范畴;北方话如果在语音层面出现"的$_2$""的$_3$"相连,由于"的$_2$""的$_3$"读音相同,写成相同的汉字,句法环境又互补,是同一个范畴,因此要求删略一个,我们称之为"语音删略"(phonetic deletion)[①]。

彭家法(1999)对多种语音删略现象作了描写,并通过进一步研究发现同一个范畴在语言使用中线性相连就可能出现语音删略。语音删略和范畴统一都要求具有以下几方面条件。

第一,语音相同。如:

(8)我看见路旁一家一户的窗口都亮着灯光,有看电视的,逗孩子的,谈恋爱的,<u>吃好吃的</u>,人家多幸福啊。

(吃好吃的=吃好吃的的)

(9)做夜班的又有<u>做夜班的难处</u>。

(做夜班的难处=做夜班的的难处)

---

① 称为语音删略也许更合适,"语音合并"易于和句法合并(merge)相混淆。

例(8)"吃好吃的的"中两个"的"都是"的"字结构中的"的$_3$",语法作用完全相同,但所处的结构层次不同,前一个"的"构成"的"字结构"好吃的",后一个"的"构成"的"字结构"吃[好吃的]的",两个"的"字结构套合起来,两个"的"字线性相连,语音相同,是同一个范畴,因此删略。例(9)也是两个"的$_3$"属于同一范畴,同音删略。存在加合式的汉语方言例(4)(5)(6)中"的$_2$""的$_3$"语音不同,是不同范畴,不能删略;北方话例(7)中"的$_2$""的$_3$"同音,是同一个范畴,因此删略。

第二,意义相同,句法分布相同或互补。同音并不一定就可以合并,汉语中同音连用的现象很多,赵元任(1980)用同音字(某些声调有差异)写的故事《施氏食狮史》《漪姨》《饥鸡集机记》就说明了这一点。两个语言成分除了语音相同外,还必须意义相同,句法分布相同或互补,语言使用者才把它们处理成同一个范畴。

例(8)(9)中两个"的"都是"的$_3$",一般语法学家都认为其语法意义相同,句法分布相同,属于同一个范畴,因此可以删略。

某些语言成分,语言学家认为其意义或语法作用不同,但母语使用者感觉其在意义上可以不加区分,实际上是把它们处理成同一个范畴,因此也可以删略。以比况结构"……似的"作定语为例。用"……一般""……一样"的结构作定语时,"的$_3$"不可少,如:"我想讨饭一样的人,也配考我吗?"比况结构"……一般""……一样"与"……似的"在语法作用、意义上都相近,可是将"一样"换成"似的"就要表达成"讨饭似的人",不可出现两个"的",其结构层次可表示为:

(10)[讨饭似的][[φ][人]]

又如:"一个个像小老虎似的队员迅速行动起来。""……似的"结构作定语不能再加一个"的$_3$"。"的$_3$"与前一个词"似的"的末尾语素

"的"线性相连,因此要求删略一个。其结构层次可表示为:

(11)[像小老虎似的][[φ][队员]]

语言学家一般认为例(10)(11)中两个"的"的语法作用不同,但语音相同,句法分布互补,写成同一个汉字,母语使用者把它们处理成同一个范畴,所以可以删略。

司富珍(2004)认为"嘴唇热热的感觉"的真正结构为"嘴唇热热的$_2$的$_3$感觉"。一般的主谓短语作定语必须加"的$_3$",如"嘴唇热的感觉""个子高的人"等。"嘴唇热热的"是一个状态形容词"热热的"作谓语的主谓短语,这里"的"是状态形容词词尾"的$_2$"。"嘴唇热热的感觉"中"的$_2$"和"的$_3$"线性相连,由于北方话使用者把"的$_2$""的$_3$"处理成同一个范畴,因此也要求语音删略。这跟上文例(8)的情形完全相同。

第三,写成同一个汉字。文字不属于语言要素,虽然写成同一个汉字不一定就是同一个范畴(比如同音词,"白色"和"蛋白"的"白"),但汉字对汉语的范畴划分起重要作用。吕叔湘(1962)认为"一把刀"和"一把米"的"把"、"衣冠"和"鸡冠"的"冠"、"穿衣镜"和"眼镜"的"镜"、"信用"和"书信"的"信"写成同一个汉字,可能代表的就是同一个范畴;"棵"和"颗"、"枝"和"支",简化字写成不同的汉字,可能代表的是不同范畴;"縂"和"穗"、"穫"和"獲",繁体字写成不同的汉字可能代表的是不同范畴,简化字写成同一个汉字则可能代表的是相同范畴。一方面汉字影响语言使用者的范畴划分等语言知识;另一方面范畴划分等语言知识也会影响汉字的写法,汉字可以反映语言使用者的语言知识,吕先生指出汉字的写法"部分地反映人们的想法"。例(4)(5)(6)存在加合式的汉语方言中"的$_2$""的$_3$"写成不同的汉字,应该是不同范畴。而汉语北方话中"的$_2$""的$_3$"写成相同的汉字,北方话语言

知识中把它们处理成同一个范畴,因此要求语音删略,不允许出现加合式。

语言成分满足"语音相同","意义相同,句法分布相同或互补","写成同一个汉字"的条件,可以确认为同一个范畴。同一个范畴线性相连则允许语音删略,语音删略可以作为范畴确认的重要参考。

四、本节结语

本节主要讨论了"的$_1$"与"的$_3$"、"的$_2$"与"的$_3$"的范畴统一性。逻辑上可以推知"的$_1$"与"的$_2$"也具有范畴统一性,"的$_1$""的$_2$""的$_3$"是同一个范畴。事实上,北方话"的$_1$"与"的$_2$"写成同一个汉字,读音相同,句法环境互补。"X 的$_1$"只能作状语,"X 的$_2$"能作主语、宾语、谓语、补语、状语,但"X 的$_1$"的 X 和"X 的$_2$"的 X 构成不同,"X 的$_2$"的 X 限于"干干净净"之类的状态形容词,"的$_1$""的$_2$"的句法环境也是完全互补的。"的$_1$""的$_2$""的$_3$"若在使用时线性相连,则允许语音删略,这种现象可以帮助我们确认它们为同一个范畴。

从汉语的视角看,把"非常的痛快"一类的"的$_1$"结构和"白的手帕"一类的"的$_3$"结构处理为"的"的最大投射,显得非常自然,它们都是修饰限制关系的短语。把三个"的"统一处理,符合理论概括性的要求,传统定语和状语构成的两类修饰限制关系短语的内部结构应该存在平行性,修饰限制关系短语与其他短语的内部结构也应该存在平行性。

第二节 功能中心语的特征突生效应和"的"的特征

一、"的"特征的讨论

和"的"中心语分析相关联,"的"的特征问题是相关讨论的又一热点。司富珍(2004,2006)提出"的$_1$""的$_2$""的$_3$"(朱德熙,1961)的语类特征可以用[+/-N,+/-V]一类的特征值来表达。周国光(2005)提出朱德熙(1961)只是把这种"的$_1$"看作副词的标志或副词后缀,并不能认为"的$_1$"本身具有副词性,也不能认为"的$_3$"具有[+N]语类特征。

本书在以上研究的基础上,论证"的"的语类特征为[-N,-V],而其所在短语却有可能具有[+N]特征或[+V]特征,或既具有[+N]特征,也具有[+V]特征,中心语特征和短语特征之间并不一致,这种不一致可以用功能中心语的"特征突生效应"来解释。

二、"语类特征"的实质和"的"的特征

Gazdar et al.(1985)在 Chomsky(1965,1970)的基础上,提出传统的句法类名词(N)、动词(V)、形容词(A)、介词(P)等是可以通过一定的特征系统加以分解的。该特征系统根据特征[+N]和[+V]把传统的名词(N)、动词(V)、形容词(A)、介词(P)作如下分析。

表1 名词、动词、形容词、介词的语类特征

	[+N]	[-N]
[+V]	A	V
[-V]	N	P

由上表可知,可以把动词、形容词合为一个具有[+V]特征的类,这就是汉语学者所谓的谓词,它们在汉语中都可以单独作谓语;把名词、介词合为一个具有[-V]特征的类,汉语介词和典型的名词不能单独作谓语;把形容词、名词合为一个具有[+N]特征的类,汉语中它们都可以自由作定语;把动词和介词合为一个具有[-N]特征的类,两者都可以带宾语,在汉语中常常界限不清,因为大多数介词本来就来源于动词。可见,语类的特征分析对揭示汉语特点颇有启发意义。

Chomsky(1970)、Gazdar et al.(1985)把介词的特征描写为[-N,-V],并用这一描写把介词和动词、形容词、名词相区别,其中的根本原因在于,后三者都是典型的词汇语类,而介词是功能语类。Baker(2003)专门研究词汇语类,他所说的词汇语类就是动词、名词、形容词。词汇语类或者具有[+N]特征(名词),或者具有[+V]特征(动词),或者同时具有这两种特征(形容词)。

对于介词是词汇语类还是功能语类,语言学界是有不同看法的。顾阳(2000)把词汇语类、功能语类的区分与开放类、封闭类的区分相对应,对于分类的性质看得更清楚,也充分显示介词具有功能语类的特点。也有学者认为介词不是功能语类(Radford,1997)。本书认为语言成分具有词汇性还是功能性是个程度问题,有的语言成分词汇性强一些,有的语言成分功能性强一些。介词介于典型的词汇语类和典型的功能语类之间。和名词、动词、形容词相比,介词更具有功能性;但是和连词等典型功能语类相比,介词又更具有词汇性。由此可以得出如下关于语类特征描写的基本结论。

①如果一个语言成分的功能特点比介词强,它的语类特征就可以描写为[-N,-V]。

根据①可知,标句词(complementizer)、句子屈折中心词(inflection)、不定式中心语(to)、限定词(determiner)、动名词中心语(ing),这些功能词的语类特征都是[-N,-V]。这是由这些功能词的词汇语义特点决定的,它们的意义都不像名词、动词、形容词等词汇语类那样实在。从词类角度说,具有[-N,-V]特征的词都属于一类,即功能类;功能类内部又有若干次类,需要用别的标准来区分。因此,我们把功能成分(F)的词汇语义特征表达为②。

②功能成分(F)的词汇语义特征
[F] = [-N,-V]

根据②可知,三种"的"字的语类特征也都是[-N,-V]。但是,"这本书的出版"(以"的$_3$"为中心语)是名词性短语,具有[+N]特征;"努力的学习"(以"的$_1$"为中心语)是动词性短语,具有[+V]特征;"挺好的"(以"的$_2$"为中心语)是形容词性短语,既具有[+N]特征,也具有[+V]特征。中心语和短语之间的特征并不一致。为什么会不一致呢?这需要讨论功能中心语的性质。

三、词汇中心语、功能中心语的区分

词汇中心语和功能中心语的区分(Larson,1988)有助于认清"的"字特征的相关问题。

词汇中心语就是传统语言研究中由名词、动词、形容词等实词充当的中心语。Bloomfield(1933)认为向心结构中心语和短语的分布大致相同,Zwicky(1985)称这种中心语为"分布中心语"。Zwicky(1985)又提出"语义中心语"的概念。根据 Hudson(1987)的观点,所谓词汇中心语、分布中心语、语义中心语,只是命名角度不同,实际上含义基本一致。

词汇中心语有一个重要特点,那就是中心语和短语之间存在"特征渗透"(feature percolate),即词汇中心语有什么语法特征,短语就具有什么语法特征。这里所说的语法特征既包括分布的特征,也包括词汇语义的特征(比如是名词性[+N]的,还是动词性[+V]的)。正是因为词汇中心语、分布中心语、语义中心语都具有这种特点,所以 Hudson(1987)认为它们的含义基本一致。

功能中心语就是由功能成分充当的中心语。Zwicky(1985)指出功能成分充当中心语在语言研究的历史上早有人提出,比如介词被认定为介词结构的中心语;而功能成分充当中心语的思想在生成语法研究中得到充分发展。Bresnan(1972)首先论证标句词(C)是上层句子的中心语。Chomsky(1986)论证了下层小句中屈折成分(I)的中心语地位。Larson(1988)和 Abney(1987)分别论证了轻动词(v)和限定词(D)的中心语地位。其后,Pollock(1989)和 Rizzi(1997)进一步把 I 和 C 分裂成几个功能中心语。近些年来,生成语言学界关于功能中心语的研究又有了进一步发展(Cinque,2002;彭家法,2013a)。

四、功能中心语的"特征突生效应"

与词汇中心语、功能中心语的区分相对应的是"特征渗透"和"特征突生"(feature emergent)的区分。

词汇中心语和短语之间存在特征渗透关系，就是说词汇中心语和短语的分布大致相同，[+N]、[+V]一类的词汇语义特征也基本保持一致。

功能中心语和短语之间不存在特征渗透关系，就是说功能中心语和短语的分布很不相同，[+N]、[+V]一类的词汇语义特征也有很大差异。

词汇中心语存在特征渗透，所以可以充当中心语。那么，功能中心语为什么可以充当中心语呢？这与功能成分的特征及功能成分的语法作用有关。

功能中心语有特征突生效应，即功能中心语本身不具有词汇特征，其词汇语义特征是[-N，-V]，但功能中心语能够决定所在短语的分布和词汇语义特征，使短语突生出[+N]、[+V]一类的特征。特征突生是怎么操作的？这是具体功能词的词汇特点，每个功能词能突生出什么特征在词库中都做了标注。功能中心语的特征突生效应可以概括为③。

③功能中心语的特征突生效应

功能成分(F)的词汇语义特征是[-N，-V]，但F能使短语突生出[+N]、[+V]一类的特征，F突生出什么样的特征由词库标注。

特征突生在自然科学所研究的各种系统中是一种常见现象，比如在化学中不能从氢和氧的特性来预测水的特性，水的特征由氢和氧的特征突生而来(Broad，1925)。同样，语言中功能中心语存在特征突生效应也不足为怪(Zwicky，1973)。关于语言中功能成分的特征突生现象，学界虽未见总结，却早有观察和描写。比如：介词不能作状语，以介词为中心语的介词词组却可以作状语。限定词并不具有作主语、宾语的功能,可是以它为中心语的限定短语(DP)具有这种功能。句子屈折中心词和标句词与句子的语法特点有很大差异,但这并不妨碍以它们为中心语的 IP、CP 具有句子的功能。"唱歌跳舞"具有谓词性,可以作谓语,如"他们在唱歌跳舞";加入功能成分"和"之后,"唱歌和跳舞"却具有名词性,不能作谓语,如"*他们在唱歌和跳舞"。

同样,虽然根据②中功能成分(F)的词汇语义特征的描写,"的$_1$""的$_2$""的$_3$"的特征也应该是[-N,-V],既不具有动词性,也不具有名词性,但"这本书的出版"具有名词性[+N],"努力的学习"具有动词性[+V],"挺好的"既具有名词性[+N],也具有动词性[+V],这些也是③所描述的功能中心语的特征突生效应的表现。

五、功能成分充当中心语的根本原因

功能成分具有特征突生效应,能够"决定"整个短语的词汇特征和分布特征,这是把功能成分分析为中心语的根本原因。

Bloomfield(1933)注意到虽然离心结构中的合成短语的功能不同于任何成分的功能,然而其中一个成分通常是这结构所特有的,并且用它来表现合成短语的特性。因此,在英语里,定式动词、介词、从属连接词正规地出现在上述的一些离心结构中,并且足以表现它们的特性。Bloomfield 实际上已经注意到限定词(如"this")、定式动词标记(如"to")、介词(如"by")和从属连接词(如"than")的特征突生效应,即给整个短语特征带来的变化。这些功能成分都可以很自然地充当"功能中心语",因为这些功能成分对整个结构的性质具有决定作用。

除此之外,动名词中心语(ing)、句子屈折中心词(I)、标句词(C)等功能成分被分析为中心语,也是因为这些功能成分具有特征突生效应,能够决定所在短语的词汇特征和分布特征。

同样,正是因为"的$_1$""的$_2$""的$_3$"具有特征突生效应,它们决定了所在词语的语法特点(朱德熙,1961),所以我们有理由把它们分析为功能中心语。"的"虽然不具有名词性,也不具有动词性,却具有特征突生效应,可以决定所在短语具有名词性或动词性。

这种分析有两方面优点:一方面更符合语感,我们不需假设"的"具有名词性或动词性;另一方面又与语言向心性(endocentricity)和"的"中心语地位不相矛盾。

六、如何表达"的"字句法特征

Culicover and Nowak(2003)将向心结构表示为"XP → ... X ...",而将离心结构表示为"XP → ... YP ... + [Z]x"。其中,"Z"是某一功能成分,"[Z]x"表示功能成分 Z 决定整个短语具有特征"X"。功能成分之所以能决定整个短语的特征,可以依据上文提出的功能成分的特征突生效应来说明。

相对于"的"字来说,"[Z]x"就是"[的]x"。朱德熙(1961)用数字1、2、3 来区别三个"的",即"的$_1$、的$_2$、的$_3$"。若用 Culicover and Nowak(2003)的表示法,可以分别表示为"[的]v"(谓词性中心语)、"[的]a"(状态形容词中心语)和"[的]n"(名词性中心语)。Culicover and Nowak 的表示法和朱德熙的标示法完全是平行的。

需要注意的是,Culicover and Nowak 表示法中的"v、a、n"和朱德熙标示法中的"1、2、3"并不是说"的"本身具有谓词性、形容词性或名词性,而是说"的"字的出现决定了整个结构是谓词性的、形容词性的或名词性的,或者说"的$_1$、的$_2$、的$_3$"分别是谓词性、形容词性和名词性结构的标志。

第三节 以"的"为中心的短语的内部结构

一、以"的"为中心语的讨论

汉语以"的"字为中心语的短语,包括谓词性的(如"感激的说""非常的痛快")、名词性的(如"我的书")和形容词性的(如"干干净净的"),前两种属于偏正结构,第三种则不属于偏正结构。

本节集中讨论含"的"短语的内部结构。我们赞成"的"可以作中心语的观点,并认为需要根据语言事实,运用新的理论分析以"的"为中心语的短语的内部结构。不同的"的"有各自独特的句法性质,同时汉语以"的"为中心语的短语的内部结构又存在一致性,可以统一处理,其中"的$_1$"(附加语结构的中心语,也可称为谓词性偏正结构的中心语)和"的$_3$"(名词性偏正结构的中心语)都是偏正结构的中心语,都可以带补足语;以"的$_2$"为中心语的短语是形容词性的,有一定特殊性:其补足语位置为空,这可以从历史原因和语音删略两方面来说明。

二、结构分析的统一性问题

理论应具有一定的概括性,各类"的"字短语具有一种统一的内部结构,这是可以理解的,司富珍(2004)把"的"字短语的内部结构作统一描述,符合相关理论原则和汉语的主要语言事实。但是仔细分析司富珍对各类"的"字短语的分析,我们觉得还有需要改进的地方。

司富珍(2004)对名词性"的"字短语[朱德熙(1961)称为"的$_3$"]的分析如下图所示。

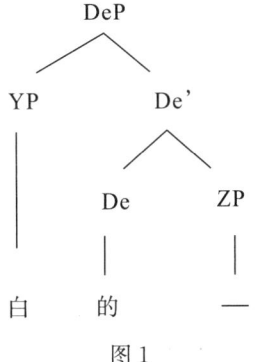

图 1

司富珍(2004)对状态形容词结构[朱德熙(1961)称为"的$_2$"]的分析如下图所示。

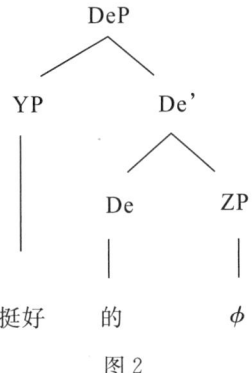

图 2

司富珍(2004)对谓词性"的"字偏正结构[朱德熙(1961)称为"的$_1$"]的分析如下图所示。

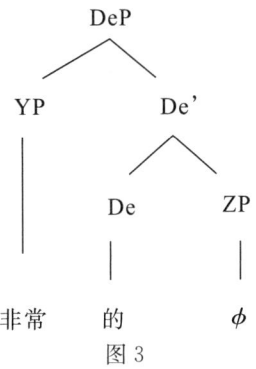

图 3

表面看来,三者似乎是一致的。但仔细比较三者,可以看出作者对这些结构的认识存在很大不同。司富珍(2004)把"的"短语"非常的"分析为最大投射,其补足语为"ϕ"(空范畴),然后再将它嫁接到"痛快"上。"的₂"短语"挺好的"中"的₂"的补足语也分析为空范畴,用ϕ表示。这样"的₁"短语和"的₂"短语的内部结构似乎相同。而与之相比,"的₃"短语(如"白的")的内部结构分析就存在很大的不同:"的₁"短语和"的₂"短语中补足语为空,名词性"的₃"短语中的被修饰成分却被分析为补足语。司富珍把"的₃"短语的补足语表示为"—",代表被修饰对象,如"白的手帕"中的"手帕"等①。

司富珍的分析在语言学界产生了很大影响,是现行"的"字中心语论的代表。按现行分析,"的₁"和"的₂"是一类,它们的补足语位置都只能是空范畴ϕ;只有"的₃"可以带补足语(被修饰成分)。但还有一些问题需要回答。第一,"白的手帕"和"非常的痛快"中的"手帕"和"痛快"都是被修饰成分,为什么将"手帕"分析为补足语,而"痛快"不是补足语?第二,这里的空范畴ϕ不可能是移动留下的范畴,那么它是什么范畴?一般中心语带补足语是常规现象,"的₁"和"的₂"是中心语,为什么不能带补足语?第三,三种结构为什么会如此不平行?

我们认为作者之所以这样分析,是受经典生成语法理论下附接操作的影响,没有注意汉语语言事实本身的特点。汉语"白的手帕"和"非常的痛苦"等短语的内部结构存在很强的统一性。事实上,在当代语言理论的背景下,将不同"的"字短语的结构作统一分析也是理论所要求的。

---

① 司富珍(2004)指出:"标'—'处可以是相应的一个汉语词。YP 可以实现为 NP,也可以是 VP 或 AP;同样地,ZP 可能是 NP,也可能是 VP 或 AP。而这一点并不影响本文对于'的'的讨论,在有必要的时候,会随文讨论。所以在图中略去了对这些语类的描写,并在终端处以'—'代之。"

三、从限定语论看以"的"为中心语的短语的内部结构

经典生成语法理论假设"的$_1$"结构这种状中短语需要运用附接操作来生成,参见上文图 3 的分析。许多当代生成语言学研究者认为不需要专门为这种结构特设一种操作手段,附接操作不具有概括性。以 X'($\bar{\text{X}}$)理论为基础,可以假设附加语(传统语法称为"状语")处于 X'结构的限定语位置上。20 世纪 90 年代以来这种观点为越来越多的人所接受,其代表是 Kayne(1994)、Cinque(1999)。这种观点可称为限定语论。限定语论的基本内容包括以下几点:第一,附加语出现在限定语位置,被修饰成分出现在补足语位置。第二,接受反对称句法理论(Kayne,1994),该理论假设所有结构都以[ZP[X YP]$_{X'}$]$_{XP}$ 形式出现;不存在传统 $\bar{\text{X}}$ 理论中的附加操作。第三,存在大量功能投射,它们都是普遍语法的体现,每个句子中都或显性或隐性地存在这些功能投射。第四,附加语之间存在严格的顺序限制,因为不同附加语有不同的基础位置。第五,附加语出现在限定语位置和 Larson(1988)的轻动词分析是相容的,在 Larson 的分析中大多数补足语生成时也出现在限定语位置。如何分析附加语结构,是当代生成语言学界的一大热点,限定语论已经成为一种很有影响的理论。

这样的理论背景为我们的分析开拓了更为广阔的视野。为了实现将所有带"的"的短语放置在一个统一的格式下(司富珍,2004)的初衷,为了维护结构描写的统一性,我们完全可以把以"的"为中心语的谓词性偏正结构、名词性偏正结构和状态形容词短语统一处理。我们将"的"短语描写为图 4,其中 YP 为限定语,ZP 为补足语,三个"的"都是中心语,理论上都能带补足语。

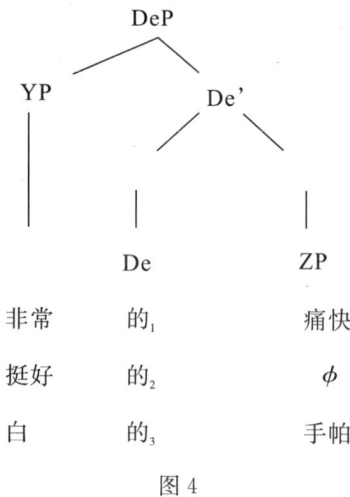

图 4

上文提到的现行"的"字中心语分析存在的问题可以得到解决,不需要专门为"的$_1$"假设空范畴ϕ。不仅"的$_3$"可以带补足语,"的$_1$"也可以带补足语。"的$_2$"和"的$_3$""的$_1$"不同,其补足语位置为空(表示为ϕ),这一点将在下节详细说明。三种结构具有很强的平行性。

根据这种分析作进一步推断,不同功能中心语的基础位置是不同的,由此可以解释修饰语(定语、状语)排序的限制(刘月华,1983;陆丙甫,1988)。

这种分析和朱德熙(1961)的分析也是相容的,"的$_1$"为副词性成分的后缀,换一种角度看,就是一种谓词性(动词/形容词)短语内部修饰关系的标记;"的$_3$"为名词性成分的后缀,换一种角度看,就是一种名词性短语内部修饰关系的标记;"的$_2$"为形容词性成分的后缀,换一种角度看,就是一种形容词性成分的标记。本书的分析并没有取消三个"的"的差异性,特殊性和概括性是观察事物的不同角度。

司富珍(2004)认为只有"的$_3$"可以带补足语。似乎"的$_3$"是一类,而"的$_1$"和"的$_2$"是另一类,"的$_1$"和"的$_2$"都不能带补足语。而在本书的分析中,"的$_1$"和"的$_3$"都带补足语,是一类;而"的$_2$"具有一定特殊性,其补足语位置为空。"的$_2$"不能带补足语有哪些依据呢?下文将从历史来源和语音删略两个方面来作些说明。

四、"的$_2$"的历史来源不同于"的$_1$"和"的$_3$"

"的$_1$"和"的$_3$"的历史来源相同,"的$_2$"的历史来源则与它们不同。吕叔湘(1943)、朱德熙(1966)提出历史上"地"和"底"("底"是"的"在唐宋时期的写法)是有分工的。我们可以从以下四个方面看这个问题。

第一,带"底"的词和带"地"的词显然属于两类。带"地"的大多是重言词(xx 或 xyy)、双声词、叠韵词、拟声词,例如:

(1)人死后浑如悠悠地逝水。(《董西厢》)
亦须还我堂堂地做个人。(《象山语录》)
造化可能偏有意,故教明月玲珑地。(《漱玉词》)
吒呀地哮吼一声。(《传灯录》)

带"底"的是名词、人称代词、动词、形容词及功能相同词组,例如:

(2)我底学问如此。(《象山语录》)
如何是一丸疗万病底药。(《传灯录》)
自古无不晓事情底圣贤,亦无不通变底圣贤。(《朱子语类》)
暖底雪,活底花,嫩底柳。(《南湖诗余》)

第二,这两类词的作用显然不同,前者(带"地"的词)的作用在于描写情态,后者(带"底"的词)的作用在于区别属性。傅东华(1939)

创"训字""言字"之分,前者道形貌,后者举实质,用来说明"地""底"的区分。

第三,谓语位置上只能作"x 地",不能作"x 底",例如:

(3)如何是诸圣玄旨？——四楞榻地。(《传灯录》)
万种思量、多方开解,只恁寂寞厌厌地。(《乐章集》)
三万六千排日醉,髭毛只恁青青地。(《稼轩词》)
自己心里黑漫漫地。(《传灯录》)

第四,元明时期的《京本通俗小说》等书和剧曲里的"底"字几乎全写作"的",而这一时期"地"仍常见,说明"的"和"地"在元明文献中的作用仍是有区别的。例如:

(4)原来这春归去,是东风断送的。(《碾玉观音》)
他是个不爱财的名将。(《碾玉观音》)
扑通地都跳下水去了。(《碾玉观音》)
静悄悄地无一个人。(《碾玉观音》)

"的$_1$""的$_3$"历史上都写为"底",来源相同;"的$_2$"历史上写为"地",来源与"的$_1$""的$_3$"不同。这是三种"的"结构有差异的历史原因。

五、用语音删略说明"的$_2$"不能带补足语

要说明"的$_2$"和"的$_1$""的$_3$"不同,不能带补足语,还需要回答下面这个问题:"嘴唇热热的感觉"中,"感觉"是不是补足语？
一般的主谓短语作定语时必须加"的$_3$",如"嘴唇热的感觉""个子

高的人"等。"嘴唇热热的"是一个状态形容词"热热的"作谓语的主谓短语,这里"的"是状态形容词词尾"的$_2$"。"嘴唇热热的感觉"中状态形容词词尾"的$_2$"和结构助词"的$_3$"线性相连,从而出现所谓"语音删略"现象。

司富珍(2004)提出,"嘴唇热热的感觉"的真正结构为"嘴唇热热的$_2$的$_3$感觉"。"的$_2$"和"的$_3$"出现在一起,发生所谓合并现象。这一合并操作不是发生在句法层面,而是发生在音系层面。当句法层面的操作结束,操作程序进入音系层面后,还会有一些纯音系的操作发生。由于自然语言的各种操作遵循经济性的原则,又由于上面这个例子里的"的$_2$""的$_3$"语音形式相同,且出现在相邻的位置,所以会发生纯音系的合并操作。司富珍建议把发生音系合并操作后的"嘴唇热热的感觉"记作"嘴唇热热的$_{2/3}$感觉"。

司富珍(2004)的分析以朱德熙(1993)的分析为基础。朱德熙(1993)指出有些方言里名词化的方式之一是在"的$_2$"后头加"的$_3$",组成"R+的$_2$+的$_3$+N"(R 表示状态形容词,N 表示名词),构成"的$_2$"和"的$_3$"的加合关系。下面是山西文水话的例子:

(5) 白格冬冬[tʅ][tiəʔ]一碗面,可惜撒了。

绿油油[tʅ][tiəʔ]叶子,红格丹丹[tʅ][tiəʔ]花。

文水话中"的$_2$"和"的$_3$"不同音,其句法现象为普通话"嘴唇热热的感觉"等词语的结构分析提供了证据。

这种语音删略现象并不是孤例。彭家法(1999,2005)研究发现语素、虚词、实词各种不同语言成分之间都可能构成语音删略现象,并通过进一步研究发现,现代汉语中的语音删略有强制性删略和非强制性删略两类。

强制性删略,是指语言使用中两个同音词语相连一定要删略一个,它作为一种语言手段是强制性的、不可选的,所删略的成分一般不能出现,否则就会破坏句法结构的合法性,成为一种几乎没人会说的句子。之所以会形成这类合并,原因是多方面的。我们可以设想,在运用语言过程中,由于语言表达的经济性原则,不少句法结构在频繁使用后逐渐形成一个固定的格式。

黎锦熙(1924)引用了一个著名的例子:

(6)这就是那个卖花的底帽子。

句中"卖花的"是一个"的"字结构,表示"帽子"的领属者,"底"是结构助词,现在多写作"的",按现在通行、顺口的说法,这句话该说成:"这就是那个卖花的帽子",两个"的"都出现就不符合语言习惯了,这也是强制性删略。下面例句中删略的"的"字也不宜出现,属于强制性删略。

(7)a. 姓张的丈母来了。(姓张的=姓张的的)

b. 她一心放在两个小的身上。(小的=小的的)

c. 问:这是谁的筐子?

答:是那个卖菜的。(卖菜的=卖菜的的)

d. 地里的南瓜豆荚常常有人偷……最爱偷人的叫秋生。

(最爱偷人的=最爱偷人的的)

"我知道你去过了"可以作如下三种不同的分析,也可以有三种不同的理解(朱德熙,1982):

(8) a. (我)((知道)(你去过了))
　　b. (我知道你去过)(了)
　　c. (我)((知道)(你去过了))([　])

　　按例(8c)的分析,即使两个语气词"了"合并成一个"了",也不宜两个"了"连用,属于强制性删略。

　　语气词"吗"用于是非问句之后表示疑问,如:"你猜吗?"是问对方愿不愿猜。同样,"他是上海人吗?"也是一个是非问句。两句套合,构成:"你猜他是上海人吗?"①询问对方愿不愿猜"他是上海人吗"这个问题,则句子构造如(9)所示:

(9)(你)((猜)(他是上海人吗))([　])

　　两个"吗",前一个"吗"附着在"他是上海人"之后,后一个"吗"附着在"你猜他是上海人吗"整个句子之后,两个"吗"不宜连用,属于强制性删略。

　　研究显示语音删略是语言中很常见的现象,两个线性相连的语言成分只要符合一定条件就可能出现语音删略。相关的条件包括以下几点:第一,语音相同。第二,意义相同或相近。(例子及讨论见第129—130页)

　　语音相同的范围可以略微扩大。"得到"可扩展成"得不到",不能扩展成"得得到";"得逞"可扩展成"得不逞",不能扩展成"得得逞"。和"得不到""得不逞"相对的"得到""得逞"有语音删略现象,其结构可表示为:

---

① 此句有歧义。它还可以理解为:"你猜"是疑问句的提示语,是一种祈使,不成为疑问点;"它是上海人吗?"才是问句本身。本书不讨论这种意思。

(10)得[　]到　　得[　]逞

动词"得"和读轻声的结构助词"得"相连而删略了一个。实词"得"和虚词"得"的读音差异仅在于是否轻声,可以删略;同样,读轻声的虚词"得"在前,实词"得"在后,也可以删略,如:"说得/说不得""吃得/吃不得"这类格式里的"得"是结构助词"得"和动词"得"线性相连而删略的结果,"说得、吃得"实际上应分析为:

(11)说[　]得　　吃[　]得

与此相似的"认不得/认得,记不得/记得,舍不得/舍得,要不得/要得"等表现的否定和肯定不对称现象,都是因读音相同(差异仅在于是否读轻声)造成的删略。

第三,某些词语,语言学家认为其意义或语法作用不同,但母语使用者感觉其在意义上可以不加区分,书面上用同一个汉字表示。时态助词"了"和语气词"了"就符合这个条件。如:"他吃了"可以有三种不同的分析。

(12)a.(他吃)(了)
　　b.(他)(吃了)
　　c.((他吃)(了))([　])

三种分析结构不同,意思也不一样。例(12a)是说他原来没有吃,现在开始吃了。例(12b)单纯表示"吃"的动作的完成,没有把"吃"这件事与"现在"联系起来,所以可以有"他准备吃了就走"的说法,表示将来的动作。例(12c)是说他刚才吃了,"吃"的动作现在已经完成。按例(12c)的分析,时态助词"了"与语气词"了"相连而发生删略。再看下例:

(13)他在床上叠着被子。

这句话既表达了"他在床上"的意思,其中"在"是介词;又表达了"他在叠着被子"的意思,其中"在"是副词。两句套合,"床上"前的介词"在"与表示动作正在进行的副词"(正)在"线性相连而出现删略。

结构助词"得"和动词"得"、时态助词"了"和语气词"了"、介词"在"和副词"在"等,从语法分析上讲它们有差异,但母语使用者感觉不到这种差异。在语音学中,[a]和[a]读音有差异,但存在位置互补关系,因此母语使用者认为它们是一个"音位"。与此情形相同,以上"得""了""在"也是互补的,可以归并为一个"义位",或称"语法位"。语音删略的词语必须是同一"义位"的。

跟强制性删略相对的是非强制性删略。非强制性删略,是指语言使用中,两个词语可以同时出现,但为了一定的语用目的而删略一个。非强制性删略作为一种语言手段具有可选性,删略的词语可以出现,不会破坏句法结构的合法性。如"东方学会、人类学会",不是"东方的学会、人类的学会",而是"东方学学会、人类学学会",其结构层次为:

(14)(东方学)([ ]会)
　　(人类学)([ ]会)

同样的例子还有"长途车站、线装书库、简化字表、派出所长"等,这些词语都存在语音删略,但若删略的词语显现出来,词组仍然可以

接受,如"长途车车站、简化字字表、派出所所长"等。

吕叔湘(1986)在分析"不错,鞋匠是不是个好差使"时认为:"这个句子里有两个层次:'鞋匠不是个好差使'是一个否定命题,是一个层次;在'不是'前头再加一个'是'字,对这个否定命题加以肯定,又是一个层次。"吕先生认为这里有两个不同的"是",后面的那个"是"是"一般的系词",前面的那个"是"是"特别表示肯定的系词"。吕先生还认为"不错,鞋匠是(重读)个不好的差使","其中的'是'字是两个'是'字的重合"。两个"是"线性相连出现语音删略,我们把这句话的结构层次表示为:

(15)不错,(鞋匠)((是)([　]个不好的差使))。

范开泰(1988)也认为"是"有两种:一种"是"读轻音,称为表实然的弱式;一种"是"读重音,称为表实然的强式。前者在语用上是焦点的标记,后者强调全句的实然模态义。有时既要在语义上表达强调的实然意义,又要在语用上显示谓语词以外的焦点,这时就会出现如下情况:

(16)是瓦特发明了蒸汽机＋是(重读)→是(重读)瓦特发明了蒸汽机

这也可以认为是语音删略的实例。例(15)(16)也可以表达成"不错,鞋匠是是个不好的差使","是是瓦特发明了蒸汽机",删略了的"是"显现出来,句子仍可接受,这属于非强制性语音删略。

赵元任《语言问题》(1980)第一讲的标题是《语言学跟跟语言学有关系的些问题》,他在《序》里还曾记述由"跟跟"引起的有趣的事。

当晚就有报馆打电话来问,题目里有没有错字?我说没有。等会儿又来电话问,要是没有错字,那么那两个"跟"字怎么讲?我说第一个是大"跟"字,是全题两部分的总连词;第二个是小"跟"字,是"跟语言学有关系"修饰语里头所需的介词。能不能省一个?我说不能,省了就念不通了。可是啊,夜里编辑部换了班儿了,他们拿稿一看:也?怎么两个"跟"字?又来了个电话,问是要两个"跟"字吗?我说要。……结果第二天登出来居然登对了。可是有些报没打三次电话的,还是登错了。

赵先生的分析当然没有错,可大部分人的语感也应该得到解释,现在看来两个"跟"字属于非选择性的语音删略。

非强制性删略是可选的,既可以删略,也可以显性表达,具体要根据表达需要出发。一方面,删略是为了简明,邢福义主编的《汉语法特点面面观》(北京语言文化大学出版社 1999 年版),书名中的"汉语法"可看成是"汉语语法"因两个语素"语"相连而删略了一个的结果,书中同样的意思都表达成"汉语语法",如:"在汉语语法中,又一个非常值得注意的事实,这就是语义蕴含上的兼容性和形式选用上的趋简性。"书名中删略一个"语",因为书名要求简明。另一方面,为了达到语义上强调的目的,则可以采用显性表达。如例(15),语言使用者若要强调对"鞋匠是个不好的差使"这个判断的肯定,就可表达成:"鞋匠是是个不好的差使",重读第一个"是",达到强调的目的。

是否采用删略手段,还要从调节音节方面考虑。吕叔湘(1963)指出:"2+2 的四音节也是现代汉语里的一种重要的节奏倾向。""东方学会"等出现删略也有调节音节的目的。"东方学+学会""简化字+字表""派出所+所长"等不符合"2+2"的节奏形式。与此相似的"英国

国王"就不宜合并成"英国王","学校校长"删略成"学校长"更是在现代汉语里不成立。这是汉语的特点之一,同样的意思若用英语来表达,则汉语中合并的成分通常必须表达出来。如:"长途车[ ]站——long-distance bus station";"线装书[ ]库——stack room for thread-bound Chinese books"。

这样看来,将"嘴唇热热的感觉"分析为"嘴唇热热的$_{2/3}$感觉",是有依据的。其中,两个"的"的语音删略是强制性的。可能在某些语言使用者的语感中,这里的语音删略是非强制性的,但也只有在需要特别强调的情况下才会两个"的"连在一起使用,说成"嘴唇热热的的感觉"。总之,"嘴唇热热的感觉"等现象不构成"的$_2$"不可以带补足语的反例。

六、本节结语

本书不赞成专门为"非常的痛快"一类"的$_1$"结构特设一种结构规则,比如附加操作等,这样的分析不符合汉语语言事实,理论上也缺乏应有的概括性。Chomsky(1995)在论述附加操作时也承认,目前生成语法的短语结构理论还不能充分描写限定形容词、关系子句和各种不同类型的附接语,其自然的结果是许多问题(包括一些对语言来说相当核心的问题)至今无法得到解决。

我们把"非常的痛快"一类"的$_1$"结构和"白的手帕"一类"的$_3$"结构处理为"的"的最大投射,它们都是修饰限制关系的短语。这种短语的内部结构与其他短语的内部结构具有平行性。这种处理路向已为越来越多的学者所接受,Cinque(1999)把副词短语分析为各种最大投射的限定语,而不是把它看作附加语。如果取消附加操作,传统的定语、状语都是功能中心语的限定语。

"的$_2$"结构不可以带补足语,这一点和"的$_1$"结构、"的$_3$"结构有所不同。历史上"的$_2$"写为"地","的$_1$""的$_3$"写为"底",它们的历史来源不同。"嘴唇热热的感觉"中存在"的$_2$""的$_3$"语音删略,这可以为"的$_2$"不能带补足语的结构分析提供证据。

第四节 "的"类结构助词连用限制

结构助词就是在某种句法结构中帮助造句的助词,即起表明结构关系作用的助词。结构助词的范围有大有小,典型的结构助词指"的、得"等。朱德熙(1961)对普通话中的结构助词"的"作了较充分的研究,本书把汉语各种方言中跟普通话"的"相当的结构助词称为"的"类结构助词,并在前人研究基础上探讨汉语普通话和方言中"的"类结构助词连用和删略的理论可能和语言中的事实。

一、结构助词"的"的分类

朱德熙1961年发表的《说"的"》是结构助词"的"早期研究的奠基之作。他认为,我们平常称之为词尾或助词的"的"字不是一个语素而是形式相同的三个语素:的$_1$、的$_2$、的$_3$。的$_1$的作用是附加在某些双音节副词、双音节形容词之后,构成副词性单位,如"努力的学习、认真的工作"。的$_2$的作用是附加在形容词重叠式、某些程度副词等之后,构成形容词性单位,如"酸不拉几的、糊里糊涂的"。的$_3$的作用是附加在名词、动词、形容词等之后,构成名词性单位,如"努力的学生、这本书的价格"。所以可以概括地说,"的$_1$"一般后加动词性成分,相当于我们平常所说的"地";"的$_2$"是状态形容词的词尾;出现在名、动、形

容词以及各类词组之后构成名词性单位的是"的$_3$"。这样来看,的$_1$的作用是连接,连接其他成分和动词;的$_2$的作用是附着,一般附着在状态形容词后面;的$_3$既可以表连接,也可以表附着,比如说"我的"中的"的"表附着,而"我的书"中的"的"表连接。

将"的"一分为三的做法从一开始就极具争议,支持的和反对的都大有人在。朱德熙(1983)则坚持自己的观点,并且不断地完善这一分析,进一步将由谓词性成分构成的那些"的"字结构一分为二。一种像"吃的、穿的"那样,可以独立使用,而且表示一种事物,是表示"转指"的;还有一种像"开车的(技术)"那样,不能独立表示事物,只能表示动作,用来修饰名词,也就是所谓的表示"自指"。

关于普通话"的"的用法,一般语法书上还会提到以下几种:(1)用在句子末尾表示肯定语气,如"他会来的"。(2)附着在联合词组之后,表示"等等""之类"的意思,如"弄点糖啊豆儿的""买些文具什么的"。(3)组成"似的"比况结构,如"苹果似的脸儿""泥菩萨似的坐着一动也不动"。这些用法不在本书讨论范围之内。

二、"的"类结构助词连用的可能性

虚词连用是语言中非常普遍的现象,种类繁多,情况复杂。虚词连用可以分为同类虚词连用和异类虚词连用。本书探讨的结构助词"的"的连用,有些是同类的,有些是异类的,会随文讨论。

如果按照数学上的排列组合,两两相加,那么结构助词"的"的连用总共有九种可能性:

的$_1$+的$_1$、的$_1$+的$_2$、的$_1$+的$_3$

的$_2$+的$_1$、的$_2$+的$_2$、的$_2$+的$_3$

的$_3$＋的$_1$、的$_3$＋的$_2$、的$_3$＋的$_3$

这九种连用并非都为理论所允许。理论上"的"的功能有两种：连接和附着，"连接＋附着"类连用的现象是不存在的。

吕叔湘(1979)认为根据可列举和不可列举，大致可以把词分为虚词和实词。虚词的数量虽不及实词多，但重要性却远在实词之上。一是因为虚词比实词用得频繁；二是因为实词的意义在它本身，而虚词的意义在它之外。实词一旦用错，只是这个词错了；而虚词用错了，可能整个句子就错了。虚词又称功能词。张斌(2002)指出功能包括基本功能和连属功能。基本功能又可分为指称功能和陈述功能。一般情况下名词表指称，动词、形容词表陈述。连属功能包括连接和附着。连词的作用是连接，语气词附着于句，助词附着于词或短语，结构助词"的"有时也起连接作用。"的"既有"附着"作用，又有"连接"作用的理论认识，对描写和解释相关语言现象具有重要意义。

"的$_1$"一般用在动词词组中，连接动词及其修饰语，所以现代汉语普通话中"的$_1$"主要起连接作用，具体有以下几种情况。

①重叠式副词后边：慢慢的走
②表周遍的重叠词后边：天天的发愁
③方式副词的后边：一句一句的解释
④V＋的→V：消息不断的传来

"的$_3$"既可以起附着作用，也可以起连接作用，大致分为两种情况。一是在修饰语被"的"字名词化，后面没有名词时，"的$_3$"起附着作用，具体情况还可以细分为以下几种。

①X 的 Y→X 的：这是我的书→书是我的

②V-O 的，表经常性的行为者：掌柜的/要饭的/打杂的

③"的"表结果或幅度：他发烧是衣服穿少了冻的/你看你洒的到处都是

④"的"表示局面：他是跟你开玩笑的，你别当真

⑤"的"字指出意思里的重点：他是从日本来的

二是在名词性词语中，"的₃"起连接中心语及其修饰语的作用，具体情况还可以细分为以下几种。

①N 的 N→N：我的书/人类的命运

②N 的 A→N：我的穷是人人知道的

③N 的 V→N：我信他的不懂

④A 的 N→N：麻烦的事情

⑤V 的 N→N：吃的东西/下雨的天

⑥V-O 的 N→N：学工程的学生

⑦S-P 的 N→N：我写的信

"的₃"不仅起连接作用，也可以起附着作用，下面的例子可以证明。比如，"那都是些极真诚、极正常、极正当的话"，不可以分析为{[极真诚]、[极正常]、[极正当的]}话，而应该分析为{[极真诚]、[极正常]、[极正当]}的话。这里的"的₃"起的就是连接作用。再比如，"勤劳、勇敢的工人和农民"不能分析为{[勤劳]、[勇敢的]}{[工人]和[农民]}，只能分析为{[勤劳]、[勇敢]}的{[工人]和[农民]}，这里的"的₃"起的也是连接作用。

"的₂"是状态形容词后缀，所以起的是附着作用，比如"他说话酸不拉几的",这里的"的"是状态形容词"酸不拉几"的后缀,起附着的作用。

附着是使一个性质的实词或词组变成另一个性质的实词或词组,连接必须是连接两个实词或词组。"附着＋连接"实际上还是用连词连接两个实词或词组,因此为理论所允许;而"连接＋连接"(的$_1$＋的$_1$)、"附着＋附着"(的$_2$＋的$_2$)、"连接＋附着"(的$_1$＋的$_2$、的$_1$＋的$_3$)则不为理论所允许。

综上,根据"的"字语法功能分布,"附着＋连接"才是可行的方案,具体连用情况如下表所示。

表1

	的$_1$:连接	的$_3$:连接
的$_2$:附着	的$_2$＋的$_1$	的$_2$＋的$_3$
的$_3$:附着	的$_3$＋的$_1$	的$_3$＋的$_3$

三、"的"类结构助词连用的语言事实

上文谈到按照理论预测"的"类结构助词连用共有四种可能,这种理论预测应该有语言事实支撑。我们在文献中可以找到"的$_2$＋的$_1$""的$_2$＋的$_3$""的$_3$＋的$_3$"这三种连用的语言实例,但目前还没有发现"的$_3$＋的$_1$"连用的实例。

(一)的$_2$＋的$_1$

汪国胜(1991)提出,湖北大冶金湖话里有三个与北京话"的"字相当的语法成分:果、漏、奈。从分布上看,"果"连接部分双音节形容词、少数特殊形容词、并立结构,以及"动$_1$倒(宾)＋动$_2$"格式中的前一动词(动$_1$只能是单音节动词)。从功能上看,"X＋果"只能作状语,修饰动词性词语。由此可以推断"果"相当于我们所说的"的$_1$"。"果"在功

能分布上与"的₁"相近,还可以与"的₂"连用,例如:

(1)慢慢的果跑
(2)一本正经的果说
(3)一口一口的果喝

例(1)(2)(3)里的"的"作状态形容词词尾,相当于我们所说的"的₂"。具体到某一个"X+的"后面能否加"果",取决于 X 的语义,还和句式有关。X 可以表示情态,并且如果不是用在祈使句或带"完成义"的陈述句中,后头就能加"果",否则不能。

(二)的₂+的₃

朱德熙(1980)提出,广州话里也有"的₂+的₃"的例子:广州话里的"咁"相当于"的₁","哋"相当于"的₂","嘅"相当于"的₃",值得注意的是"X 哋"只能作谓语和状语,不能作定语,作定语时要在后面加一个"嘅",例如:

(4)佢穿咗一件长长哋嘅皮袍。(他穿了一件长长的皮袍。)
(5)我要揾个肥肥哋嘅演员。(我要找一个胖胖的演员。)
(6)佢中意食酸酸哋嘅菜。(他喜欢吃带点酸味的菜。)

我们发现在广州话里,状态形容词修饰名词的格式是"R+的₂+的₃+N",也就是说,在广州话里,状态形容词必须加上"的₃"名词化后才能修饰名词。

汪国胜(1991)提出,金湖话中可以"的""漏"连用。其中,"的"出现在形容词性词语、副词、拟声词和并立结构后头,语法功能相当于"的₂";"漏"一般出现在单数人称代词后头,"X+漏"只作定语,并只修

饰亲属称谓名词,刚好与"单数人称代词+个"形成互补,如"我漏伊",这里"漏"连接两个代词,相当于"的$_3$"。"X+的"一般不直接作谓语、补语,当它作谓语、补语的时候,一般要在后面加上别的后附成分,或者加上"个",或者加上"漏",例如:

(7)井水清悠的漏,看倒照得见人。(井水清清的,可以照见人影。)

(8)他脸冻倒红冬的漏。(他的脸冻的通红的。)

(9)这伢脸红合的漏,手肉溜的漏,皮肤光溜的漏,长倒真等痛。(这个孩子脸红红的,手肉嘟嘟的,皮肤光溜溜的,长得好招人疼。)

例(7)(8)(9)里的"的"是状态形容词词尾,相当于"的$_2$","漏"相当于"的$_3$",起连接作用,只不过"漏"后面的名词和主语相同,出于语言的经济原则,被删掉了。

汪国胜(1991)提出,金湖话里还有"的个"连用的形式。金湖话中的"个"出现在名词、代词、动词、形容词以及各类短语后面,这些词或短语无论是名词性的还是谓词性的,后附"个"后都成为名词性的,所以这里的"个"也相当于"的$_3$"。而"的"出现在形容词性词语、副词、拟声词和并立结构后面。"的"与被附成分在句中的活动位置有限,若要进入别的位置,就得在后面加"个",造成"的个"的连用形式,例如:

(10)笑眯的个不一定都是好人。(笑眯眯的人不一定都是好人。)

(11)我最不喜鞠腿的个。(我最不喜欢骄傲的人。)

(12)光溜的个萝卜。(光溜溜的萝卜。)

汪化云(1993,未刊稿)提出,宣城话中也有"的个"连用的现象,例如:

(13)厚巴的个布。(厚厚的布。)
(14)我的个腿一到落雨天就痛死咾。(我的腿一到下雨天就痛死了。)
(15)将面跟你讲的个事。(前面跟你讲的事。)

"X+的"不能作主语或宾语,必须在后边加上"个"转化为名词性成分后,才能作主语或宾语;也不能直接作定语,作定语时,后面也要加"个"。"X+的个"处于主、宾语位置时,不再是对事物的描写,而是转指它所描写的事物。如例(10)(11)中,"笑眯的个"指"笑眯眯的人","鞠腮的个"指"骄傲的人"。这里的"的"毫无疑问是"的$_2$",起附着的作用。虽然例(10)(11)中的"个"后面没有别的成分,但根据句子意思,这里的"个"相当于"的$_3$"。例(12)(13)中的"个"连接定语和名词,起连接作用。

吴建生(2002)提出,在晋中诸方言中,"地的"连用现象也很普遍。其中,"地"是状态形容词作句子成分时的必带成分,相当于朱德熙先生所说的"的$_2$",加上"的"以后,词组被名词化,所以这里的"的"就是我们所说的"的$_3$"。

(16)红丹丹地的才五角一斤,青乍乍地的还卖四角。(文水话)
(17)熏甜地的给人了,留下一个寡察察地的。(汾阳话)
(18)她捡了一件红扑扑地的。(太谷话)
(19)我不待见兀硬巴巴地的。(清徐话)

(20)高高儿地的个子。(太原话)
(21)一缸子酽酽地的茶。(阳曲话)

上述各例里的"地"都是状态形容词词尾,相当于"的$_2$",起附着作用。但各例里的"的"情况不同。例(20)(21)里的"的"连接定语和后面的名词,起连接作用;而例(16)(17)(18)(19)里的"的"用在状态形容词后面,作主语或宾语,它不再修饰那个事物,而是转指所修饰的事物,所以起附着作用。"的$_3$"既可起附着作用,也可起连接作用。

(三)的$_3$+的$_3$

吴建生(2002)提出,山西方言中的"的"字用法比较复杂,有很多"的的"连用的情况,突出表现在太原、榆次、太谷、祁县、平遥、介休、清徐、交城、文水、汾阳等地方言中。例如:

(22)卖菜的的筐子。(文水话)
(23)赶车的的皮袄丢了。(榆次话)
(24)剃得脑$_{剃头}$的的担子一头儿热。(汾阳话)
(25)宰$_{这}$是做饭的的衣裳。(太原话)
(26)看门的的帽子。(太谷话)

上述各例中第一个"的"放在动宾词组的后面,表示一种职业或一个称谓,属于"的$_3$"的范畴,起附着作用;第二个"的"连接定语和后面的名词,属于"的$_3$"的范畴,起连接作用。

(四)其他情况

根据许宝华、汤珍珠(1988),上海话有副词后缀"个"和"叫""哩""能"两类,两类副词后缀都相当于普通话副词后缀"地",也就是我们所说的"的$_1$"。但是许宝华、汤珍珠(1988)又指出,如果译成普通话,

并不是每一个用例中的"叫、哩、能"都可以用"地"替换。上海话中不用普通话助词"地",与"地"基本对应的是"个"。

作为副词后缀,"个"和"叫、哩、能"互相排斥,用前者的不用后者,用后者的不用前者,例如:

慢慢叫跑　白白哩追求　好好能写
高高兴兴个讲　认真个写　仔细个听

但是"个"有时候也可以叠加在副词后缀"叫"上,例如:

好好叫写　好好叫个写
慢慢叫走　慢慢叫个走
轻轻叫敲　轻轻叫个敲

这里的"个"是副词后缀,相当于"的$_1$"。"叫"也是副词后缀,但跟普通话"的$_1$"有差异,上海话"叫"主要起附着作用,普通话"的$_1$"主要起连接作用。所以上海话可以出现"叫"和"个"连用的现象。

吴建生(2002)、汪国胜(1991)发现了一些其他情况,例子如下:

(27)大门锁的的。(大门锁着呢。)(文水话)
(28)进的的是厂长,出的的是书记。(进去的是厂长,出去的是书记。)(汾阳话)
(29)他就没啦走的的。(他没有走到的。)(太谷话)
(30)他本来乖乖的个,你又去缠他。(金湖话)
(31)他做事一向马马虎虎的个。(金湖话)

例(27)中前一个"的"相当于北京话里的"着",表示状态的延续;后一个"的"相当于北京话里的"呢",是语气词。例(28)中"进的"是"进去"的意思,"进的的"是"进去的人"的意思。第一个"的"相当于趋向动词"去",放在具有移动意义且自主的动词后,表示人随动作离开原来的地方。第二个"的"放在动词后面,形成名词性单位,相当于"的$_3$"。例(29)中前一个"的"相当于北京话里的"到",表示趋向;第二个"的"放在否定句末尾,加强否定语气。例(30)(31)中的"的"是状态形容词词尾,也就是我们所说的"的$_2$"。例(30)中"X+的"作前分句的谓语和补语,与后分句对照着说明情况的变化时,后头要加"个"。例(31)中"X+的"作谓语,说明一贯性行为时,后头也要加"个",句中同时出现"一向"之类的时间副词。这些"的"不是结构助词,所以"的"类结构助词连用可以不考虑它们。

四、同音删略

普通话里很少出现"的"字连用现象,主要是同音删略的缘故,英语中也有类似的例子。

（一）英语中的应用

Chomsky(1977)把 For-To 鉴别式归入音系部分。哪些位置可以用"that",哪些位置不可以用,哪些位置要用"for",哪些位置用"for"不恰当,这些都与声音有关,与意义无关。比如下列句子中都有两个相同的词偶然放在相邻的位置,需要用语音鉴别式排除。

(32) * I don't know if she has come back yet yet. (我还不知道她回来了没有。)

(33) * Mary wanted to see Susan, so I showed her her. (玛

丽要见苏珊,所以我引见她见她。)

(34) * He is more famous as an actor as as a sculptor.(他作为演员比作为雕刻家更有名。)

由此可见英语中的语音鉴别式其实就是同音删略规则,两个语音相同的词语连用需要删略一个。这为我们研究普通话的"的"类结构助词同音删略提供了有利的证据。两个同音词语连用一来违反了语言的经济原则中的表达的经济条件,如无所用,勿增实体;二来读起来拗口,听起来也不顺耳。

（二）汉语中的应用

在普通话里很少看到两个"的"字连用的现象,这主要是受同音删略的影响。这和"了"的情况很相似。汉语"了"通常有"了$_1$""了$_2$"两种用法。"了$_1$"用于动词、形容词之后,表示某种动作完成或者具有了某种属性。这是典型的动态助词的用法,简称"了$_1$"。"了$_2$"用于句子末尾的名词性宾语和数量、时量补语之后,表示陈述语气,是语气词"了"的用法,也称"了$_2$"。有时"了$_1$"和"了$_2$"在句末连用,根据同音删略的原则,删了一个,剩下的一个兼有语气词和动态助词两种作用。例如：

(35)他洗了$_1$三件衣服。

(36)外面飘雪花了$_2$。

(37)自行车他骑走了(了$_1$＋了$_2$)。

动态助词"了"应该区别于语气词"了",这个区别在吴语和粤语中表现得很清楚。

普通话:伤了风了。

吴语:伤仔风哉。

粤语:伤咗风咯。

粤语里可以在动态助词之后紧跟语气词,如"已经去咗咯"。在普通话里应避免出现同一个音节,故只用一个"了"。

＊已经去了了。→已经去了。

这种同音删略使得下面这个句子有可能出现歧义:"你把这个杯子洗干净了"。如果只有一个语气词"了",这是一个命令句。如果理解为"动态助词＋语气词"连用而出现同音删略"了了→了",这是一个叙述句。这也可以解释南方方言中三音节"死脱哉"翻译成普通话只能是两个音节的"死了",因为方言中"脱"和"哉"都相当于"了",根据同音删略原则,就只剩下一个"了"了。

彭家法(2016)认为同一范畴在语言使用中线性相连就有可能出现同音删略。上述方言中"的"字能够相连,主要是因为方言中"的$_2$""的$_3$"读法不同,属于不同范畴,所以不能删略。关于"的"的同音删略有两种情况:一种是同类套叠式同音删略,一种是异类相连式同音删略。

同类套叠式同音删略是指语法作用完全相同,但出现在不同结构层次上的两个同音同形且线性相连的词语之间的删略现象。(上文已讨论过,见第129—130页)

异类相连式同音删略是指语法作用不完全相同的两个同音同形且线性相连的词语之间的删略现象。例如:

(38)做夜班的又有做夜班的难处。(做夜班的难处＝做夜班的的难处)

(39)她一心放在两个小的身上。(小的身上＝小的的身上)

(40)姓张的丈母来了。(姓张的丈母＝姓张的的丈母)

(41)这就是那个卖花的底帽子。(这就是那个卖花的帽子。)

例(38)中两个"的"字虽都为结构助词,但前一个是"的"字结构"做夜班的"的标记,也就是我们所说的表附着的"的$_3$";后一个为偏正结构"……的难处"的结构标记,也就是我们所说的表连接的"的$_3$"。两个"的"语法作用并不相同,但两个短语套合构成"做夜班的的难处",需要删略其中一个"的"。例(39)(40)的情况与例(38)相同。例(41)是黎锦熙(1924)引用的一个例子,句中"卖花的"是一个"的"字结构,表示"帽子"的领属者,"底"是结构助词,现在多写作"的",按现在通行、顺口的说法,这一句应该说成:"这就是那个卖花的帽子。"这也是起附着作用的"的"与另一起连接作用的"的"相连而删略的现象。

上文讨论的两个"的",按照朱德熙的分类都是"的$_3$",但两个"的"在附着还是连接的语法作用上有差异。"的$_2$""的$_3$"也可能会因线性相连而删略,请看下面的例子:

(42)嘴唇热热的感觉。(嘴唇热热的的感觉)

"嘴唇热热的"是一个状态形容词"热热的"作谓语的主谓短语,"的"是状态形容词词尾,即"的$_2$"。一般的主谓短语作定语必须加结构助词"的$_3$",如"嘴唇热的感觉""个子高的人"等。可见例(42)是状态形容词词尾"的$_2$"和结构助词"的$_3$"线性相连而删略的结果。

五、本节结语

方言中存在很多"的"字连用的现象,根据朱德熙对"的"的划分,方言中"的"类结构助词也可以分为三类。由于功能的限制,"的"类结构助词连用包括"的$_2$+的$_1$""的$_2$+的$_3$""的$_3$+的$_1$""的$_3$+的$_3$"四种情况。但是汉语方言中目前已经发现的只有三种:"的$_2$+的$_1$""的$_2$+的$_3$""的$_3$+的$_3$",而"的$_3$+的$_1$"连用虽在理论上成立,但是在实际语料中却找不到实例。关于"的"字连用,还有很多谜团等待我们去解开。普通话中很少见到"的"字连用的情况,也是出于语言的经济原则进行的同音删略,英语中根据语音鉴别式进行的同音删略为我们提供了有利的证据。而方言中保留的"的"字连用情况则是由于"的"的发音不同,不能删略。

第三章 功能成分和汉语实词的区分与联系

本章从功能成分的视角研究汉语实词的区分与联系问题。根据有限变异的句法制图理论的假设,语言中名词、动词、形容词等实词的词根是相同的,之所以表现出不同的句法功能是由于附着在词根上的功能成分不同。以此假说为基础,本章重点讨论汉语动词、形容词兼类问题和名源动词问题。此外,本章还将讨论汉语多位数词所体现的汉语库藏特点,对"万""兆"的解读反映了汉语的系统性。

第一节 从功能成分的参数看现代汉语形动兼类

从分布形态学的角度出发,现代汉语的词类并非由语法功能和意义决定的,而是由功能成分决定的。汉语和英语一样,都有功能成分。词根是一样的,加上不同的功能成分,从而呈现出不同的词性。这些功能成分的具体表现形式不同,所处的位置和所起的作用也不同,我们把这些差异称为功能成分的参数。现代汉语里的形容词也可以作谓语,与动词的纠葛颇深。关于形容词与动词的界限问题,一直没有找到很好的处理方法。现代汉语里有两大争论最为出名:一是关于形容词带宾语后的词性归属问题,二是关于形容词带动态助词后的词性归属问题。前一种争论,学术界的主流观点是把它处理为形动兼类;后一种争论,学术界的主流观点是把它处理为形容词。另外,朱德熙(1982)还提出过"清醒"类动词的兼类问题。在这里,我们把它们统一看作形动兼类问题,并从功能成分的参数角度来发掘这三种形动兼类的不同。

一、文献综述

学术界对形动兼类词的确定标准及计量统计方面研究得最为充分。关于形动兼类词的判定标准,学术界有一个一致结论:语音相同,语义有联系,在甲场合能充当形容词,在乙场合能充当动词,但它不能在同一场合充当两种词类。但这个标准太过笼统,所以在形动兼类词的具体划分上又引发了很多争论。

(一)带宾语的形容词的词性归属

关于形容词带宾语后的词性归属问题,学术界大致分为两派:一派认为形容词带宾语后仍是形容词。王力(1944/1985)认为形容词带宾语还是形容词,因为形容词作谓语往往是靠着"了"和"着"的力量,比如说"红着脸、心冷了半截",这里的"红"和"冷"虽然带了宾语,但仍是形容词。范晓(1983)认为形容词在大多数情况下是不带宾语的,但在一定条件下,有些形容词还是可以带宾语的,并认为"高他一头、红着脸、硬着心肠"里的"高、红、硬"仍是形容词。沈家煊(2011a)认为动词和形容词是包含在一起的,无区分必要。他曾提出过"大名词"的概念,认为汉语和印欧语不同,名、动、形并不是三个互斥的、分立的类,

汉语首先重视的是"大名词"和"摹状词"的区别,"大名词"里面包含了动词和形容词,而"摹状词"则是由"大名词"通过重叠形式形成的。周韧(2015)是反对兼类的,他认为可以把形动兼类词处理为动词,比如说"端正",他认为"端正"是动词,因为它本身就能受程度副词"很"修饰,因此不必把它当作形动兼类。

另一派认为形容词带上宾语之后就变成了动词。朱德熙(1982)用能不能在词语前面加"很"和能不能在词语后面带宾语这两项作为判定形容词和动词的标准。这样一来,及物动词与形容词的区别是能不能带宾语,不及物动词与形容词的区别是能不能前加"很"。按照朱德熙的理论,形容词带上宾语以后就变成了动词。邢福义(1996)认为带宾语是动词的决定性特征,一个词尽管常用语义是形容词,但只要带上了宾语,就变成了动词,如"红了脸、大着胆子"。李泉(1994)将所有能带宾语的,不管是直接带宾语,还是加辅助成分带宾语的具有形容词性质的词都看作形动兼类。他认为这些词如果要处理为形容词,那么形容词就得重新定义,明确形容词可以带宾语这一语法特征。王启龙(2003)考察了2110个形容词,发现能带宾语的共有106个,约占5%。王启龙认为如果把所有带宾语的具有形容词性的词语作为形容词的一个小类的话,就破坏了形容词的定义(不带宾语),所以还是要处理为形动兼类。

(二)带动态助词的形容词的词性归属

关于形容词带动态助词的词性归属问题,学术界的意见也可以分为两种:一种认为形容词带动态助词后仍是形容词。吕叔湘(1954b)认为形容词带上动态助词仍是形容词,因为形容词中能带动态助词的占大多数,如果把这些词判定为形动兼类,那么大多数形容词都要兼属动词,这不符合兼类词的数量原则。他认为词类是根据词的语法特点来分的,不是所有的词的语法特点都相同,如果是这样,所有的词都是一个类;也不是所有的词的语法特点都各不相同,如果是这样,每一个词都是一个类。我们要做到的是词有定类,类有定词。陆俭明(1994)认为"花红了、水热了"里的"红、热"仍是形容词,并提出应把能加动态助词看作形容词和动词共同的语法特征。

另一种认为形容词带动态助词后变成了动词。李临定(1990)认为可以把表示变化性能的"形容词",比如后面可以加"起来、下去"的"红",称为"形转动词",也就是我们所说的形动兼类。丁声树(1999)提到有时候形容词加上"了、起来"这类字眼,如"花红了、雨大起来了",简直和动词没有区别。形容词这样用的时候,可以看作动词。

（三）"清醒"类动词的词性归属

朱德熙(1982)列举了一些关于"清醒"类动词的例子,"清醒"既可以用作及物动词,如"清醒清醒头脑";也可用作不及物动词,如"他清醒过来了";还可以用作形容词,如"我现在很清醒"。我们把这类词称作形容词与及物动词和不及物动词的兼类。

本书中,我们将带宾语的形容词和带动态助词的形容词都处理为形动兼类,主要是考虑到它们语义上发生的变化,具体原因下文会一一做出解释。下文首先确立一个分类标准,再根据这个标准对《汉语国际教育用音节汉字词汇等级划分》(2010)里的词汇进行计量统计。接着,对统计好的语料进行语义分析。然后,运用分布形态学理论对其进行解释。最后,根据相关理论比较形动兼类词的汉英差异。

二、计量统计

我们对各类形动兼类进行了统计。本书研究的词条为《汉语国际教育用音节汉字词汇等级划分》(2010)里的词汇(包括初级词汇2245个、中级词汇3211个、高级词汇4175个)和《现代汉语词典》(第7版)

里的词汇(共计 69400 个),研究的语料主要来自 BCC 语料库。本书主要从功能成分的参数角度来观察,发现形动兼类可以细分为三类:形容词与及物动词的兼类、形容词与不及物动词的兼类以及形容词与及物动词和不及物动词的兼类。

我们的分类标准是以形式标准为主,以意义标准为辅。因为形式作为最明显的检验标准,可以帮助识别一种语言中的某些词类,这些词类在其他语言中并不是明显不同的词类;而意义尽管很重要,却很难对它进行分析,因此就不可能根据简短、易行的定义来分类。根据胡裕树(1995)的判定方法,我们把名词、及物动词、不及物动词、形容词的特征表达如下:

N:[一不,一宾语,一很,+没有]
Vt:[+不,+宾语,一很,+没有]
Vi:[+不,一宾语,一很,+没有]
Adj:[+不,一宾语,+很,一没有]

据此,形容词与不及物动词兼类的特征可以表示为[+不,一宾语,+/一很,一/+没有],作形容词时能加"很",不能加"没有";作不及物动词时不能加"很",能加"没有"。需要注意的是,谓词性成分前面的"没有"表示动作没有完成或者事情还没发生,相当于古汉语中的"未"。形容词与及物动词兼类的特征可以表示为[+不,一/+宾语,+/一很,一/+没有],作形容词时不能带宾语,能加"很",不能加"没有";作及物动词时能带宾语,不能加"很",能加"没有"。形容词与及物动词和不及物动词兼类的特征可以表示为[+不,一/+宾语,+/一很,一/+没有],作形容词时不能带宾语,能加"很",不能加"没有";作及物动词时能带宾语,不能加"很",能加"没有";作不及物动词时不能带宾语,不能加"很",能加"没有"。

(一)形容词与不及物动词的兼类

形容词与不及物动词的兼类大致可以分为两种:一种是表心理、生理等状态的形动兼类词,一种是一般的形容词与不及物动词的兼类。

1. 表心理、生理等状态的形动兼类词

从形式上看,表心理或生理状态的形动兼类词可以前加"很",后加"了",也可以被"没有"否定。从语义上看,心理状态泛指人的思想、感情等内心活动,它是人的头脑反映客观现实的一个过程,如感觉、知觉、思维、情绪;生理状态则是指生物机体的各种机能,即整个生物体及其各个部分所表现的各种生命活动。例如:

(1)成熟:a. 等时机成熟了,兄弟们我们再会吧!
　　　　　b. 他一向很成熟,但也很容易相信别人。
(2)绝望:a. 我对现代汉语很绝望,这么多作业什么时候做得完?
　　　　　b. 这种鬼天气,停水又停电,苏珊都绝望了。
(3)冷静:a. 董贝先生很冷静沉着,少校则非常焦躁不安。
　　　　　b. 发热的头脑终于冷静下来。

2. 一般的形容词与不及物动词的兼类

这类词都含有一个轻动词"Become",表示一个动态变化的过程。例如:

(4)成功:a. 今晚的演出很成功。
　　　　　b. 工程师,我们的环球航行成功了!

(5)冷:a.北平的冬天很冷,你出门记得穿棉袄。
　　　b.明子快过来吃饭,菜要冷了。
(6)热闹:a.元宵节那天,街上真的很热闹!
　　　　b.开放东市、西市的诏令贴出来没多久,萧条的集市又热闹了。

我们发现在形容词与不及物动词的兼类中,单音节词语比较少,只有 17 个,占总数的 16%;双音节词语比较多,有 89 个,占总数的 84%。很多学者在讨论形动兼类的时候都没有关注到形容词与不及物动词的兼类,我们认为原因主要在于大多数学者认为形容词和动词一样,也可以加动态助词,从而将"冷、沉默"这些词直接判定为形容词。在《现代汉语词典》(第 7 版)中,"成熟、成功、热闹"是形容词与不及物动词的兼类,"绝望"是不及物动词,"冷、冷静"是形容词;在《现代汉语规范词典》(第 3 版)中,"成熟、成功、冷、热闹"是形容词与不及物动词的兼类,"绝望"是不及物动词,"冷静"是形容词。相同的句法分布,却被判定为不同的词类。根据词的分布特征,我们认为它们都应该被判定为形容词与不及物动词的兼类。

处理"冷"这类词的方法有三个:一是大类下分小类,就是像吕叔湘(1954b)一样,把"冷"仍看作形容词,但是这类形容词又和其他形容词不一样,可以作为一个小类。这有点类似于生成语法中的子语类化,通过动词后面所带宾语的不同,把这些动词分成不同的小类,但它们都属于动词这一基本语类。吕叔湘这么处理的原因在于汉语中有超过半数的形容词可以后加动态助词,这是和英语中完全不同的现象,所以为了在词类划分中契合汉语的语法特点,他将这类词都划定为形容词。二是处理为兼类,像李临定(1990)一样,承认"冷"加上"了"以后含有动态过程,用法与动词无异。这其实是从形容词和动词的定义出发的,形容词起修饰作用,一般是表示静态的,动词讲述动作行为,一般是表示动态的,形容词有了动态过程,便视为它的语义发生了变化,所以李临定从这个角度出发,将它判定为形容词与不及物动词的兼类。三是另立一类,把这类词挑出来,重新命名,就像将非谓形容词从形容词中剥离开来,另立了一个新类"区别词"一样。第三种方法跟第一种方法有很多相似之处,都是在大类分小类的基础上发展的,就像"区别词"一样,吕叔湘也是发现了它与其他形容词的不同,将它命名为非谓形容词,后来才慢慢发展为区别词,成为现代汉语中的一个新词类。

(二) 形容词与及物动词的兼类

李泉(1994)从语义和结构角度对形动兼类词带宾语的不同形式进行了分类。从语义类型来看,形动兼类词所带宾语可以分为六类:(1)形+使动宾语(如"繁荣经济、端正态度");(2)形+意动宾语(如"重义轻利");(3)形+自动宾语(如"秃了头、花了眼");(4)形+对动宾语(如"宽大俘虏、淡泊名利");(5)形+比较宾语(如"大我五岁、贵了五块钱");(6)形+存现宾语(如"流行红裙子")。从构成形式来看,形动兼类词所带宾语可以分为六类:(1)形+名(如"稳定物价、明确任务");(2)形+了+名(如"好了伤疤、慌了手脚");(3)形+着+名(如"硬着头皮、斜着身子");(4)形+了+数量+名(如"瞎了一只眼");(5)形+(了)+名+数量(如"矮人一截");(6)形[AA/AABB]+名(如"清清嗓子、清醒清醒头脑")。本书根据兼作形容词的及物动词带宾语时的不同形式,将形动兼类词大致分为四种:(1)X+宾语;(2)X+着+宾语;(3)X+了+(数量短语)+宾语;(4)X重叠式(AA式或ABAB式)+宾语。

1. X+宾语

形动兼类词可以不借助其他成分,直接带宾语。按照语义,这些

词大致可以分为三类:一是含有致使义,二是含有存现义,三是对动宾语。

Ⅰ.含有致使义

(7)烦:a.最近这段时间,心里真的很烦。
　　　b.近来事情很多,你不要来烦我。
(8)繁荣:a.这时候,中国正处在唐代,经济文化都很繁荣。
　　　　b.金银作为最有价值的货币,可以繁荣经济,也可以毁了经济。
(9)热:a.五月的北方不是很热,清晨的时候还有些凉。
　　　b.把厨房的菜热一下,我们吃饭了。

上面三组例子都说明了这组词具有致使义。我们来看例(8b),"繁荣经济"就是"使经济繁荣",其中包含了轻动词"Cause",也暗含了一个动态过程,即经济从不繁荣到繁荣。

Ⅱ.含有存现义

(10)盛行:a.压箱钱是一种古老的风俗,如今在法国中部的一些地方还很盛行。
　　　　b.这烹沏之法,古今不尽相同,如宋朝盛行茶饼,如今已不时兴,所以也不必说它。
(11)流行:a.亚当风格是乔治亚风格的发展与精华,在美国东北部很流行,它吸取了亚当兄弟对意大利文艺复兴风格的研究成果。
　　　　b.据说在演艺界近年来流行"朴素婚礼",但是大多数普通女性仍然希望把婚礼办得豪华气派些。

汉语中有一类句子叫存现句,表示某处存在或消失某人某物。形动兼类词的存现义与存现句大致相同,包含的一个轻动词就是"Exist"。

Ⅲ.对动宾语

这里的宾语可以看作一种受事客体,它承受了谓语形容词所具有的某种性状,这类形动兼类词包含的轻动词是"For"。以"不满现状"为例,对于"现状"这个受事客体,它所承载的性状就是谓语形容词所赋予的"不满","不满现状"就是"对现状不满",即"形动兼类+宾语"→"对+宾语+形动兼类"(李泉,1994)。

(12)讲究:a.他在房屋设计上一向很讲究。

b.幼儿园的时候,老师就教导我们要讲究卫生。

(13)宽容:a.他一向很宽容,从不体罚学生。

b.将军不是秦师,一定会宽容俘虏的。

(14)满足:a.小孩子的世界真简单,吃一个冰激凌就很满足。

b.数据化时代已经到来,我们不能满足现状,止步不前。

2.X+着+宾语

形动兼类词也可以加"着"再带宾语,这些词按照语义可以分为两类:一是隐喻派生的动词义,二是含有致使义。

Ⅰ.隐喻派生的动词义

(15)板:a.他这人很板,死脑筋。

b.你不要老板着脸,会交不到朋友的。

(16)扁:a.她眼睛不大,鼻子很扁,皮肤很黑,相貌令人不敢恭维。

b.几个小孩扁着嘴,一脸丧气地跑了回来。

例(16a)中的"扁"是指物体的厚度比长度、宽度小,说明她的鼻子很塌。例(16b)中"扁着嘴"是指把嘴巴嘭着,说明这几个小孩不高兴。这一动作缩小了物体的厚度,是由"扁"的形容词义通过隐喻派生的动词义。

Ⅱ.含有致使义

(17)高昂:a.他似乎有什么开心事,会议上一直情绪很高昂。

b.他走路的时候,高昂着头,活像只骄傲的孔雀。

(18)直:a.他愣了一会才坐下,腰板挺得很直。

b.只见曹忠直着身子,规规矩矩地坐着。

例(18b)中的"直"是使挺直的意思,并暗含一个状态义,指曹忠不仅挺直了身子,而且一直保持着这个"直"的状态。按照 Vendler(1967)的四分法,事件可以分为以下四种情况:①表状态,持续没有终点,如"爱";②表活动,动态、持续没有终点,如"跑";③表达成,动态、持续有终点,如"画画";④表成就,动态、不持续有终点,如"赢球"。"直着身子"表示一种持续的状态,是一个过程,表活动。

3.X+了+(数量短语)+宾语

形动兼类词也可以加"了"和数量短语后再带宾语,这些词按照语义可以分为三类:一是含有致使义,二是含有比较义,三是带自动宾语。

Ⅰ.含有致使义

(19)委屈:a.她一直在那哭哭啼啼,好像很委屈。
b.黛玉虽是初来乍到,却也不能委屈了她。
(20)对:a.黑格尔说的这句话很对,孩子你一定要记住!
b.昨天数学老师留的作业三题你只对了一题,是不是题目没看懂?

例(19b)中的"委屈"是指使她感到委屈,含有致使义。朱德熙(1982)也曾提到,"委屈"受"很"修饰的时候,后面不能带宾语;带宾语的时候,不受"很"修饰。

Ⅱ.含有比较义

这类形动兼类词的特点是可用"比"字将宾语提前,变成"比+宾语+形动兼类+数量成分"。

(21)矮:a.康明斯的个子很矮,妖精族都不会很高。
b.跟他比起来,我瞬间矮了一截。
(22)少:a.那是在十一月,晴朗的日子很少。
b.他口袋里少了1600英镑,比以前更穷了。

例(21b)中的"矮"有一种比较的意味在里头,包含了轻动词"Compare",与"形动兼类+宾语+数量成分"很相似。赵元任(1979)认为"姐姐大我三岁"中,形容词"大"除了带自身宾语"三岁"外,还带一个在位置上类似间接宾语的"我"。从句式配价的角度来看,"大"是个二价动词,"矮"和"少"也是如此。英语中的比较句一般不会这么用,总是需要借助"than"来表达比较的意思:"My sister is three years

older than me."

Ⅲ. 带自动宾语

宾语所具有的形状不是人为促使或主观认定的,而是由某种外在自然因素造成的,这里包含的轻动词是"Occur"。这类形动兼类词的特点是宾语可以置于形容词谓语的前面,使形宾结构变成主谓结构。

(23)好:a. 她很好,你不用担心。

b. 你又好了伤疤忘了疼。

(24)烂:a. 他这人很烂,你不要搭理他。

b. 他因为中毒所以烂了只眼。

4. X 重叠式(AA 式或 ABAB 式)+宾语

形动兼类词也可以重叠后再带宾语,这时它们都表致使义。

(25)暖和:a. 今年冬季很暖和,鱼汛旺季即将来临。

b. 刮风了,吃碗热粥暖和暖和身子。

(26)难:a. 数学老师昨晚留的那道数学题真的很难,我想了一晚上都没做出来。

b. 都说同行是冤家,他没事就喜欢找茬难难老李。

例(25b)中的"暖和"是指使身子暖和,含有致使义。重叠形式一般为 AA 式或 ABAB 式,表示动作持续的时间短或动作反复的次数少。例(26b)中的"难难老李"是指"难一下老李",强调动作持续的时间不长。

在《现代汉语词典》(第 7 版)中,"烦、繁荣、热、讲究、直、高昂、委屈、暖和、难"是形容词与及物动词的兼类,"流行、盛行、宽容、满足"是

及物动词,"扁、矮、好、烂"是形容词。《现代汉语规范词典》(第3版)对这些词的判定同《现代汉语词典》(第7版)的处理意见一样。形容词与及物动词的区别在于形容词可以前加"很",及物动词可以带宾语。而上述例句中的这些词既可以前加"很",又可以带宾语,应判定为形动兼类词。

(三)形容词与及物动词和不及物动词的兼类

(27)饿:a.天寒地冻的,不能再让孩子饿肚子。

b.妈,厨房有没有吃的?我饿了。

c.他肯定很饿,一口气吃了五个包子。

(28)心疼:a.妈,这么冷的天你还来接我,我就知道你心疼我。

b.傻孩子,你别哭了,妈妈心疼了。

c.如果你家里人知道你一天要工作12个小时,一定很心疼。

例(27a)中的"饿"是"使挨饿"的意思,并暗含一个动态过程义,这里的"饿"指向外部"肚子"。例(27b)中的"饿"含有一个动态过程义,指从不饿到饿的变化过程,这里的"饿"指向内部"自身"。例(27c)中的"饿"是指"肚子空,想吃东西"的状态。《现代汉语词典》(第7版)中"饿"是形容词与及物动词的兼类,"心疼"是动词,"累"是形容词与及物动词和不及物动词的兼类;《现代汉语规范词典》(第3版)中"饿"是形容词与及物动词的兼类,"心疼"是及物动词,"累"是形容词与及物动词和不及物动词的兼类。

(四)小结

根据对以上语料的整理和分析,可得出如下统计结果:形容词与

及物动词的兼类共有145个,占总数(初级词汇2245个,中级词汇3211个,高级词汇4175个)的1.51%;形容词与不及物动词的兼类共有106个,占总数的1.10%;形容词与及物动词和不及物动词的兼类共有4个,占总数的0.04%。我们发现形容词与及物动词的兼类所占比例最大,其次是形容词与不及物动词的兼类,形容词与及物动词和不及物动词的兼类所占比例最小。

此外,我们还发现形容词与不及物动词的兼类含有一个动态过程的意义。这里需要注意的是,以前学者在区分表心理活动的动词和表心理状态的形容词时,无论用意义、形态还是语法标准判断,都会遇到一些问题。比如"成功、失败、绝望、抱歉"这类词不能带宾语,如果归入不及物动词,它们又能受"很"修饰;如果归入形容词,它们又含有动态过程的意义。我们的解决办法是将它们归入形容词与不及物动词的兼类。形容词与及物动词的兼类大都含有致使义,但是底下的小类又有细微的不同:1.可以直接加宾语的形动兼类词有的含有致使义,有的含有存现义,有的含有对动义。2.形动兼类词加"着"后再加宾语的,有的含有致使义,有的含有隐喻派生的动词义。3.形动兼类词加"了"和数量短语后再加宾语的,有的含有致使义,有的含有比较义,有的含有自动义。4.形动兼类词重叠后再加宾语的,只含致使义。

三、理论解释

陈蓓(2010)从认知语言学的角度分析,认为形动兼类词产生的原因是词类的再范畴化,其中转喻和隐喻起到了重要作用。在这方面,沈家煊(2011a)和袁毓林(2010)等也作出了一定程度的解释。总之,现有文献对形动兼类问题的解释还不够充分,因此我们参照分布形态学和功能成分的参数理论来分析解释汉语中的形动兼类词,试图弥补前人研究的不足。

分布形态学认为,传统上所说的名词、动词、形容词等词类并不具有普遍意义,它们是从更基本的语素类型衍生来的,那么一个词的词性就由与实语素形成局域关系的虚语素决定(程工,2016)。功能成分的参数理论认为,功能成分在名、动、形词类划分方面起重要作用,功能成分(包括轻动词、词缀、虚词)的作用也存在语言参数的差异(Baker,2003),同时不同语言词汇性词类的数目可能存在差异(沈家煊,2009),两者的互动方式受语言必须具有指称、陈述、修饰三方面功能的共性制约。

Chomsky(1970)认为形容词既有[＋N]特征,也有[＋V]特征。就汉语来说,形容词作谓语、补语是[＋V]特征的表现,如"很聪明、跑得快";作主语、宾语是[＋N]特征的表现,如"漂亮就是好看";作定语则兼具二者,如"丰富的知识","丰富"带有[＋V]特征:"知识很丰富",加上"的"以后具有[＋N]特征:"知识是丰富的"。朱德熙(1980)提出带有[＋V]特征的词加上的₃以后具有名词性,可以作定语。

形容词的[＋N]特征和[＋V]特征是通过功能成分来表现的。我们都知道形容词可以充当主语、宾语、谓语、补语、定语、状语,但是前人的研究往往忽视了其中功能成分的作用。形容词能不能作主语、宾语、谓语、补语、定语、状语,要考虑是否要加"的"、是否要重叠、是否能前加"很"、是否要加动态助词"了"、是否对举等,研究形容词的句法功能要联系功能成分的作用。形容词可以直接作主语、宾语,也可以加"的"作主语、宾语,如"聪明最重要/谁也不想买便宜的"。形容词可以加"很"作谓语、补语,也可以重叠作谓语、补语,还可以加"了"或对举作谓语。形容词可以直接作定语,也可以加"的"作定语,如"他有一顶红帽子/美丽的草原是我的家"。形容词可以直接作状语,也可以加"的"作状语,如"我们要积极应战/他狼吞虎咽地吃起来"。汉语形容词虽然在词汇上赋值不足(underspecified),可以充当多种句法成分,但是在句法上可以通过不同的功能成分对其赋值,由于功能成分的作用,形容词的功能得以确定,这也体现了汉语词根和功能成分分离的特点(Lin,2001)。下面我们以上述相关理论和假设为基础对汉语形动兼类词进行具体分析。

从分类上来看,形动兼类词可以分为形容词与及物动词的兼类、形容词与不及物动词的兼类、形容词与及物动词和不及物动词的兼类。从语义上来看,形容词、不及物动词与及物动词三者有共性,也有差异。共性是都含有状态义。差异是形容词只含有状态义,所在的语言结构属于状态式;不及物动词不仅含有状态义,还含有变化义,所在的语言结构属于结果式;汉语中及物动词的情况比较复杂,及物动词都含有状态义、变化义,此外,有的含有对动义,有的含有比较义,有的含有存现义,有的含有自动义,有的含有致使义,所在的语言结构属于事件式。"三式"在英语中也有所表现。Embick(2004)提出英语过去分词可以划分为三类:一是动词性,表示事件,多用于被动式中,轻动词所携带的特征是施事;二是形容词性,表示结果,可作定语,轻动词所携带的特征是变化;三是形容词性,表示状态,可作结果性次谓语,轻动词所携带的特征是状态。因此,及物动词在谓语位置上带有施事特征,表示事件;不及物动词在谓语位置上带有变化特征,表示结果;形容词自身作谓语时,带有状态特征,表示状态。需要注意的一点是,英语的轻动词是形态上的,而汉语的轻动词是语义上的。就汉语而言,除了熟知的轻动词 Do、Cause 和 Become 外,还包括 Exist、Progress、At、Use、For 等其他类型的轻动词(傅玉,2011)。

(一)形容词与及物动词的兼类

首先来看一下形容词与及物动词的兼类词"端正"。以前我们研究形动兼类词时,只关注这个词的形容词义与动词义是否有联系,而

没有关注它们之间有何种联系。汉语的形容词和动词不同于英语,它的句法成分并不是单一的。汉语的形容词和动词都可以作主语、宾语、谓语、补语、定语、状语,但是除了谓语位置可能出现两种词性外,其他位置的词性都是固定的。我们都知道,"端正"作谓语时既可能是动词性的,也可能是形容词性的,如例(29)所示:

(29) a. 他端正了学习态度。(事件式)
 b. 他五官很端正。(状态式)

例(29a)中"端正"含有致使义,即"他使学习态度端正"。需要注意的是,关于"了"的意义争议较多,本书采纳林若望(2017)的观点,认为"了"同时表达时和体的意义,时是指相对过去时,体指"了"的语义不仅要求有过程,而且要求那个过程有一个结果状态。这里的动态助词"了"在句法列举时是存在的,在语音表达式(PF)中可能出现,也可能不出现,这是由于功能成分"了"可以选择显性实现或隐性实现。就像英语句子"Yesterday, a boy hit the ball"中的"hit"一样,"hit"的过去式词尾不取-ed,而取零形式,零形式在语音上不存在,但在句法上还是存在的。当形动兼类词与宾语之间可以加上数量短语的时候,"了"必须显性实现,反之,"了"可以隐性实现。例(29b)中"端正"在意义上表示各物体保持平衡的状态,含有状态义。例(29b)中的"很"和例(29a)中的"了"是一样的,可以选择隐性实现或显性实现。形容词除了作谓语,还可以作定语,如例(30)所示:

(30)端正的学习态度是我们每个人所必需的。(状态式)

例(30)呈现出学习态度"端正"的状态。这里的功能成分"的"是必须显性实现的。Hale and Keyser(1993)将句法规则应用于词汇层面,提出"词汇关系结构",即 LRS 理论。该结构由四类词汇范畴构成,分别是动词、名词、形容词和介词,它们与四类基本概念类型相关,即事件、实体、状态和关联。由此,将动词短语结构包含在轻动词短语结构中。在生成语法中,中心语 I 可以分解为表达一致关系的 AgrP 和表达时态的 TP,20 世纪 90 年代后又进一步分出以否定词为中心语的 NegP 和以体貌成分为中心语的 AspP。Embick(2004)提出的事件式、状态式和结果式分词的结构图就是以 AspP 为中心语的。以此为参照,汉语形动兼类构成结构的具体结构图如下所示。

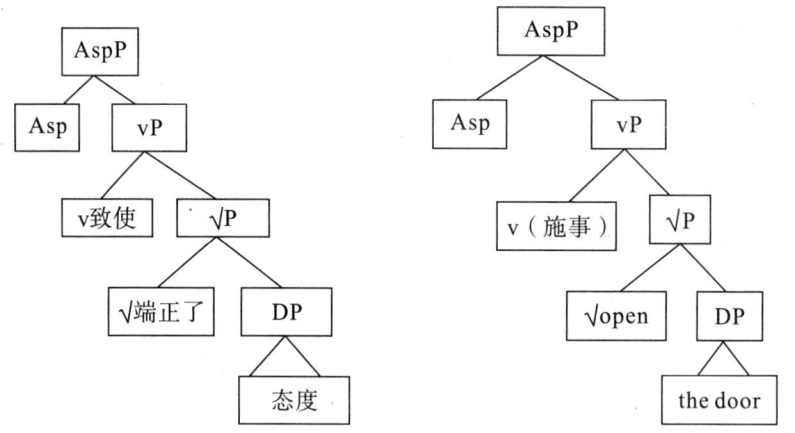

图 1a　端正态度(事件式)　　图 1b　The door was opened.(事件式)

这里的"端正—了"从动词词根 V 向致使轻动词 v 的移位是显性的,词根"端正"附接到轻动词 v 上,就含有了致使义;但继续从 v 移到 Asp 是隐性的,是在逻辑式层面进行的,表达完成体,所以带有体信息的"端正了"最终通过特征渗透的方式与 Asp 位置的成分相关联,从而使其本身与负载体信息的句法节点相匹配(黄正德等,2013)。

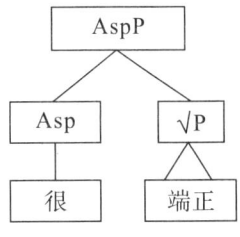
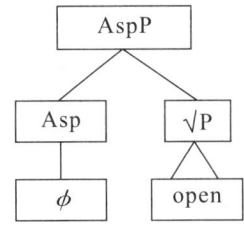

图2a 很端正(状态式)　　图2b The door was open.(状态式)

"很"一般位于形容词前面,表示程度的加深。"很"聚集于事件发展的最终状态,而不改变所附形容词的基本语义,并且它不能独立作为句子的谓语,所以最好将它描写为功能成分Asp。

图1中"事件式"有动词性并与事件关联,是因为轻动词带有致使义,所以"端正态度"就是"使态度端正"。在图2"状态式"的结构中,"状态"词根的句法行为和形容词相同,可以受副词"很"修饰。我们这里的讨论主要集中在谓语位置上,因为汉语形容词的主要功能是作谓语和定语,动词的主要功能是作谓语,在谓语位置上动词和形容词的交集最多,讨论起来也更有价值。由此我们发现轻动词性质决定了词汇"端正"的词类性质,"端正"加上功能成分"了"构成了"事件式","端正"加上功能成分"很"构成了"状态式"。Lin(2001)将轻动词定义为:在句法上,有或没有语音实现的动词;在语义上,组成可能事件的体谓词。在第三章我们看到,构成"事件式"的功能成分除了"了"外,还有"着"、重叠,此处不赘述。

(二)形容词与不及物动词的兼类

接着我们来看一下形容词与不及物动词的兼类词"成功"。我们知道不及物动词和形容词都可以作谓语,都不可以带宾语,那我们怎么判断谓语位置上的词是形容词还是动词呢? 上文提到的学者给出的一些形式上的判断,都遇到了一些困难,比如说"成功"可以前加"很",又含有动态过程义,从形式上无法判断它是动词还是形容词。我们从轻动词角度出发,或许能找到答案。如例(31)所示:

(31)a. 实验成功了。(结果式)
   b. 他很成功。(状态式)

例(31a)中的"成功"表示结果并同时暗含了一个变化的过程,由不成功变得成功。这里的功能成分"了"必须显性实现,它除了表示变化的完成,还表示话语的终止。例(31b)中的"成功"指事情的结果令人满意。这里的功能成分"很"也要显性实现,否则就需要对举,如"他成功,我失败"。具体结构图如下所示。

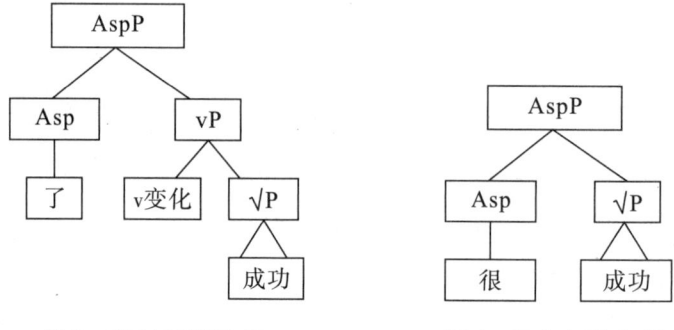

图3 成功了(结果式)　　图4 很成功(状态式)

图3中"结果式"有动词性并与结果关联,是因为体词缀"了"附着于轻动词之上,而轻动词带有动态过程义,所以"清醒了"就是从不清醒变得清醒。在图4"状态式"的结构中,STATE(状态)可以把词根变成形容词,体词缀直接附着于词根上,句法行为和形容词相同,可以受副词"很"修饰。

(三)形容词与及物动词和不及物动词的兼类

最后我们来看看形容词与及物动词和不及物动词的兼类词"清醒"。如例(32)所示:

(32)a. 我现在大脑一片空白,需要清醒清醒头脑。(事件式)
　　b. 宿醉之后,他终于清醒了。(结果式)
　　c. 你想说什么就说吧,我现在很清醒。(状态式)

例(32a)中的"清醒"指使头脑变得清醒,含有一个致使义,并暗含一个动态过程义。这里的"事件式"是通过形动兼类词重叠构成的。例(32b)中的"清醒"指从不清醒到清醒,含有一个动态过程义。这里的"了"也是显性实现。例(32c)中的"清醒"指头脑清楚、思维清晰的状态。这里的"很"也是显性实现。具体结构图如下所示。

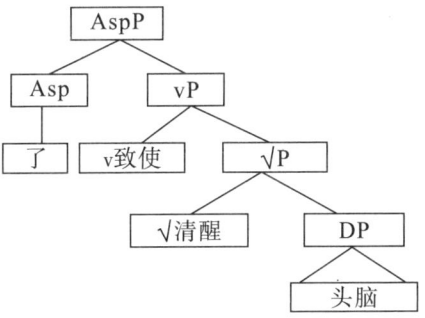

图 5　清醒头脑(事件式)

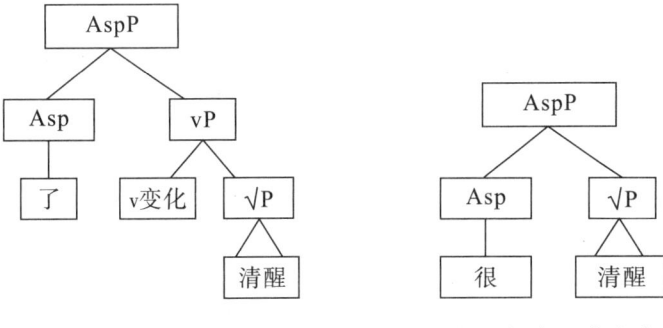

图 6　清醒了(结果式)　　　图 7　很清醒(状态式)

(四)验证

生成语法学隶属经验科学下的自然科学,凡是科学,总要经历一个提出假设—进行推演—验证假设的过程。那么如何验证自己的假设呢?生成语法学提供了三种方法。一是插入法,如果一个词能够插入其他两个词之间,说明这两个词之间的联系不紧密,用转换规则来表示,即 A→AB。二是删略法,比如说与动词平级的主目语不能随便删略,而与动词不平级的附加语可以删略,这说明了主目语的重要性,用转换规则来表示,即 AB→B。三是移位法,汉语中宾语的位置很灵活,可以说"我喜欢吃苹果",也可以说"苹果,我喜欢吃",用转换规则来表示,即 AB→BA。关于"天冷了"里的"冷",一种说法是"冷"是形容词,加上"了"之后带有动态过程的意义,"冷了"才是动词。另一种说法是"天冷了"就是天变冷了,这里的"冷"含有动词义,所以它才可以加"了"表示动态过程的变化。我们先用插入法来验证,"天冷极了","冷"和"了"之间可以插入"极",说明"冷了"并不是联系紧密的动词。再用删略法来验证,"天冷"可以单独运用,"了"可以省略,而一般的动词"打球",你不能省去其中任何一个词。由此可以看出汉语中的"冷"本身就含有动词性,所以它才可以和动词的功能语素"了"结合在一起。

(五)小结

综上所述,在形动兼类词中,同样作谓语,及物动词构成的结构是事件式,含有致使义、变化义或状态义,功能成分"了"可以隐性实现,也可以显性实现,"了"即使隐性实现,列举时也已经存在。当形动兼类词后面出现数量短语时,功能成分"了"可以显性实现。当"了"隐性实现的时候,有时会出现形动兼类词重叠式,动态助词"了"与重叠式不能同时出现是因为动态助词"了"表示动作的完成,而形动兼类词重叠式表示动作的重复,二者表达的体是不同的。不及物动词构成的结

构是结果式,含有变化义或状态义,功能成分"了"只能显性实现。形容词构成的结构是状态式,仅含有状态义,没有致使义或变化义。状态式中功能成分"很"必须显性实现,当"很"不出现的时候,需要借助对举形式。由于状态式只含有状态义,所以它不能和动态助词"了"同时出现。如果形容词重叠的话,后面要加"的",如"太阳暖暖的/河水清清的"。词根与不同的功能成分组合,便具有不同的性质。以谓语位置为例,不及物动词通常与功能成分"了"组合,构成结果式;形容词通常借助对举形式或前加"很"等功能成分构成状态式;及物动词可以借助"了"、"着"、重叠式等功能成分构成事件式。

四、汉英差异

袁毓林(2010)认为不同语言的词类有共性,是因为外界事物、人类对外界事物的认识、语言表达思想的方式、语言作为思维和交际工具的功能特性和语言的基本结构有共同性;不同语言的词类有差异,是因为不同民族对外界事物的认识、不同的语言表达思想的方式和不同语言的有关构造方式不同。Chomsky(1965)提出自然语言的共性表现在两个方面:内容普遍性和形式普遍性。每种语言都有名词、动词等语类,这是内容方面的普遍性;每种语言都有类似限定词在名词之后的规则,这是形式方面的普遍性。这些观点跟本书有限变异的句法制图理论的精神相吻合。

Baker(2003)强调功能成分决定的参数导致语言差异,而词汇类词类的数目是统一的。分布形态学认为,每种语言中都有名词、动词、形容词,词根是不分词类的,词根加上不同的功能成分,才变成不同的词类(程工,2016)。有的语言中功能成分与词根是绑在一起的,英语就是这样;有的语言中功能成分与词根是分开的,汉语就是这样(Lin,

2001)。所以英语中的形动兼类词比较少,汉语中的形动兼类词比较多。

关于汉英形动兼类词的数量差异,前人的文献多有涉及,虽然具体的数量有所不同,但是整体来说结论都是汉语的形动兼类词明显多于英语。马志芳、马志馨(2008)在《研究生英语教学大纲 5000 词》里找到了 138 个形动兼类词。于跃(2014)统计了 486 个汉语形动兼类词、79 个英语形动兼类词。徐银(2015)从构式的角度,在《现代汉语词典》(第 6 版)里找到了 133 个形动兼类词,在《牛津高阶英汉双解词典》(第 7 版)里找到了 75 个形动兼类词。本书在《汉语国际教育用音节汉字词汇等级划分》(2010)中找到了 255 个汉语形动兼类词(总词条为 9631 条),在《英语四级词汇表》(2016)里找到了 11 个英语形动兼类词(总词条为 4500 条)。通过对比发现,与汉语形动兼类词相比,英语形动兼类词数量非常少。尽管如此,英语形动兼类词中既存在形容词与及物动词的兼类,如"awake";也存在形容词与不及物动词的兼类,如"total"。值得注意的是,英语中含有大量的及物动词与不及物动词的兼类,如"float",且这些兼类中不及物动词都含有致使义。

叶蜚声、徐通锵(2010)认为汉语是孤立语,它的主要特点就是缺乏词形变化,所有的词几乎都是由词根语素构成的,决定词性的功能成分与词根是分开的。比如说词根"红",加上功能成分"了"就变成了动词,加上功能成分"的"就变成了形容词。英语是屈折语,主要特点是词与词之间的结构关系主要靠词形变化来表示,功能成分与词根是绑在一起的。比如说"opened"就是词根"open"加上功能成分"-ed",这是一个动词。汉语中的功能成分是单独的一个词,它和词根的组合决定了词性;英语的功能成分是定类语素,它附着在词根上确定词的词性。正是汉英功能成分参数上的差异才导致了汉语的形动兼类词多于英语。

汉语形容词与英语形容词不同。汉语形容词接近动词,可以自由作谓语,属于谓词型形容词。英语形容词单独作谓语受限制,一般需要一些附加成分。

吕叔湘(1966)认为一般情况下,单音形容词作谓语总要有些附带成分,如:"会场很大/这两天热极了"。若单音形容词单独作谓语,一般只在问答和对比的场合出现,如:"——会场大不大?——大/一头重,一头轻"。

汉语形容词作定语不自由,有时需要加"的"。在不带"的"的格式里,定语与中心语在意念上是一个整体,联系比较紧密;在带"的"的格式里,定语和中心语在意念上保持比较大的独立性,是一种临时的组合(朱德熙,1982)。如张伯江(2005)所分析的那样,汉语中还是存在一批无需加"的"就可以直接修饰名词的属性词,这一条是类型学用来鉴别形容词最重要的标准。据郭锐(2002)统计,128个单音节形容词可以直接作定语,占单音节形容词总数的67.7%,但只有557个双音节形容词可以直接作定语,占双音节形容词总数的26.1%,剩下73.9%的双音节形容词很多需要借助"的"才能作定语,如"安静、诚实、孤立"。朱德熙(1956)认为单音节形容词单独作定语,这里的定语和中心语是相互选择的,不能任意替换,比如可以说"厚脸皮",但不能说"厚脑壳"。沈家煊(1997)统计了6万字左右的语料,找到了200例作定语的性质形容词,其中能直接作定语的性质形容词有121例,占总数的60.5%,这其中单音节形容词有95例,如"小角色、坏毛病",双音节形容词有26例,如"年轻人、广大群众";加"的"才能作定语的性质形容词有79例,占总数的39.5%,其中单音节形容词有9例,如"新的看法",双音节形容词有70例,如"陌生的地方"。

英语形容词接近名词,属于体词型形容词,主要表现为像名词一样可以直接作定语而不需要特定的标记或形态,但是需要连系动词加

表语才能构成复合谓语,如"They remain quiet in the room"。

英语形动兼类词中及物动词也含有致使义,如例(33)所示:

(33)a. I hope he is awake now. (状态式)
　　b. My screams awoke my parents. (事件式)

例(33a)中"awake"指"醒着的"这一状态;例(33b)中"awoke"指的是"我的尖叫声使我的父母清醒"这一事件,含有致使义。

英语形动兼类词中不及物动词也含有变化义,如例(34)所示:

(34)a. The day was fine and clear. (状态式)
　　b. The sky cleared after the rain. (结果式)

例(34a)中"clear"指"晴朗的"这一状态;例(34b)中"cleared"指的是"天空放晴了"这一结果,含有变化义,即由不晴朗变得晴朗。

综上,汉英形动兼类词的相同点在于都有及物动词与形容词的兼类和不及物动词与形容词的兼类,其中及物动词构成的结构是事件式,可以表致使;不及物动词构成的结构是结果式,表动态过程义;形容词构成的结构是状态式,表状态义。汉英形动兼类词的不同点有两个:一是英语的形容词只能作定语,不能直接作谓语,这体现了英语的形容词只具有体词性,不具有谓词性;汉语的形容词既可以加"很"作谓语,又可以作定语,若和功能成分"的"结合就具有体词性,和功能成分"了"结合便具有谓词性。二是汉语中的形动兼类词多于英语。这两个差异都是因为英语中的功能成分与词根是绑在一起的,而汉语中的功能成分跟词根是分开的。

五、本节结语

本书在前人研究的基础上,采用定性与定量相结合的研究方法,对现代汉语中的形动兼类词进行了研究。形动兼类词可以分为形容词与及物动词的兼类、形容词与不及物动词的兼类、形容词与及物动词和不及物动词的兼类。前人的研究一般比较关注形容词与及物动词的兼类,而忽视形容词与不及物动词的兼类。其实后者更容易引起争议,比如表示心理或生理状态的词语"成功、绝望、失望、抱歉",前人在将其归于动词还是形容词的问题上产生了争议,我们根据功能成分的参数理论把它们归为形容词与不及物动词的兼类。从语义上来看,形容词与及物动词的兼类中,及物动词含有致使义、存现义、比较义或对动义;形容词与不及物动词的兼类中,不及物动词含有动态过程义;形容词与及物动词和不及物动词的兼类中,及物动词含有致使义、存现义、比较义或对动义,不及物动词含有动态过程义。从功能成分的参数来看,在形动兼类词中,同样作谓语,及物动词构成的结构是事件式,可以表示致使义、存现义、比较义或对动义;不及物动词构成的结构是结果式,表示动态过程义;形容词构成的结构是状态式。词根并不体现词性,它通过与不同的功能成分结合,构成不同的词类。从汉英差异上来看,我们发现汉语和英语在形动兼类词上存在两个差异:一是数量差异。英语中功能成分与词根是绑定的,而汉语中功能成分与词根是分开的,这导致英语中的形动兼类词比汉语少。二是句法分布差异。由于英语的功能成分与词根是绑在一起的,功能成分并不能赋予形容词以谓词性,因而形容词不能直接充当谓语,只能作定语。汉语的词根和功能成分是分开的,词根与不同的功能成分结合,便具有不同的性质,因而汉语的形容词既可以作谓语,又可以作定语。

本书在对《汉语国际教育用音节汉字词汇等级划分》(2010)中的形动兼类词进行计量统计的基础上,作了细致的分类分析,将不及物动词与形容词的兼类、及物动词与形容词的兼类区别开来是因为它们语义上存在差别,每个大类下面根据形式和语义的不同再分成小类,这样更有利于学生对形动兼类词的理解和运用。从功能成分的参数角度来解释形动兼类词则是借鉴了国外的分布形态学,解释更为充分,体现语言的共性和个性。另外,本书还从英语的词根与功能成分是绑在一起的,而汉语的词根与功能成分是分开的这一特征中发现了汉英形动兼类词的数量差异和分布差异。

第二节 汉语名源动词探究

一、引言

Clark and Clark(1979)首次提出了名源动词(denominal verb)这一术语,指的是由名词转化而成的动词。与名源动词相对,又产生了起源名词(parent noun/source noun)这一术语,指的是转化为动词的基础名词。Hale and Keyser(1993)、Kiparsky(1997)等分别从派生词的音系表现、句法、词汇主义的角度去研究名源动词,取得了丰硕的成果。而在国内语言学界,宋作艳(2013,2018)对名词动用的原因进行过探究。虽然中外均提出了诸如名词能否动用取决于名词特征义的起源等观点,但是究竟哪一类名词最容易形成名源动词,名词最容易形成哪一类名源动词,却缺乏统计数据的支持。这些问题没有得到解决,就不能实现"预测",就不足够科学。

如何判别名源动词,是一个难点。名词偶尔用作动词的叫作新颖

的(novel)或创新的(innovative)名源动词,名词形成固定动词义的叫作已经建立的(established)名源动词。而我们一般认同形成固定动词义的名词为名源动词,像"你今天摩拜了吗"中的"摩拜",我们一般认为它是名词在特殊环境下的活用,指"骑共享单车",而不能说"摩拜"成了名源动词(如果像"摩拜"这样的词都被认为是名源动词,那么名源动词可能数不胜数)。

如何筛选出典型的名源动词是一件很困难的事,幸运的是中国古汉语提供了一种方法,即观察名词动用后是否发生了变音,发生变音的名词就是形成了固定动词义的名源动词,这就是"异其音读,以示区别"。汉语词语的意义和用法是汉字的内容,字形和读音则是汉字的形式。内容通过一定的形式表现出来,内容是形式的决定因素。汉字的发展就是其内容和形式矛盾运动的结果。为适应不断发展的社会生活,汉字的形、音、义总是处于一个动态平衡的发展过程中。一个字的意义和用法发展了,而原有读音或字形不能承载过多的意义和用法,于是就产生新的读音或新的字形,造成汉字读音和形体的不断分化。

古书注解中为了区别一个字的相互联系的不同含义而改变文字读音的语音现象叫作"破读"。王力(1980)认为"破读"现象产生于中古,"中古汉语的形态表现在声调变化上面。同一个词,由于声调的不同,就具有不同的词汇意义和语法意义。主要是靠去声来和其他声调对立"。破读音的本质就是"变音别义""变音造词"。发生变音的词毕竟有限,而且古汉语单音节词语占优势,多是一字一词,而中国汉字至多不过数万,这就为充分统计提供了可能。罗涛(2013)探究了上古名源动词,采用Fillmore(1968)的格语法理论将上古名源动词进行分类,并一一举例分析,具有一定的借鉴意义。

说起变音,我们都知道汉语的语音是由声母、韵母、声调构成的,

汉语拼音有23个声母,24个韵母,阴平、阳平、上声、去声4个调类,起源名词语音的声、韵、调当中任何一个发生了变化都算作变音,也就形成了变音名源动词。

本书以《王力古汉语字典》为基础,结合《说文解字》等古籍,再参考甲骨文、金文等字体的字形,筛选变音名源动词。这里的变音名源动词都是本义为名词,变音后转化为动词的词语。当然,这些词语都是单音节的,也就是一字一词。

我们先将《王力古汉语字典》中的"多音字"找出来,这些多音字都是具有名词义和动词义的字。然后需要辨别这些多音字是先有名词义后有动词义,还是先有动词义后有名词义,这就不能靠语感了,语感是不准确的,更何况我们的语感是现代汉语的语感。

比如"传"这个字,"传(chuán)不习乎"(《论语·学而》)里的"传"是"传授"的意思,"六艺经传(zhuàn)皆通习之"(《师说》)里的"传"是"解经的文字"的意思,那么仅凭一般认知,很难知道"传"的本义是名词还是动词。据考证,"传"的甲骨文由"人"和表转动之义的"专"组成,表示由人进行的转换活动。《说文解字》记载:"传,遽也。"段玉裁注:"传,驿也。""传"是"以驿站传递文件"的意思,是动词,故而"传"不是名源动词。又比如"乘"这个字,"元戎十乘(shèng),以先启行"(《诗经·小雅·六月》)里的"乘"指的是"战车",是名词;而"二子乘(chéng)舟,泛泛其景"(《诗经·邶风·二子乘舟》)里的"乘"是"乘坐"的意思,是动词。那"乘"的本义究竟是名词还是动词呢?据考证,"乘"的甲骨文从人从木,表示人爬上树木,是动词。《说文解字》说:"乘,覆也。""覆盖",也是动词。所以"乘"的本义是动词,不是名源动词。再比如"空"字,按一般认知,它的本义是形容词,但是其金文表明"空"的本义是人工凿出的洞穴(后来写作"孔"),发音为"kǒng"。《说文解字》说:"空,窍也。"也就是俗语所谓的"孔",是名词。而"空"发音为"kòng"时则为动词,指使穷困或荡涤["空

乏其身"(《孟子》),"潭影空人心"(《题破山寺后禅院》)]。洞穴有中空的特征,使穷困或荡涤也有使空无的意思,二者有所联系,所以"空"是名源动词。经过层层筛选,最终得出 64 个变音名源动词。

二、古汉语中的变音名源动词

我们将这 64 个变音名源动词按照它们在《王力古汉语字典》中出现的顺序简单地罗列如下(语音及对应的意义见附录一)。

中(zhōng,zhòng),亢(gāng,kàng),傍(páng,bàng),冠(guān,guàn),削(qiào,xuē),创(chuāng,chuàng),勺(sháo,zhuó),卷(juàn,juǎn),咽(yān,yàn),嚼(zhòu,zhuó),圈(juàn,quān),坏(pī,péi),坫(diàn,zhēn),坟(fén,fèn),夭(ǎo,yāo),女(nǔ,nù),妃(fēi,pèi),妻(qī,qì),妪(yù,yǔ),屏(píng,bǐng),帆(fán,fàn),帖(tiè,tiē),帱(chóu,dào),度(dù,duó),恶(è,wù),扇(shàn,shān),文(wén,wèn),晃(huǎng,huàng),枕(zhěn,zhèn),乐(yuè,yào),泥(ní,nì),泡(pāo,pào),泊(pō,bó),汤(tāng,tàng),濆(fén,fèn),潦(lǎo,lào),澳(yù,ào),泞(nìng,nì),煴(yūn,yùn),掌(chèng,chēng),王(wáng,wàng),瓦(wǎ,wà),畜(chù,xù),瘥(cuó,chài),矜(qín,jīn),秤(chèng,chēng),种(zhǒng,zhòng),空(kǒng,kòng),背(bèi,bēi),臊(sāo,sào),荷(hé,hè),荫(yīn,yìn),衣(yī,yì),衿(jīn,jìn),被(bèi,pī),貌(mào,mò),足(zú,jù),道(dào,dǎo),钉(dīng,dìng),钻(zuàn,zuān),隘(ài,è),雨(yǔ,yù),鞯(jiān,jiàn),风(fēng,fèng)

这64个变音名源动词中,有的动词义和其起源名词的名词义紧密相连。比如"冠",名词义是"帽子"["庶见素冠(guān)兮"(《诗经·桧风·素冠》)],动词义是"戴帽子"["冠(guàn)者五六人,童子六七人"(《论语·先进》)]。而有的动词义和名词义相去甚远,甚至从表面上根本看不出关联。比如"矜",名词义是"矛柄"["矛,其柄谓之矜(qín)"(《方言》)],动词义是"怜悯,同情"["视彼骄人,矜(jīn)此劳人"(《诗经·小雅·巷伯》)]。在古代,矜是一种武器,形似矛,但无刃,不可杀伤,宫廷里用作仪仗,迎接国之贵宾。因为以仪仗相迎,是对来宾的珍视、器重,是一种怜爱的表现,所以形成了表示"怜悯,同情"义的名源动词"矜"。再如"荷"这个词,名词义是荷花["彼泽之陂,有蒲与荷(hé)"(《诗经·陈风·泽陂》)],动词义是"扛,担"["晨兴理荒秽,带月荷(hè)锄归"(《归园田居·其三》)],看似毫无关联,但是在古代,荷叶经常被用来包裹米饭、豆腐等食物,"荷"就渐渐有了"承载物件"的意思。

还有一些变音名源动词,本来和其起源名词是同一个汉字,但后来造了另外一个字来表示其动词义。比如"勺",名词义是"饮器"["夏后氏以龙勺(sháo),殷以疏勺,周以蒲勺"(《礼记·明堂位》)],动词义是"舀取"["勺(zhuó)椒浆,灵已醉"(《汉书·礼乐志·郊祀歌》)]。后来用"酌"表示"舀取之义",但是这并不能抹去"勺"是个名源动词的事实,只能说它演变得更彻底,不仅字音变了,字形也变了。另外,如"坏"这个词,和形容词"坏蛋"中的"坏"字形相同,但这是繁体字简化造成的,形容词"坏蛋"的"坏"原来写作"壞",和本义为"土丘"["坏(pī),丘再成者也"(《说文解字》)]的"坏"并无联系。本义为"土丘"的"坏"后来形成了动词义"用泥涂塞空隙"["修宫室,坏(péi)墙垣,补城郭"(《礼记·月令》)],故其也是名源动词。

三、古汉语变音名源动词的种类与物性

宋作艳(2018)讨论了物性角色与名源动词、名词类的对应关系。宋作艳结合 Clark and Clark(1979)基于论元角色的分类，将名源动词分为七类（放置动词、处所动词、工具动词、施事动词、受事动词、结果动词、持续动词）。宋作艳又结合亚里士多德的"四因说"，基于物性角色将名源动词分为五类（功用、施成、构成、形式、规约化属性）。

我们将古汉语中的 64 个变音名源动词代入宋作艳设计的表格，并且增加了百分比这一项，来给不同论元角色和物性角色的名源动词分级。

表 1

物性	名源动词类	释义	例词	名词类	百分比
功用	放置动词	用 NVO	坏、泥、瓦	人造类、自然类中的人体部件名词	4.69%
	处所动词	用 NVO	中、圈、坑、泊、潦、泞、荫		10.94%
	工具动词	用 NVO	削、勺、咽、嚼、妪、屏、帆、帖、輧、度、扇、泡、汤、澳、熅、掌、秤、背、荷、钉、钻		32.81%
	施事动词（部分）	像 N 一样 VO	亢、傍、创、卷、女、妃、妻、恶、文、晃、枕、乐、渍、王、瘗、羚、空、腺、衿、貌、足、道、隧、鞭、风		39.06%
	受事动词（部分）	VN	冠、夭、畜、种、衣、被		9.38%

(续表)

物性	名源动词类	释义	例词	名词类	百分比
施成	受事动词（部分）	N出现或制作N	雨	自然类（自然现象）与人造类	1.56%
构成	放置动词（反向）	使N脱离O		自然类:部件名词	0%
形式	结果动词	使O成N的形状	坟	形状凸显的名词	1.56%
规约化属性	持续动词	过N		人造类:节假日名词	0%
	施事动词（部分）	像N一样V		自然类:动物名词	0%

根据上表,基于论元角色的名源动词分级如下:

施事动词＞工具动词＞受事动词＝处所动词＞放置动词＞结果动词＞持续动词

其中,施事动词占39.06%,工具动词占32.81%,受事动词占10.94%,处所动词占10.94%,放置动词占4.69%,结果动词占1.56%,持续动词占0%。按照各类变音名源动词所占百分比,我们不妨将这七类变音名源动词分为四个梯队:第一梯队是施事动词、工具动词,第二梯队是受事动词、处所动词,第三梯队是放置动词、结果动词,第四梯队是持续动词。

施事、受事、工具等是语义概念。施事常作主语,而根据Fillmore(1968)提出的常规主语选择规则,在深层的语义成分转换为表层的主语时,工具的优先等级仅次于施事。因此我们不妨认为施事动词占据施加"功用凸显性"的主导位置,工具动词次之。

第一梯队占比高达71.87%。施事动词和工具动词正是"功用凸显"的名源动词。施事动词占据施加"功用凸显性"的主导位置。如

"乐","知者乐水,仁者乐山"(《论语·雍也》);"王","王此大邦,克顺克比"(《诗经·大雅·皇矣》);"风","吾不能以春风风人,吾不能以夏雨雨人"(《说苑·贵德》)。工具从其诞生之初就是为了使用,作为工具名词,它们的功用自然就十分凸显,动用后的工具动词依旧是"功用凸显"的。如"扇","左拥而右扇之,而天下怀其德"(《淮南子·人间训》);"背","恒从小奚奴,骑距驴,背一古破锦囊"(《李贺小传》);"钉","以棘针钉其心"(《晋书·文苑传》)。

第二梯队有21.88%的占比。受事动词相对于施事动词,处于施加"功用凸显性"的被动位置,"功用凸显性"自然也就减弱了。处所动词不像工具动词,它们的起源名词不是被人携带去开发另一件物品(主动移位),而是被人带来的物品所影响,处于被动移位的位置,其"功用凸显性"自然就减弱了。

第三梯队的放置动词和处所动词相似,但是我们注意到,处所动词可以将宾语表示的某一物体包围在其起源名词表示的物体之中,比如"鼻赤象,圈巨狿"(《文选·张衡·西京赋》),"巨狿"在"圈"里;"不汙车轮,不污手足"(《管子·地员》),"车轮"在"汙"里;"榆柳荫后檐,桃李罗堂前"(《归园田居·其一》),"后檐"在"荫"里。而放置动词将宾语表示的某一物体包围在其起源名词表示的物体之中的意味不强,二者更像是"相切"的关系,比如"修宫室,坏墙垣,补城郭"(《礼记·月令》),"坏"在"墙垣"的外围;"王以赤石脂泥壁"(《世说新语·汰侈》),"泥"在"壁"的外围;"榱橼楣栌瓦屋梁"(《急就篇》),"瓦"在"屋梁"的上边。所以,与处所动词相比,放置动词的"功用凸显性"也就减弱了。

第四梯队只有结果动词,仅占1.56%,仅一个"坟",它更像是个特例。"公祭之地,地坟"(《左传·僖公四年》),"地像坟一样高高隆起","坟"既不是施事,也不是受事,亦不是工具,动用后仅仅用到它自身的形状,功用性近乎没有,所以排位更次一步。古汉语变音名源动词无

持续动词,就不再论说。

基于物性角色的名源动词分级如下:

功用＞施成＝形式＞构成＝规约化属性

其中功用占96.88%,施成占1.56%,形式占1.56%,构成占0%,规约化属性占0%。功用占据绝大部分,施成和形式只占微量,构成和规约化属性不占比重。Kiparsky(1997)提出了与概念知识有关的用来解释名源动词产生的一般原则:如果一个动作以某一事物命名,它就包含这个事物的典型功用。绝大部分变音名源动词都是源于物性角色中的功用,是典型的变音名源动词。而基于施成、形式的微量变音名源动词也是可以理解的,这些特例(如"雨""坟")根据自身名词义的特点,使施成或形式占据主导地位,典型功用退居次席。Kiparsky说的是包含这个事物的典型功用,而不是说只包含,或者典型功用占据绝对主导地位。我们知道汉语形声字一边是声符,一边是义符,一般知道形声字的半边音就能知道整个字的读音,比如"材(cái)""消(xiāo)""城(chéng)"等,但是也有些形声字读半边音并不准确,比如"江(jiāng)""怡(yí)""凋(diāo)"等。这些非典型的形声字随着语义发展,产生了变音。而像"雨""坟"这些非典型功用的变音名源动词,可能也是语义发展的结果,使施成或形式占据主导地位。古汉语没有基于物性角色的构成或规约化属性的变音名源动词,就不作讨论。

四、古汉语变音名源动词的变音规律

"依汉语音节声、韵、调三要素,汉语音变构词可以分为变声构词、变韵构词、变调构词三种简单的类型。还有的音变构词涉及声、韵、调中两个以上音素的变化,这是更为复杂的类型。"(孙玉文,1997)吕维祺《音韵日月灯》(2002)归纳出变音构词的三种形式:变调构词、变声构词、变韵构词。其《音辨三》"形同而动静异音"分析了变音构词的几种形式,主要是通过声调的不同来区别词义,其他还有声母清浊的不同。因此我们不妨将这 64 个变音名源动词发生变音的部分进行统计,以探究其中是否有变音规律,规律又是什么。

表2

变音形式	例词	百分比
只变声母	畜	1.56%
只变韵母	乐、泞、貌、隘	6.25%
只变调类	中、冠、创、卷、咽、坟、女、妻、妪、帆、帖、扇、文、晃、枕、泥、泡、汤、渍、潦、煜、掌、王、瓦、秤、种、空、背、臊、荷、荫、衣、衿、道、钉、钻、雨、鞭、风	60.94%
只变声母、韵母	勺、恶、澳	4.69%
只变声母、调类	亢、傍、圈、夭、妃、屏、泊、矜、足	14.06%
只变韵母、调类	嚼、坏、度	4.69%
声韵调都变	削、坫、畴、瘫、被	7.81%

根据上表,可得到变音形式的分级如下:

只变调类＞只变声母、调类＞声韵调都变＞只变韵母＞只变声母、韵母＝只变韵母、调类＞只变声母

其中,只变调类占比超过 60%,而其他各项最高只占 14.06%,由此可见,古汉语变音名源动词趋向于利用只变调类这种微调的方式变音。

根据变音形式的分级,只变调类占比最大。汉语普通话有四个调

类：一声阴平(55)，二声阳平(35)，三声上声(214)，四声去声(51)。那么不妨将这些变音名源动词变音前后的声调进行统计，以探究其中是否有变音规律，规律又是什么。

表3

名词动用前声调	例词	百分比	名词动用后声调	例词	百分比
一声	中、亢、冠、创、咽、坏、妃、妻、泡、泊、汤、熜、臊、荫、衣、衿、钉、鞭、风	29.69%	一声	削、圈、坫、夭、帖、扇、掌、矜、秤、背、被、钻	18.75%
二声	傍、勺、坟、屏、帆、幠、文、泥、渍、王、瘴、矜、荷、足	21.88%	二声	勺、嚼、坏、度、泊	7.81%
三声	夭、女、晃、枕、潦、瓦、种、空、雨	14.06%	三声	卷、妪、屏、道	6.25%
四声	削、卷、嚼、圈、坫、妪、帖、度、恶、扇、乐、澳、泞、掌、畜、秤、背、被、貌、道、钻、隘	34.38%	四声	中、亢、傍、冠、创、咽、坟、女、妃、妻、帆、幠、文、晃、枕、泥、泡、汤、渍、潦、熜、王、瓦、瘴、种、空、臊、荷、荫、衣、衿、足、钉、雨、鞭、风	56.25%

根据上表,可以得到名词动用前声调的分级如下:

四声＞一声＞二声＞三声

名词动用后声调的分级如下:

四声＞一声＞二声＞三声

我们注意到一个很有意思的现象,那就是名词动用前声调的分级和名词动用后声调的分级是一样的。难道没有发生声调的变化?答案是否定的。变音后四个调类的百分比都发生了变化,四声的占比由34.38%增加到了56.25%,一、二、三声的占比则都下降了。我们观察表格发现,声调为一、二、三声的大部分起源名词成为名源动词后声调变为四声,声调为四声的大部分起源名词成为名源动词后声调变为一、二、三声。

声调为一、二、三声的起源名词有"中、亢、冠、创、咽、坏、妃、妻、泡、泊、汤、煜、臊、荫、衣、衿、钉、鞭、风、傍、勺、坟、屏、帆、帱、文、泥、渍、王、瘥、矜、荷、足、夭、女、晃、枕、潦、瓦、种、空、雨",成为名源动词后声调变为四声的有"中、亢、傍、冠、创、咽、坟、女、妃、妻、帆、帱、文、晃、枕、泥、泡、汤、渍、潦、煜、王、瓦、瘥、种、空、臊、荷、荫、衣、衿、足、钉、雨、鞭、风"。特例有"坏、泊、勺、屏、矜、夭"。"坏"本音是 pī,变音后是 péi,变了韵母。"泊"本音是 pō,变音后是 bó,变了声母。"勺"本音是 sháo,变音后是 zhuó,变了声母和韵母。"屏"本音是 píng,变音后是 bǐng,变了声母。"矜"本音是 qín,变音后是 jīn,变了声母。"夭"本音是 ǎo,变音后是 yāo,变了声母。这 6 个词虽然没有变为四声,但是都改变了声母或韵母,或者同时改变了声母、韵母。

声调为四声的起源名词有"削、卷、嚼、圈、坫、妪、帖、度、恶、扇、乐、澳、泞、掌、秤、背、被、貌、道、钻、隘",成为名源动词后声调变为一、二、三声的有"削、卷、嚼、圈、坫、妪、帖、度、扇、掌、秤、背、被、道、钻"。特例有"恶、乐、澳、泞、畜、貌、隘"。"恶"本音是è,变音后是wù,变了声母和韵母。"乐"本音是yuè,变音后是yào,变了韵母。"澳"本音是yù,变音后是ào,变了声母和韵母。"泞"本音是nìng,变音后是nì,变了韵母。"畜"本音是chù,变音后是xù,变了声母。"貌"本音是mào,变音后是mò,变了韵母。"隘"本音是ài,变音后是è,变了韵母。

因此可以得出结论,本音为一、二、三声的起源名词,成为名源动词后声调多变为四声;没有变为四声的名源动词则是因为发生了更大的变化,或声母发生了变化,或韵母发生了变化,或声母、韵母都发生了变化。本音为四声的起源名词,因为本音已经是四声,所以只能向一、二、三声转变,而一些仍为四声的名源动词,则改变了声母或韵母,或者同时改变了声母、韵母。变音名源动词趋向于利用变为四声这种微调方式变音。

五、语言类型学下的变音构词

"以语言类型学的旁证也可证明变调构词是汉语口语的反映。有轻重音对立或长短音对立的语言会用轻重音或长短音来构词;有声调的单音词占优势的语言会用声调转换来构词。"(孙玉文,1997)

无独有偶,英语中也有兼作名词和动词的单词,其中有一小部分也发生了变音现象。英语和汉语不同,不用声调辨音,而用轻重音、长短音;很少改变辅音或元音,多是重音的移位和元音音素向发音中舌位跨度相距不远的音素变化(如"ə"变为"ɔ","i"变为"e",等等)。

现在将从英语字典中收集到的30个兼作名词和动词且发生变音

的单词按照重音是否发生移位分类如下。

表4

变音方式		单词	百分比
重音	发生移位	abstract、attribute、concrete、conduct、content、contract、convict、decrease、desert、escort、export、extract、import、increase、insult、object、present、project、record、refund、resume、subject、survey、tear、transport	83.33%
	未发生移位	house、lead、live、use、wind	16.67%

根据上表,这30个英语单词中,重音发生移位的单词一共有25个,占比为83.33%;重音未发生移位的单词有5个,占比为16.67%,分别为house、lead、live、use、wind,它们因为没有明显的重音,没有发生重音移位的现象,只是改变了细微的辅音或元音的发音。

我们再将这30个英语单词的变音方式按照元音、辅音的变化分类如下。

表5

元音、辅音的变化	单词	百分比
只变元音(包括音长)	abstract、attribute、concrete、conduct、content、contract、convict、decrease、desert、escort、export、extract、lead、live、object、present、project、record、refund、resume、subject、survey、tear、wind	80.0%
只变辅音	house、use	6.67%
元音、辅音都变化		0%
元音、辅音都无变化	import、increase、insult、transport	13.33%

根据上表,这30个英语单词中,只变元音的有24个,占80.0%;只变辅音的有2个,占6.67%;元音、辅音都无变化的有4个,占

13.33%；元音、辅音都变化的一个也没有。

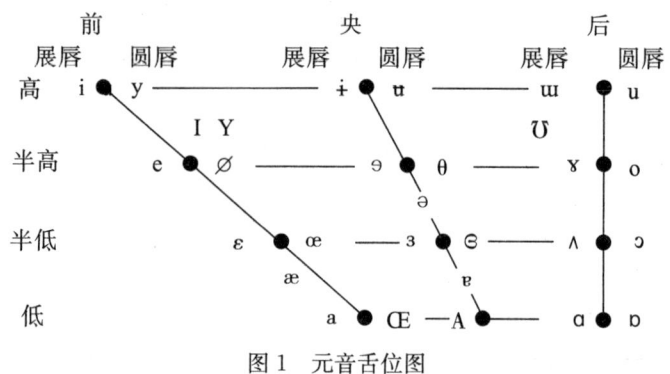

图 1　元音舌位图

观察元音舌位图和元音发生变化的英语单词的音标，我们发现，这些英语单词元音舌位变化的跨度都不大，没有从一个最高（或最低）端点到另一个最低（或最高）端点的大范围舌位变化（如"i"变成"u"，"i"变成"a"），元音的变化趋向于利用音素向发音中舌位跨度相距不远的音素变化这种微调方式。

从表4、表5来看，变音强度最大的元音、辅音都改变的单词一个也没有，变音强度较大的辅音改变的单词也仅有2个，绝大部分单词的变音趋向于重音的移位和元音音素向发音中舌位跨度相距不远的音素变化，这两种方式都是发音较为省力的方式，都属于微调。古汉语变音名源动词趋向于变为四声也是遵循经济省力原则的结果。

六、分布式形态学下的古汉语变音名源动词

分布式形态学（Distributed Morphology，简称 DM）是 20 世纪 90 年代初期出现的一个语言学理论框架，其诞生的时间与最简方案基本相同。DM 主张"单引擎论"，即无论词还是短语，其组合都仅由句法机制完成。DM 提出句法决定词类假说，认为词根没有词类特征，其

词类由"定类语素"(category-assigning morpheme)赋予,或者由其句法结构位置决定。定类语素属于功能成分,可能是粘着性词缀,也可能无显性语音实现(程工,2016)。DM中的"高/低附着假说"(high/low attachment hypothesis)是结构途径构词的一种,指把一些形态形式(比如词缀),特别是意义或功能多样的形式处理成核心,放置在句子结构的不同位置上,以此推导出其特性的方法。英语过去分词可以划分为三类:一是动词性(及物动词),表示事件,多用于被动式中,轻动词所携带的特征是施事;二是形容词性(不及物动词),表示结果,可作定语,轻动词所携带的特征是变化;三是形容词性,表示状态,可作结果性次谓语,轻动词所携带的特征是状态(Embick,2004)。

下面我们根据DM的理论与假说对古汉语变音名源动词进行具体分析。从分类上来看,古汉语变音名源动词可以分为及物动词、不及物动词、及物动词和不及物动词的兼类这三种。我们按照及物性将上文中的64个古汉语名源动词进行分类。

表6

及物性	例词	百分比
及物	中、亢、傍、削、创、勺、卷、咽、嚼、圈、坏、妃、妻、姪、屏、帖、辑、度、恶、扇、文、枕、乐、泥、泡、汤、澳、煴、掌、瓦、畜、矜、秤、种、空、背、荷、荫、被、貌、足、道、钉、钻、隘、鞭	71.88%
不及物	坫、坟、夭、女、帆、晃、溃、潦、瘥、臊	15.63%
兼具及物和不及物	冠、泊、汙、王、衣、衿、雨、风	12.50%

根据上表,及物动词占比最多,为71.88%;不及物动词次之,为15.63%;及物动词和不及物动词的兼类占比最少,为12.50%。关于古汉语变音名源动词,我们根据分类各举一例进行说明。

1. 及物动词"枕"

(1)身不安枕席,口不甘厚味。(《吕氏春秋·顺民》)

　　枕:名词,枕头。

(2)曲肱而枕之。(《论语·述而》)

　　枕:及物动词,以头枕物。

2. 不及物动词"坟"

(3)登大坟以远望兮,聊以舒吾忧心。(《楚辞·九章·哀郢》)

　　坟:名词,高的堤岸。

(4)公祭之地,地坟。(《左传·僖公四年》)

　　坟:及物动词,高起。

3. 及物动词和不及物动词的兼类"雨"

(5)芃芃黍苗,阴雨膏之。(《诗经·小雅·黍苗》)

　　雨:名词,从云层降落到地面的水。

(6)今我来思,雨雪霏霏。(《诗经·小雅·采薇》)

　　雨:及物动词,下(雨、雪)。

(7)天雨墙坏。(《韩非子·说难》)

　　雨:不及物动词,下雨。

根据句法决定词类假说,可以得到从起源名词"枕""坟""雨"转换到名源动词"枕""坟""雨"的句法结构图如下。

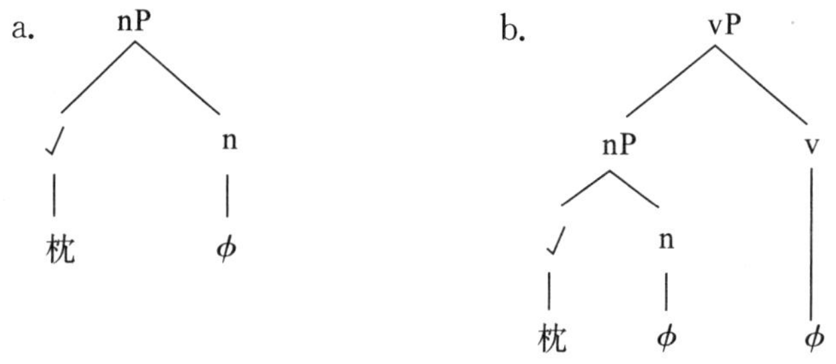

图 2

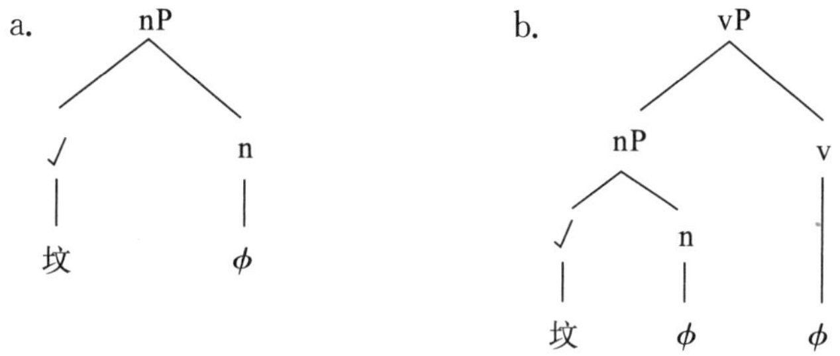

图 3

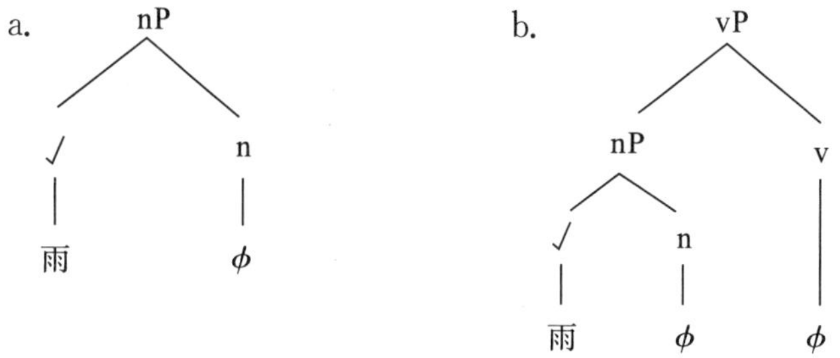

图 4

名源动词"枕""坟""雨"都是先由词根"√枕""√坟""√雨"与定类语素 n 合并成名词,再合并定类语素 v 而形成的。

功能成分的参数理论认为,功能成分在名、动、形词类划分方面起重要作用,不同语言的词汇性词类数目存在差异(沈家煊,2009)。功能成分(包括轻动词、词缀、虚词)的作用也存在语言参数的差异。有的语言中功能成分与词根是绑在一起的,比如英语;有的语言中功能成分与词根是分开的,比如汉语。汉语动词作谓语通常可以带功能成分"着""了""过",比如"我吃着(了、过)饭"。但是古汉语里并不使用功能成分"着""了""过",这不是说古汉语里一定不体现功能成分"着""了""过",只是"着""了""过"的功能是隐性实现的,即这些功能成分在 D 结构里存在,在 S 结构里未出现。

根据"高/低附着假说",可以得到名源动词"枕""坟""雨"的句法结构图如下。

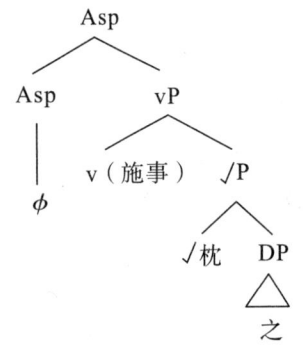

图 5　枕之(事件式)

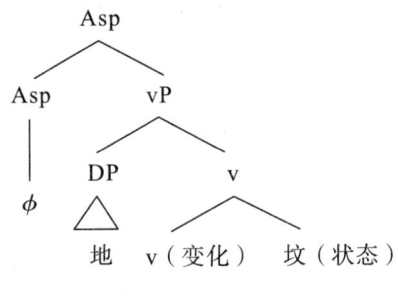

图 6　地坟(结果式)

a. 雨雪(事件式)　　　　　　b. 天雨(结果式)

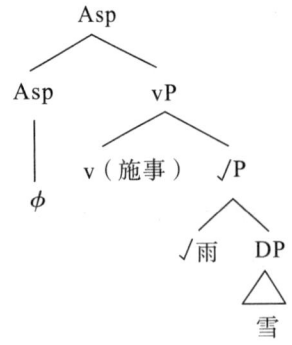

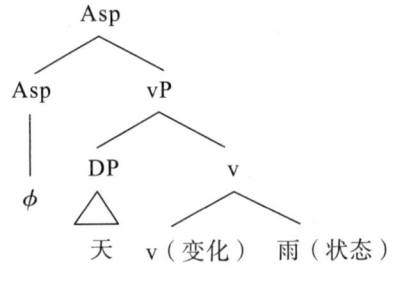

图 7

图 5、图 7a"事件式"中有动词性并与事件关联,是因为功能成分

(Asp)作为核心附着于轻动词(v)之上,而轻动词(v)携带施事特征。图6、图7b"结果式"中动词性比"事件式"弱,这是因为功能成分(Asp)的位置居于轻动词(v)之上,但轻动词(v)携带的特征是变化,而非施事,其补足语是状态。

七、本节结语

本节以64个古汉语变音名源动词为例,探讨了它们基于物性角色和论元角色的分级。基于物性角色,功用角色占据主导位置,占比高达96.88%;基于论元角色,施事动词和工具动词占据主导位置,占比达71.87%。而这些变音名源动词语音的改变,趋向于声调的微调,并进一步趋向于变为四声的更细微的调整,其次才是改变声母、韵母。英语中兼具名词和动词义的单词,有一小部分也发生了变音现象,变音方式很少是改变辅音或元音,多是重音的移位和元音音素向发音中舌位跨度相距不远的音素变化,亦趋向于微调。根据分布式形态学,古汉语变音名源动词都是先由词根与定类语素n合并成名词,再合并定类语素v而形成的。及物动词在谓语位置上带有施事特征,表示事件;不及物动词在谓语位置上带有变化特征,表示结果。

第三节 汉语多位数词特点研究及应用

一、引言

汉语数词及相关应用的研究范围十分广泛,前人较为重视研究数词文化的中外差异及汉外互译,如滕梅(2003)、刘法公(2004)、陈绂

(2009)、常敬宇(2009)等。朱德熙(1958,1982)对汉语数词结构和数词特点作了开创性的研究。本节尝试在前人基础上进一步研究汉语多位数词特点,并运用系统性原则对相关特点做出解释。

二、汉语数词与其他语言数词的对比

沈家煊(2012)说:"一种语言的特点必须通过跟其他语言的比较才能看出来,这是毋庸置疑的。我们在讲汉语的特点的时候,往往是通过跟印欧语,特别是英语的对比。"所以我们首先来对比汉语和英语中数词的特点。汉语中的数词和英语中的数词有很多不同,主要表现在以下几点。

第一,汉语和英语数词结构的分级不同。汉语数词采用四位分级制,从个位起,每四个数位为一级。个位、十位、百位、千位是个级,表示的是多少个一;万位、十万位、百万位、千万位是万级,表示多少个万;亿位、十亿位、百亿位、千亿位是亿级,表示多少个亿。英语采用的是三位分级法,从个位起,每三个数为一级,并且用逗号隔开,逗号从右到左依次表示 thousand(1000)、million(1000000)、billion(1000000000)、trillion(1000000000000)。比如数词"6087900680"在汉语中可以表示为"60/8790/0680",个级是"680",万级是"8790",亿级是"60";在英语中则可以表示为"687,900,680",个级是"680",thousand 级是"900",million 级是"687"。

读数时分级的不同,导致了不同语言计数方法的差异。具体来说,汉语中数词的计数单位是"个、十、百、千、万、亿",这些单位都是"十"的倍数。朱德熙(1982)说"十、百、千、万、亿"是位数词,即计数单位,并且他还认为应该把"两万万"分析为"两/万万"而不是"两万/万",因为一旦分析为第二种"两万/万",那么在"两万万二千万"里,

"两万万"和"二千万"的位数都是"万",这显然是不合理的。所以朱德熙认为"万万"应该算位数,也是汉语数词的计数单位。而在英语的数词表达中,数词十对应的是 ten,百对应的是 hundred,千对应的是 thousand。万则以千的倍数来表示,在英语中对应的是"十个千",即 ten thousand;十万也以千的倍数来表示,在英语中对应的是"一百个千",即 one hundred thousand。百万对应的是 million;千万用百万的倍数来表示,在英语中对应的是"十个百万",即 ten million;亿(万万)也用百万的倍数来表示,在英语中对应的是"一百个百万",即 one hundred million。十亿和万亿(兆,详见下文讨论)则分别有专门的单词来表示,即 billion 和 trillion。由此可见,在英语中找不到可以和汉语中的"万""亿"直接对应的单词;汉语也没有与 million、billion、trillion 对应的语素。用库藏类型学的术语来说,"万""亿"是汉语的库藏,million、billion、trillion 是英语的库藏,两者并不对应(刘丹青,2011,2014)。

第二,汉语和英语数词结构中"0"是否读出存在差异。朱德熙(1982)说系位构造是由系数和位数两部分组成的复合数词,两部分之间是相乘的关系。几个系位构造按照位数由大到小的顺序排列造成的数词结构叫作系位组合。朱先生特别指出,两个不连续的系位构造组合时,当中要补一个"零",例如"一千零八""五万零三百零三"。我们以数词"1808000"为例来说明。如果我们看"万"和"千",那么1808000 就是由两个连续的系位构造组成的,中间不需要补"零",即读作"一百八十万八千";如果看"百万""十万""万""千",那么 1808000 就是由两个不连续的系位构造组成的,就要补"零",即读作"一百八十万零八千"。但是上文已经提到,朱德熙所认为的计数单位即位数词只有"十""百""千""万""万万(亿)",不含"十万""百万""千万",所以 1808000 就是由两个连续的系位构造组成的,中间不需要补"零",读作

"一百八十万八千"。

除此之外,国内各版本的小学数学教材中对多位数读法的规定基本一致。如人民教育出版社《义务教育教科书·数学》(四年级·上册)中指出,计数单位按照一定顺序排列起来,它们所占的位置叫作"数位",分别是个位、十位、百位、千位、万位、十万位、百万位、千万位、亿位……按照我国的计数习惯,从右边起,每四个数位是一级,称为"数级",个位、十位、百位、千位为个级,万位、十万位、百万位、千万位为万级,亿位、十亿位、百亿位、千亿位为亿级。含有两级的数先读个级,再读万级;万级的数,要按照个级的数的读法来读,再在后面加上一个"万"字;每级末尾不管有几个 0,都不读,其他数位上有一个 0 或连续几个 0,都读一个 0。又如《小学生学习实用词典》(数学)中规定了万以上数的读法:先从右往左,每四位分为一级,再从高位起一级一级往下读;读亿级或万级的数,先按照个级数的读法读,再在后面加上一个"亿"或"万"字;每级末尾不管有几个 0,都不读,其他数位有一个 0 或连续几个 0,都只读一个 0。但是,也有些图书里面多位数的读法稍有差异。比如在《锻炼学生创造力的智力游戏策划与项目》这本书里有这样一段话:"唐僧又写出:130567。孙悟空马上说:'这太容易了,读作十三万零千五百六十七。'唐僧又摇了摇头,说:'遇到 0,要特别注意,当一串数中间有 0 时,只要读零就可以了,它后面的数位不要读出来。所以这个数应该读作十三万零五百六十七。'"也就是说,这些书里并没有提到"分级"这个概念,只要是数词中的"0",不管有几个,都要读出一个。但总的来说,汉语数词中间的"0"是要读出一个的,每一级末尾的"0"是不需要读出来的。那么英语数词中间的"0"如何表达呢?我们根据搜集的相关资料作了一番考察。

英语中数词的读法与汉语有很大区别。章振邦(2013)对数词的读法作了详细的说明并且给出了例子,我们主要来看下列例子:

230,000,032　　two hundred and thirty million and thirty-two

689,000,001　　six hundred and eighty-nine million and one

111,654,400　　one hundred and eleven million six hundred and fifty-four thousand and four hundred

8,000,000,000　eight thousand million/eight billion

从例子中可以看出,英语中不管是数词中间的"0"或者是数词末尾的"0"都不用读出来,这与汉语确实有很大不同,汉语数词某些位置的"0"必须读出来。

第三,汉语和英语数词结构中位数是否省略存在差异。在汉语中,位数是否省略有以下几种情况:(1)数词个位上的单位"个"可以省略,如"三万零八";(2)两个连续的系位构造组合时,靠后的系数位数可以省略不读,如"三万八千"可以读为"三万八";(3)两个不连续的系位构造组合时,靠后的系数单位(位数)不可以省略,如"三万零八百"不能读为"﹡三万零八"。朱德熙(1982)特别指出,连续的系位构造的末一项的位数可以略去不说,例如"五百二(十)""一万三千六(百)"。

这与英语有很大区别,仍用上述例子来说明:

230,000,032　　two hundred and thirty million and thirty-two

689,000,001　　six hundred and eighty-nine million and one

分析例子可以发现,英语数词的位数跟汉语相比,除了没有个位上的单位"个"之外,还有一个重要不同,即英语中只要是存在的位数都要读出来,无论是否出现在末尾。

综上所述,汉语中的数词与英语中的数词主要有三点不同:数词分级不同、是否读"0"存在差异、是否省略位数存在差异。这三个特点是相关的,体现出语言的系统性:由于汉语允许某些位置读"0",所以允许省略位数;由于允许省略位数,所以允许某些位置读"0";哪些位置读"0",是由汉语数词四位分级的特点决定的。

这样,我们可以把汉语数词和英语数词的差异用下面的方式表示:

```
60  /  8709  /  0680
 ↓       ↓
 亿      万
```

读作:六十亿八千七百零九万零六百八。

```
6 , 087 , 090 , 680
↓    ↓      ↓
billion million thousand
```

读作:six billion eighty-seven million ninety thousand six hundred and eighty。

我们还把汉语数词和韩语、日语数词作了对比。韩语读法如下:

38000: 삼 만 팔 천

```
         sam man pal cheon
          三   万   八   千
         三万八千
30008：삼  만  팔
         sam man pal
          三   万   八
         三万零八
```

日语读法如下：

```
38000：さんまんはっせん
         san  man  ha  sei
          三   万   八   千
         三万八千
30008：さんまんはち
         san   man  haqi
          三    万    八
         三万零八
```

经过比较发现,韩语、日语中也存在"万"这个计数单位,但与汉语有很大区别:第一,韩语、日语的数词中所有的"0"都不会读出来;第二,在位数的省略方面,韩语、日语中除了个位上的单位"个"可以省略之外,其余位数都不可以省略。而汉语某些位置需要读"0",同时存在位数省略规则。

除此之外,本书还对其他语言数词的读法做了一些调查,发现除了英语之外,西班牙语、俄语和蒙古语的数词里都是没有"万"这个单

位的。

西班牙语读法如下：

38000： treinta　　y　　　ocho　mil
　　　　delanda　yi　　　o qiao　mi
　　　　三十　　连接词　　八　　千
　　　　三万八千

30008： treinta mil　ocho
　　　　delandami　o qiao
　　　　三十千　　　八
　　　　三万零八

俄语读法如下：

38000： тридцать восемь тысяч
　　　　tritzad　　vosem　tisach
　　　　三十　　　八　　　千
　　　　三万八千

38000： тридцать тысяч восемь
　　　　tritzad　　tisach　vosem
　　　　三十　　　千　　　八
　　　　三万零八

蒙古语读法如下：

38000： Гучин　найман　мянга

224

  guchin naiman mynga
  三十 八 千
  三万八千

38000：Гучин мянга найм
  guchin mynga naim
  三十 千 八
  三万零八

  调查发现，韩语、日语、西班牙语、俄语、蒙古语的数词和英语的数词是一样的，不会读出数字中间的"0"，并且不会像汉语一样省略最末尾的位数，比如在韩语和日语的数词中，"三万八"和"三万八千"是不一样的。

三、汉语位数"兆"

  汉语数词中还有一个独特的位数"兆"。《现代汉语词典》(第7版)将数词"兆"解释为："①一百万。②古代指一万亿。"本书认为现代汉语里的数词"兆"应指"一万亿"。

  在汉语典籍中，大数有三种进位体系，以下是汉代徐岳《数术记遗》中的记载：

    黄帝为法，数有十等。及其用也，乃有三焉。十等者，谓"亿、兆、京、垓、秭、壤、沟、涧、正、载"。三等者，谓"上、中、下"也。其下数者，十十变之。若言十万曰亿，十亿曰兆，十兆曰京也。中数者，万万变之。若言万万曰亿，万万亿曰兆，万万兆曰京也。上数者，数穷则变。若言万万曰亿，亿亿曰兆，兆兆曰京也。

这段话是说大数有三种进位体系。

第一种,十进制(下数),十万等于一亿,十亿等于一兆,即"十万曰亿,十亿曰兆,十兆曰京"。

第二种,万进制(中数),一万万等于一亿,一万亿等于一兆,即"万万曰亿,万万亿曰兆,万万兆曰京",根据《汉语大字典》《辞源》《故训汇纂》,应该表述为"万万曰亿,万亿曰兆,万兆曰京"。

第三种,自乘进制(上数),一万万等于一亿,一亿亿等于一兆,即"万万曰亿,亿亿曰兆,兆兆曰京"。

据此记载,"兆"有三种确数解读。

第一种,百万:十万为亿(非现代汉语中一般使用的"亿",指100000,即10^5),十亿(百万,1000000,即10^6)为兆。多部辞书都是这么解释"兆"的。《新华字典》(第11版):数目名,百万。《现代汉语词典》(第7版):一百万。《王力古汉语字典》:十万为亿,十亿为兆。《辞海》:百万为兆。《辞源》:今以一百万为兆。《汉语大字典》:今以一百万为兆。《汉语大词典》:近代多以百万为兆。

第二种,万亿:万万为亿,万亿(1000000000000,即10^{12})为兆。《新华字典》(第11版)、《现代汉语词典》(第7版)和《辞海》都称这是古代或旧时用法。《新华字典》(第11版):古代指万亿。《现代汉语词典》(第7版):古代指一万亿。《辞海》:旧亦以万万为亿,万亿为兆。

第三种,万万亿:万万曰亿,亿亿(万万亿,10000000000000000,即10^{16})曰兆。除了《汉语大字典》《辞源》记载了"兆"的三种解读体系,目前没有发现单独注释这一义项的辞书。

除了确数,"兆"还常用为概数,极言众多。《辞海》解释"兆民"为"众百姓",引《书·五子之歌》"予临兆民,懔乎若朽索之驭六马"。孔传:"十万曰亿,十亿曰兆。言多。"《汉语大字典》引《楚辞·九章·惜诵》"专惟君而无他兮,又众兆之所雠"。《汉语大词典》引《墨子》"人民之众兆亿"。张谊生(1996)认为:"从语言的实际使用情况看,古代汉语的'兆'只是一个表示众多的概数。"唐钰明(1996)认为"在西汉之前的语料中,'亿'字通常用为虚数,泛指众多",如果"亿"可以用为概数,"兆"应该也可以用为概数。

"兆"表示亿亿(10^{16}),跟"亿"表示万万相应,体现自乘进制,也是一种系统,但实际语言和辞书中都没有用例;"兆"用为概数应该是可信的。这两点都无须讨论。现代汉语中"兆"既表百万又表万亿,这不合理。规范的原则必须既尊重语言特点,又尊重语言共性。语言共性体现为语言系统性,英语中 thousand(1000)、million(1000000)、billion(1000000000)、trillion(1000000000000)采用三位分级法,是一个系统;汉语中"万""亿""兆"四位分级制也是一个系统。不同系统体现不同语言的差异。

根据语言系统性,现代汉语中"兆"应该是指万亿,而不应该指百万,主要依据有以下三点。

第一,大部分中国人都有"兆"比"亿"大的语感,参看刘艳(2013)的调查结果。

第二,据唐钰明(1996)考证,在东汉魏晋的 19 种文献中,"亿"表确数时全部表示"万万"的意思。现代汉语中"亿"也是"万万"的意思。

第三,现代汉语采用四位分级制,即《数术记遗》里"中数"的万进制。既然现代汉语"万万"为"亿","兆"必然是万亿。《数术记遗》"中数""兆"表万亿的用法在日本、新加坡、韩国的语言中得到继承。

如果万万为"亿",而百万为"兆",这不符合大部分中国人"兆"比"亿"大的语感,更重要的是打破了汉语大数的分级系统。为什么"兆"会出现"百万"这种意义?张谊生(1996)指出今义中"兆"解释为"百万"是受了西方数词的影响,因为英语数词中有 million,但是汉语中没有直接对应的数词,所以为了方便翻译,就将"兆"译为"百万"。如何

解决这一问题呢？刘群（2013）建议另外定义一个表示"百万"含义的词头"mega-"，翻译成"迈"。这应该是可行的。

"兆"表示百万，在古代也是可能的，前提是"亿"表示"十万"，而不是"万万"。唐钰明（1996）普查先秦汉晋文献得出结论："亿"在西汉之前表"十万"，东汉之后表"万万"。该观点得到古人注疏的支持。如《国语·楚语下》曰："官有十丑，为亿丑。"韦昭注："十万曰亿，古数也。今人乃以万万为亿。"又如，《国语·越语上》曰："今夫差衣水犀之甲者亿有三千，不患其志行之少耻也，而患其众之不足也。"这个例子中的"亿"只可能是"十万"，不可能是"万万"。

如果"亿"是"十万"，则"兆"有可能是"百万"，即《数术记遗》中的"下数"，执行万进制。事实上，古人也有将"兆"解释为"百万"的，如《楚辞·九章·惜诵》"又众兆之所雠"，王逸注："百万为兆。"不仅如此，古人把"兆"注为"十亿"，也是指"百万"，因为他们理解的"亿"是"十万"，如《书·五子之歌》"予临兆民"，孔传："十万曰亿，十亿曰兆。"严复等用"兆"翻译 million，将"兆"解释为"百万"，就是以这些为依据的，但前提是"亿"为"十万"。现代汉语中"亿"为"万万"，"兆"应该表示"万亿"。

四、优选论与汉语中含"0"多位数的不同读法

上文已经粗略提到了汉语中大数词读法的相关规则，但是我们在研究过程中发现了一个奇怪的现象，即便都是中国人，且受过相似的中国式教育，可是关于汉语含"0"大数词的读法仍存在差异，比如上文的例子"1808000"，一部分人读作"一百八十万八千"，但是也有相当一部分人读作"一百八十万零八千"。为了解这种差异是否明显，我们对59名在校学生进行了问卷调查，问卷内容如下：

汉语含"0"多位数读法调查

选择题(可多选)

1. 18000 读作(　　　)

　A. 一万八千　　　　　B. 一万八

2. 10800 读作(　　　)

　A. 一万八百　　　　　B. 一万零八百

3. 108000 读作(　　　)

　A. 十万八千　　　　　B. 十万零八千

4. 1008000 读作(　　　)

　A. 一百万八千　　　　B. 一百万零八千

5. 10008000 读作(　　　)

　A. 一千万八千　　　　B. 一千万零八千

本次问卷调查包含 59 名有效被试,由安徽大学的 39 名研究生和 20 名本科生组成。第 1 题的统计结果显示 59 名被试都既选择 A 又选择 B。这说明以汉语为母语的人对"两个连续的系位构造组合时,靠后的系数单位(位数)可以省略不读"这一规则比较了解。第 2 题的统计结果显示选 A 的有 1 人,选 B 的有 58 人。几乎所有被试都认为"10800"中"0"要读出,而唯一一名被试选择 A,经事后访谈证实为误填。第 3 题的统计结果显示选择 A 的人数为 27,选择 B 的人数为 32,拟合优度检验 X^2 的统计量为 0.424,差异不显著。根据卡方检验的理论,可以得到结论:选择 A 的人数和选择 B 的人数比较接近。第 4 题选择 A 的人数为 17,选择 B 的人数为 39;第 5 题选择 A 的人数为 20,选择 B 的人数为 53。统计结果同样显示存在不一致,只是选 B 的频次略有增加。这是什么原因呢?访谈发现实际上有两个规则在起作用:汉语数词四位一级,每级末尾不管有几个"0"都不读,其他数位有一个"0"或连续几个"0"都只读一个"0",我们把它命名为"规则一";不管分级,一个数词中间只要有"0"就要读出来,我们把它命名为"规则二"。

我们认为汉语数词的两个规则存在一种"优选"的过程,需要用"优选论"(Optimality Theory)来解释说明。

优选论是 20 世纪 90 年代出现的一种新的音系学理论。最初系统地提出这一理论的是 McCarthy and Prince(1993)。之后优选论被大量运用于生成句法学。Grimshaw(1997)把优选论的核心归纳为四点:(1)制约条件是普遍的(universal)。(2)制约条件可以违反。(3)不同语法是制约条件不同排列的结果。(4)优选项是合句法的,其他的都是不合句法的。

根据 McCarthy and Prince(1993)的假设,衍生模也就是生成装置(generator,简称 Gen.)是普遍语法的组成部分,固定在每一种语言里,它的作用是为特定的输入项(input)制造在数量上无限的表层表达形式,优选论把它们称为候选项集合(set of candidates),所有的候选项必须经过制约条件层级体系的评估(evaluation)和选择(selection),看哪一个候选项能够最大限度地满足制约条件体系的要求和限制。经过评估,最大限度地满足制约条件的候选项就被确定为优选项(optimal candidate, optimal output, optimal form),也就是符合语法的那一项被输出。所以,制约条件和制约条件的层级排列是优选论的核心概念。

根据优选论的假设,制约条件在不同的语言中有不同的排列模式。没有明确规定层级之分的制约条件在同一种语言的不同使用者的语感中也存在不同的排列模式。熊仲儒(2004b)在研究汉语主语选择时曾经指出:"母语说话者的语感差异是客观存在的,就像不同的语

言之间可以存在差异一样。"

为何在同是中国人又接受过相似的义务教育的前提下,对汉语多位数的读法还是会有差异?我们认为可以在优选论的理论框架下对这一现象进行解释。我们仍然以1808000为例来说明。上文我们已经描述过规则一和规则二,现在我们就将规则一与规则二看作两个制约条件,将其放入评选模中,表1、表2反映了两种结果。表中的符号是借鉴国外已经发表的相关优选论的论文里的符号,"*"表示对规则的违反,"☞"表示优选项。

表1 将规则一排列在规则二之上的使用者

	规则一	规则二
☞一百八十万八千		*
一百八十万零八千	*	

表1中,使用者认为规则一高于规则二,所以对规则一的违反比对规则二的违反更加致命,即认为分级更重要,从而得出优选项"一百八十万八千"。

表2 将规则二排列在规则一之上的使用者

	规则二	规则一
一百八十万八千	*	
☞一百八十万零八千		*

表2中,使用者认为规则二高于规则一,所以对规则二的违反比对规则一的违反更加致命,即认为读"0"更重要,从而得出优选项"一百八十万零八千"。

在汉语多位数的读法中,规则一和规则二一直以来都存在着很激烈的竞争。在义务教育阶段老师授课方式的不同,以及生活中与多位

数接触频率的不同,导致了不同使用者的语感有所区别,最终决定了多位数不同的读法。

五、相关应用

汉语数词的相关规范、中小学教育、对外汉语教学、辞书编写等方面应该反映汉语数词特点。

国家标准《出版物上数字用法的规定》(1996年6月)指出:"非科技出版物中的数值一般可以'万''亿'作单位。示例:三亿四千五百万可写成34500万或3.45亿。""数值巨大的精确数字,为了便于定位读数或移行,作为特例可以同时使用'亿、万'作单位。示例:我国1982年人口普查人数为10亿817万5288人。"该标准(2011年7月)规定:"如果一个数值很大,数值中的'万''亿'单位可以采用汉字数字。"这种规定就充分注意到汉语的特点,体现了区分适用场合和使用人群的规范原则。科技文献、用于国际交流可以采用"每三位数字一组"的写法。非科技出版物、面向汉语使用人群则应该使用汉语单位"万""亿"而不采用"每三位数字一组"的写法,比如应写成"34500万""3.45亿""3亿4500万",不宜写成"345,000,000",因为这样写不仅不便于理解,不便于"定位",还会给汉语使用者带来理解障碍。

我们注意到目前中小学教育中已经停止采用"每三位数字一组"的写法,人民教育出版社等出版的很多教材中介绍了汉语每四个数位是一级的"数级"概念,这种处理对使用汉语的儿童学习多位数词读写无疑会起到很好的促进作用。但是我们也注意到由于师资力量不足,很多学生还没有得到很好的指导,不能充分了解汉语"数级"特点,这有待汉语研究者和中小学教育工作者进一步努力。

外国留学生初学汉语时常常会出现"﹡十千"这样的错误。有首

歌叫作《一万个伤心的理由》,留学生会说成《*十千个伤心的理由》。刘震云的小说《一句顶一万句》,有的留学生会说成*《一句顶十千句》。经老师讲解,留学生了解了"万"的使用方法之后,很快就能正确使用。显然,这种错误是由于留学生没有掌握汉语多位数词四位分级这一特点,将母语三位分级迁移到中介语中造成的。再来观察韩国留学生使用汉语数词的错误(以下错误均来自安徽大学国际教育学院中级二班的韩国留学生):

10800——*一万八百(应该为"一万零八百")
1080——*一千八十(应该为"一千零八十")
10080——*一万八十(应该为"一万零八十")

很显然,韩国留学生在读数词的时候正确掌握了汉语四位分级的特点,可是在是否读"0"这一方面出现了错误,这也是学习者未能掌握汉语数词特点(某些位置的"0"必须读出)导致的。汉语教师要充分认识汉语多位数词特点,采取必要措施纠正这种错误,帮助学习者尽快习得汉语特点。

上文我们考察了多部辞书对"兆"的解释,发现各家差异很大,很多辞书不加说明地提供"万亿""十万"两个义项,这无疑掩盖了汉语多位数词内部的系统性。我们认为辞书应该对这两个义项的来源作必要说明。和面向第二语言学习者的英语辞书编写相比,面向第二语言学习者的汉语辞书编写还有很大差距,这种辞书对汉语数词的解释更要在语言比较的基础上充分反映汉语特点,给辞书使用者学习汉语数词带来切实的帮助。

六、本节结语

通过与其他语言的对比,我们不仅发现数词在各国语言中的库藏有差异,而且发现了世界语言在系统性方面表现出的共性。汉语数词具有十分显著的特点,即使是同一个数词,例如"兆",也具有不同的历时发展;即使是同一个数字,读数时也会有两种不同的规则在起作用。汉语多位数词研究显示,语言研究不能只局限于狭隘的个别语言研究、个别现象研究,也需要有一定的系统观念和宏观视野,进一步分析语言库藏和相关结构句法制图中的共性和差异,这样才有可能真正发现语言机制和汉语特点,有限变异的句法制图理论具有较强的理论价值。

第四章　功能成分和汉语特殊句式、特殊结构

本章从功能成分的视角研究汉语的特殊句式和特殊结构,主要包括特殊主语、特殊宾语、"喝花酒"类结构中的特殊定语等具有汉语特点的句法成分,供用句、量化词情态词共现句等具有汉语特点的句式,以及异类并列这一特殊结构。

第一节　现代汉语特殊句式中的非典型主语
——兼论主要动词与轻动词在题元指派方面的作用

一、引言

现代汉语特殊句式中的主语常常不是典型的施事主语,而是施事以外的非典型主语。按照传统观念,汉语语法句型句式的确定需要依据名词性成分与句子主要动词的语义角色和位置关系,"施事主语""受事主语"等成分都是相对句子的主要动词而言的。但事实上,完全

依据句子的主要动词只能描写一部分句子。本书对现代汉语中几种特殊句式进行详细分析,发现传统的依据句子主要动词的施事、受事来研究句型句式的方法不能解释这些句子。因此本书运用轻动词理论,对汉语特殊句式中的非典型主语进行重新分类,并与英语主语作对比,旨在研究汉语非典型主语的生成理据。

二、文献综述

关于典型主语的研究已取得丰富的成果,难以一一列举。这其中keenan(1976)对后世影响很大,学者们对主语的研究基本上都是在其所提出的框架中进行的。Keenan(1976)认为主语的特征可以从表层形式和深层含义两方面进行分析:一是位于句首,主格形式,与控制动词保持一致;二是自主指称、有限定性,整个句子表述的内容与其相关。杨成凯(1997)通常使用功能方法确定主语,也就是把主语看作被谓语表述的对象。施兵(2009)认为汉语中的主语没有语法标记,通常直接在谓语的前面。由此可见,传统观念中主语的分类依靠与句子主要动词的关系,这种分类方法自然有其道理,但往往会造成分类重复、冗余的问题,更无法说明非典型主语。

关于主谓之间的关系,吕叔湘(1979)认为位置先后和施受关系之间的不对应是导致主语、宾语问题的主要原因。就语义角色层面而言,除施事和受事以外,还有很多语义角色可与动词发生关系。"施—动—受"的句子确实是最多的,也是最常见的,但绝不是唯一的。朱德熙(1982)指出主语和谓语的关系在语义上远没有我们想象的那么简单。朱德熙(1985)进一步指出,不论是施事还是受事,都是语义角色上的概念,主语是句子结构上的概念,把二者混为一谈显然是不合适的。通过对以上几位语言学者的观点进行分析,我们可以发现,较传统语言学来说,现当代语言学对主语语义类型的探讨已经有了长足的进步,不再简单认同"主施宾受"的观点,但大多止步于与事、工具、处所、时间等,对一些特殊句子和非典型主语仍然欠缺分析。

关于非典型主语,我们并没有从前人的研究中找到直接相关的文献,但是前人对于汉语中的特殊句式有很多讨论,从而涉及对主语的思考。刘晓林(2006)认为现代汉语中包含很多特殊句式,他在作格化的意义上对"把"字句、准倒装句、"被"字句等几种在结构上有特性的句型进行了统一解释。常玲玲(2013)运用句式理论解释现代汉语的特殊句式。仅仅根据主语的语义类型、谓词的类别、句式来对主语进行分类,会造成主语类别过多,并不能合理解释特殊句式的主语。因此我们需要新的理论对主语的类别重新分类。

仅仅根据主语与核心动词的关系来区分主语的语义类型,会造成诸多困难。例如:

(1)a. 前屋吃饭里屋睡觉。
　　b. 鸡毛掸子掸灰尘。
　　c. 一锅饭吃十个人。

　　d. 一张床睡三个人。
　　e. 床上躺着一个人。
　　f. 这张床睡得我好难受。
　　g. 这种床我喜欢睡。

　　h. 王冕七岁上死了父亲。
　　i. 这个消息高兴得我手舞足蹈。

j. 1999 年被遗忘了。

k. 花动了。

例(1a)(1b)(1c)同为"供用句式",但能够进入该句式充当主语的名词成分不仅可以是"前屋""里屋"等主要动词的处所成分,"鸡毛掸子"等主要动词的工具成分,"一锅饭"等主要动词的受事,还可以是其他各种主要动词的语义成分,这就是同一个句式中可以使用不同的语义角色来充当同一种句法成分的情况。

例(1d)中的"一张床"、(1e)中的"床上"、(1f)中的"这张床"、(1g)中的"这种床"都是句子主要动词的处所角色,但这四个例句却是不同的句式,(1d)是供用句,(1e)是存在句,(1f)是致使句,(1g)是话题句。这就是同一种语义角色作同一种句法成分构成不同句式的情况。

例(1h)中的主语"王冕"和句子主要动词"死"之间没有直接关系,例(1i)中的主语"这个消息"和句子主要动词"高兴"之间也没有直接关系。

例(1j)中的主语"1999 年"应该被看作句子主要动词的时间角色还是受事角色,则是各有道理,难以确定。例(1k)中花是自己动的还是被风吹动的呢?花若是自己动的,则"花"是施事,"动"为非作格动词;若是被风吹动的,则"花"为受事或客体,"动"为被动动词或非宾格动词。观察者的视角不同,题元则有所不同。

以上四种情况说明,按照传统分类方法中根据主语与核心动词的关系来确定主语的语义类型是不可行的,不仅可变性大,而且没有明确的划分标准。我们需要用新的理论来解释为什么汉语中存在大量的非典型主语的语义类型。我们认为应该根据不同句式中轻动词与主语的关系进行分类。

鉴于此,本书基于有限变异的句法制图理论和功能成分(轻动词),站在前人研究的"肩膀"上,对现代汉语特殊句式中的非典型主语进行研究。

三、各类句式生成机制的讨论

基于有限变异的句法制图理论,我们对现代汉语特殊句式中非典型主语的相关现象进行了分析和解释,以揭示汉语相关特点及人类语言共性。

为更详尽地观察和了解各类主语的具体特点,我们设立了专门的自定义语料库。语料显示,汉语各种句式中所含的轻动词种类各不相同。轻动词是怎么生成的,需要给以理论解释。以下我们将对不同类型轻动词结构的生成机制作具体讨论。

(一)供用句

供用句的结构为"NP_1+(用来)V+NP_2",语义为 NP_1 可以用来做(V)某事(NP_2),或通过某种方式(V)供给 NP_2 使用。例如:

(2)一锅饭吃十个人。
(3)这把刀我用来切水果。

传统观念认为供用句属于可逆句的一种,但可逆并不是供用句形成的必要条件。供用句的核心在于"供用义",因此我们把供用句分为可逆和不可逆两大类,并将 NP_1、NP_2 的语义格扩展到施事、受事、处所、成果、材料、工具、客体、时间这八种,主语和宾语两两配对,例如:受事+V+施事,受事+V+处所,受事+V+成果……时间+V+工具,时间+V+客体,理论上共计 49 种供用句句式,但我们在语料中实际找到可逆型供用句 29 种、不可逆型供用句 4 种。例如,可逆型受事+V+时间:一本书读一个星期;工具+V+受事:手铐铐犯人;受事+V+对象:书送老张,礼盒送老李。根据上述例子可以看出,不同的语义格对于供用句的结构有不同的要求。双数量型结构,例如"一本书读一个星期",如果改为单数量型结构或非数量型结构,则不成立;对举型结构,如"书送老张,礼盒送老李",如果改为非对举型结构"书送老张"或"礼盒送老李",也不成立。双数量型结构是可逆的,"一本书读一个星期"可变换成"一个星期读一本书";对举型结构也是可逆的,"书送老张,礼盒送老李"可变换成"老张送书,老李送礼盒"。传统方法仅考虑主语和实义动词的关系,无法解释这么多样的句子。

以例(2)为例,其生成的句法过程如图 1 所示。根据蔡维天(2009),我们认为这句话的基底结构应该类似于"一锅饭可以供十个人吃",差别只在于图 1 中的模态助词"可以"和供用类轻动词"供"是隐性的,而动词"吃"也带上供用类轻动词一起移至最上层的 Mod。

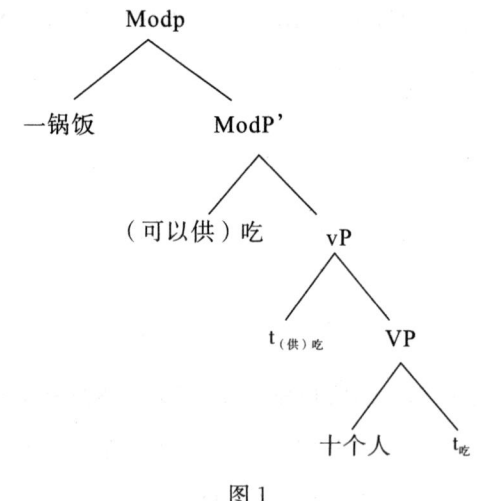

图 1

(二)致使句

致使句的结构为"NP_1+(致使)V+NP_2",也包括一部分"得"字句,语义为致事主语致使了 NP_2 某种结果。例如:

(4)那瓶酒喝醉了我。(主语为动词所表示的动作的受事)

(5)a.新开的饭馆吃得他们长了好几斤。(主语为动词所表示的动作的处所)

b.刚才的比赛跑得他们满头大汗。(动词为不及物动词,无法说明主语的语义角色)

这些例子属于汉语复合结构表面上颠倒的论旨指派,主语是致事,指陈一个致使性事件。其中例(4)还包含动结式结构,即"喝醉"这样的述补结构。以往学者仅从主语和实义动词的关系来解释致使句,或从整体上分析动结式的构成,无法解释致使句多样的句式,对此我们将运用轻动词理论进行分析。

以(4)为例,其句法结构如图 2 所示(体标记暂时不作讨论)。在"那瓶酒喝醉了我"这句话中,"那瓶酒"在 Spec-vP 的位置生成,充当句子的主语。轻动词 v 的补足语是 VP,VP 的中心语是"喝",小句"我醉了"被"喝"选择,作为"喝"的补足语。小句谓语"醉"首先向上移至"喝",与"喝"合并为动结式"喝醉",合并后的"喝醉"继续向上移至轻动词 v 的位置,轻动词赋予它致使义,即"那瓶酒使……喝醉了"。这时原本位置在底层的"我"向上移位至 Spec-VP 的位置,充当句子的宾语,最终形成了"那瓶酒喝醉了我"的表层结构。引入轻动词,使宾语"那瓶酒"出现在主语位置的现象得到了合理的解释。

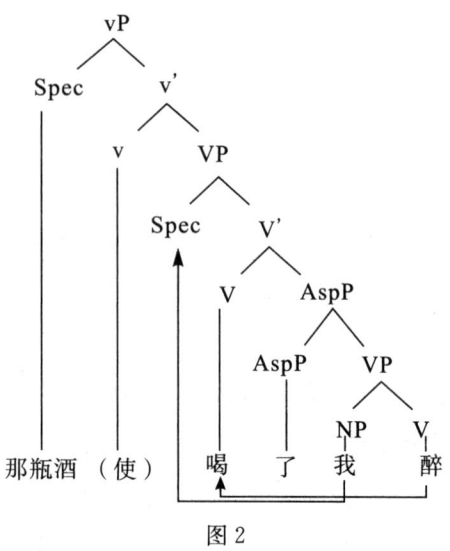

图 2

至于"那瓶酒"为什么在 Spec-vP 的位置生成,而不是由"喝那瓶酒"移位生成,熊仲儒(2004a)解释为借用转喻机制,以此来阐述动结式结构中的致事选择,即"那瓶酒"这一致事与"喝"关系密切,"那瓶酒"作为致事本身就已经蕴含"喝那瓶酒"的言外之意,即"喝那瓶酒"使"我醉了"。例(5)中的句子也可以做相似的解释。

（三）影响句

影响句的主语为受影响者,其句法结构为"（受影响者）NP_1+V+NP_2",语义通常为主语经历（遭受）了某种不好的事。例如：

(6)王冕死了父亲。

传统观点认为"死"是一元动词,即结构中只有主语加核心动词。沈阳(1995)提出"王冕"是"父亲"的领有者,应该理解成是"王冕的父亲","死了父亲"中"父亲"原本是动词前的配价成分,经历了向后移位形成现有结构。例如：

(7)王冕父亲死了→王冕死了父亲

但是我们认为,简单地将造成这种语言现象的原因归结为"死"是一元动词,难以令人信服。比较下面三句话:

(8)a. 王冕死了父亲。
　　b. 王冕父亲死了。
　　c. 王冕死了。

很容易发现,例(8a)中的"死"和例(8b)(8c)中的"死"所蕴含的意味是不同的。例(8b)(8c)分别陈述"王冕父亲"死亡和"王冕"死亡的事实。而例(8a)表达的意思是:王冕的父亲死了,虽然王冕还活着,却会因为这个事件而受到不好的影响;或者说,经历(遭受)了失去父亲这一变故后,王冕还将继续承受这个变故带来的不幸。总之,例(8a)和例(8b)(8c)有着完全不同的意思。因此,解释句子不能完全依赖实义动词。我们引用轻动词"经历(遭受)",它指派主语"经历(遭受)者"的题元角色。

以(6)为例,其句法结构如图3所示(体标记暂时不作讨论)。轻动词"经历(遭受)"语音为空,实义动词"死"提升移位,生成"死了父亲";轻动词"经历(遭受)"语音不为空,则生成"经历(遭受)父亲死了(这件事)"。

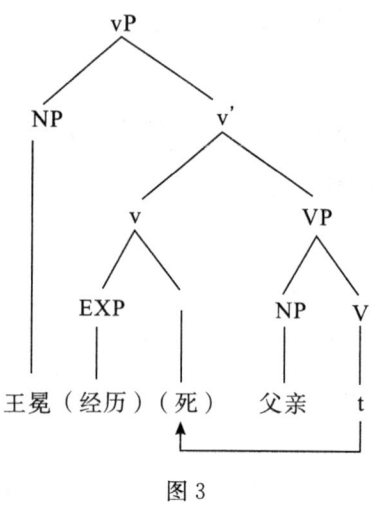

图 3

(四)话题句

话题类主语结构为"话题+S",语义为围绕话题作相关陈述。

(9)这个人我不认识。

(10)颜色我最喜欢薄荷绿。

Li and Thompson(1981)提出,话题有以下特征:话题是句子所关涉的事物;话题一般只能是定指或类指;除连接词以外,话题应当位于句首;停顿词"啊、么、呢"可插入话题之后。陈国华、王建国(2010)认为例(9)是宾语前置做话题,例(10)是附加语做话题。

如何解释话题句的生成?我们认为话题句中存在一个隐性轻动词,假设它为 Top,话题从小句里移动到 Top 限定语位置。以(9)为例,其句法结构如图 4 所示。

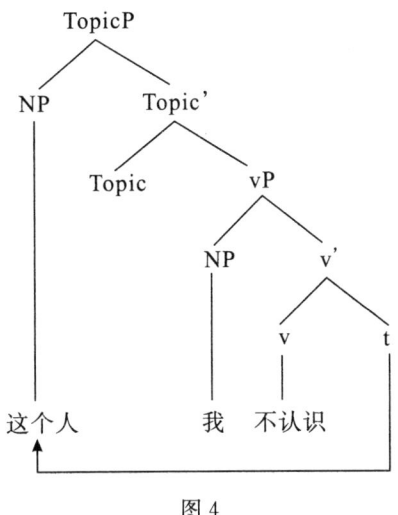

图 4

(五) 存现处所句

存现句的句式语义为某种事物或人在某一特定的地方存在、出现或消失。例如：

(11) 他家死了一只猫。
(12) 床上躺着一个人。

例(11)中的"他家"和例(12)中的"床上"都是处所主语。Li(1990)、顾阳(1997)指出汉语存现句中动词的语义类别存在限制。Huang(1987)提出只有处所名词组才能充当汉语存现句的主语。

我们认为存现句中包含一个隐性的轻动词"有"。以(11)为例，其句法结构如图 5 所示。轻动词"有"语音为空，实义动词"死了"提升移位，生成"死了一只猫"；轻动词"有"语音不为空，则生成"(有)一只猫死了"。

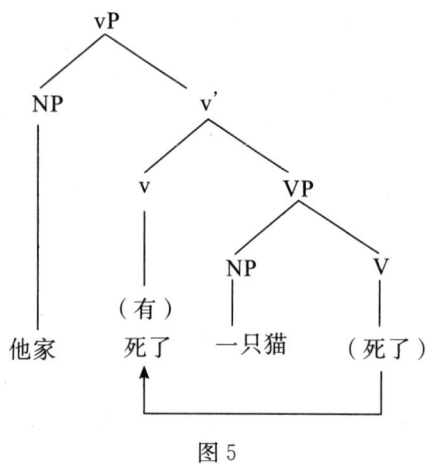

图 5

（六）焦点句

焦点句的基础结构是"焦点词'是'＋主谓句"。因为我们主要讨论的是非典型主语,所以在这里只对主语是焦点的情况进行研究。主语如要获得焦点,必须紧随焦点词"是"。"的"作为语气词,不是非出现不可。"的"跟"是"同时出现,作用在于加重肯定的语气。"的"可以出现在句子最末,也可以出现在动词之后。

(13) 是张三戴隐形眼镜的。
(14) 是张三戴的隐形眼镜。

焦点词"是"也是一种轻动词,投射成焦点短语(FocP)。按照 Rizzi(1997)的分析,语力短语(ForceP)、屈折短语(IP)、动词短语(VP)或轻动词短语(vP)是句子结构的必要成分,其余的话题短语(TopP)、焦点短语、限定短语(FinP)等是可选成分。

主语是焦点时[以(13)为例],其树形图如图 6 所示。

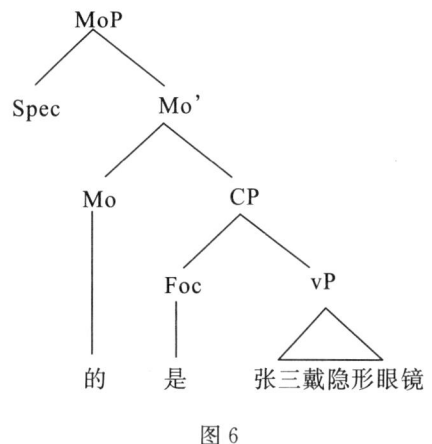

图 6

句子末尾的语气词"的"投射为 MoP,语气词"的"选择的范畴为包括 Foc 的 CP(熊仲儒,2007)。"是"属于轻动词,它可以只有语义内容,也可以兼具语义和语音。

四、基于有限变异的句法制图理论的解释

除了上文列出的供用句、致使句、影响句、话题句、存现处所句和焦点句这六种特殊句式外,汉语中还存在其他类特殊句式,例如判断句、领有句、描述句等。但限于篇幅,本书只讨论这六种特殊句式中的非典型主语。

研究发现不同类型的非典型主语由不同类型的轻动词引导,这些轻动词包括"供给""致使……结果""经历(遭受)……事情""话题""有……"和"是……"等。这些轻动词有些已经有了充分的研究,如"致使",即黄正德等(2013)提出的"CAUSE"。本书对非典型主语类型的划分,既以题元关系为基础,又有一定的句法表现。如果轻动词为隐性,没有语音表现,会激发实义动词移位;如果轻动词有语音表现,则会和实义动词分离。轻动词是否隐性,实义动词是否移位,导致

不同句式的差异。

为什么汉语中允许存在不同类型的非典型主语？除了因为汉语允许轻动词和相关名词成分的隐性移动之外，还与汉语动词的特点有关。Lin(2001)提出了一种理论，该理论包括两个假设：一是英语动词包含词根和轻动词，但汉语动词只有词根，不含轻动词；二是词根与轻动词的组合在 s-句法中是"非常自由的"。这就造成了汉语动词跟论元之间的论旨关系比英语繁杂，汉语动词的主语不限于施事。例如：

(15) a. 他开过这艘摩托艇。

(He drove this motorboat before.)

b. 这艘摩托艇已经开了许多年了。

(This motorboat has already been driven for many years.)

c. 这条河不能开摩托艇。

(A motorboat can't be driven on this river.)

例(15a)中的"他"是施事主语，例(15b)中的"这艘摩托艇"是受事主语，例(15c)中的"这条河"是处所主语。而在相对应的英语表达中，除了"He"依然作施事主语，另外两个例子只能用被动式表达。

英语中只有施事名词可以充当动词一般形式的主语，其他语义成分作主语时，动词需要用被动式等特殊形式；时间、地点、工具名词通常加介词作状语。这些都与汉语存在差异。Lin(2001)的假设跟"库藏类型学"相协调。我们认为汉英动词库藏存在差异，从而导致汉语存在大量非典型主语而英语不存在这种现象。汉语特殊句式中的非典型主语现象证明语言之间句法制图的差异不仅体现在功能成分的隐现、是否存在移位方面，也体现在库藏显赫性以及分析性或综合性方面。

五、本节结语

通过对汉语特殊句式中的非典型主语的分析,我们发现,按照传统语法中主语与核心动词的关系来确定主语的语义类型存在缺陷。从特定句式中轻动词与主语的关系来看,汉语特殊句式中的非典型主语可以分为供用类、致使类、经历(遭受)类、话题类、存现处所类和焦点类等。本节从有限变异的句法制图理论出发,运用功能成分(轻动词)对各类非典型主语的生成机制进行了探讨,归纳出多种类型的轻动词。有限变异的句法制图理论可以帮助我们更为充分地认识语言的共性和差异,该理论对于母语习得和第二语言习得都具有更好的理论解释力,对于提高语言教学效果、推动语言智能发展都具有广泛的应用前景。

第二节 现代汉语不及物动词带旁格宾语结构的句法生成

一、引言

关于汉语动词带非常规宾语结构,前人已有较为深入的研究。Chao(1968)将此类现象称为"倒装主语",并对该结构中的宾语进行了考察和分类。邢福义(1991)认为在该结构中非常规宾语占据了常规宾语的位置,他将此类现象概括为"宾语带入"。郭继懋(1998)将此类现象中的宾语称为非规定宾语,认为该宾语未受动词词汇意义规定,是一种可以但并非必须与动词一起给出的宾语。郭继懋(1999)考察

此类现象时指出,在该结构中的动词和名词间包含一个表示动名之间事理关系的语义成分"谓"。孙天琦(2009)将此类结构称为"旁格宾语",分析并论证了旁格宾语在语义及句法上所存有的限制条件,同时,基于"施用现象"对旁格宾语结构进行了研究。除此之外,Yuan(1999)、袁博平(2002)、郑丽娜(2015)等还从第二语言习得的角度对此类现象进行了相关研究。

综上所述,目前对汉语中不及物动词带旁格宾语结构的解释还不够充分。鉴于此,本书以前人研究的理论成果为基础,运用有限变异的句法制图理论,对现代汉语不及物动词带旁格宾语结构的相关情况进行研究,以揭示汉语相关特点及人类语言共性。

二、汉语不及物动词及其分类

传统语法将动词分为及物动词和不及物动词两类。朱德熙(1982)认为,不同的宾语可以对及物动词和不及物动词进行区分,并且认为不及物动词只能带准宾语,及物动词除可带准宾语之外,还能带真宾语。

不及物动词可以进一步分为两类。Perlmutter(1989)提出"非宾格假说",并将不及物动词分为非作格(unergative)的不及物动词和非宾格(unaccusative)的不及物动词两种类别。非宾格动词的表层主语在深层结构中是受动者,居动词之后,由于动词不能赋予宾格,所以名词组只能移位,充当主语获得主格;而非作格动词的表层主语在深层结构中就是主语,作格语言的不及物动词唯一论元的格标记与及物动词的施动者格标记不同,而与受动者格标记相同,这种语言的及物动词被称为"作格动词",不及物动词被称为"非作格动词"。

非作格动词一般都是动作发出者有意为之的,包括两类:一是表示自发的、有意识的行为动作的自发动词,如哭、笑等;二是表示动作行为方式的方式动词,如站、跳、跑、走等。非宾格动词都不是动作者有意为之的,包括三类:一是表示外在因素导致的事物状态发生变化的变化动词,如沉、破、断、倒等;二是表示运动方向的方向动词,这一类也表示出现或消失,如走(表示"离开")、跑(表示"逃跑")、到(表示"到达")、落(表示"落下")等;三是表示存在、出现或消失的存现动词,如存在、出现、消失、发生、死(表示"死亡")、活(表示"出生")等。

以上对两类不及物动词的划分主要基于语义层面,句法层面上两类不及物动词在是否存在移位方面也有差异,词汇语义层面的区分和句法层面的区分相对应。在管辖与约束理论的框架内,运用深层结构和表层结构的区分,能够很好地呈现两类不及物动词在句法上所存在的差异。即使生成语法近期取消了深层结构、表层结构的区分,但转换还是需要的,因此运用生成语法解释这类现象较为合理和明确。

三、现代汉语旁格宾语成分及其分类

"旁格宾语"源于孙天琦(2009)对不同类别的非常规成分充当直接宾语的现象的研究,该研究认为类似"飞上海""跑北京""睡大床"这类结构中的非常规宾语可以占据表层宾语的位置,但与常规宾语仍存在着句法上的差异,其只是一种边缘性的修饰成分。下面我们基于旁格宾语结构的句法特征对上述现象进行分析,并进一步探讨旁格宾语成分的分类问题。

旁格宾语具有独特的句法特征,主要包括以下几个方面。第一,话题化层面,杨永忠(2007)认为旁格宾语成分不能进行话题化。第二,指称特征层面,袁毓林(1998)指出旁格宾语成分的指称限制(光杆名词),对其自身的话题化也造成一定的限制。第三,疑问方式层面,

对旁格宾语进行提问,只能将其恢复为状中结构。

《汉语动词用法词典》(孟琮、郑怀德等,1999)对宾语作了具体分类,并给出各类宾语的定义。此外,袁毓林(2002)对现代汉语动词常见的17种论元角色进行语义定义,并对其动态的语义特征进行描述。上述研究成果中关于现代汉语中旁格宾语成分和宾语成分的分类情况、语义界定,以及语义、句法特征的描写,均可为本书研究旁格宾语成分的分类问题提供理论支撑。

本书基于前人的研究成果,将所涉及的旁格宾语成分划分为以下几类:工具类,如"砸大锤";材料类,如"铺大理石";方式类,如"站军姿";处所类,如"走小路";原因类,如"哭周瑜";目的类,如"跑贷款";时间类,如"休礼拜天";致使类,如"断关系";数量类,如"哭三次";对象类,如"病孩子";等等。

本书的分类以《汉语动词用法词典》的分类和袁毓林的语义描写为依据,但又有所不同:一是在本书的分类中未涉及"施事类""受事类""等同类",因为"施事类"和"受事类"宾语投射范围较广,往往涵盖上述例举中的其他类别,例如分属于对象类的"病孩子",以及材料类的"铺大理石"等,都分别包含于施事类或受事类宾语的范围内,为使所研究的旁格宾语类别具体化,本书进一步运用更为细化的分类方法。"等同类"多指动词前主语和动词后宾语在语义上等同或具有相似的所指,而旁格宾语作为一种非常规或非典型宾语,通常无法与动词前主语在语义上等同或相似,即其与动词前主语不存在相同的属性,所以未将等同类作为旁格宾语成分的类别。二是受自定义语料库中语料范围所限,本书未涉及"凭借类""杂类""同源类""结果类"等旁格宾语成分的研究,今后可以采用更为完备的语料库资源进行详尽研究。同时,"杂类""同源类""结果类"能否充当旁格宾语成分的类别,还有待进一步研究。三是袁毓林将和处所有关的动作行为的地点、时间归于处所类论元,将和范围有关的动作行为所涉及的数量、时间归于范围类论元。而本书采用"具体描写、细化分类"的原则,将动作行为所涉及的地点、时间和数量独立划分,归属三类,而把处所和范围作为特点分别归入三种类别的旁格宾语成分的属性,使研究的内容更加具体化。

另外,在划分旁格宾语成分的类型时,出现了个别旁格宾语成分的类型难以界定的现象,即个别旁格宾语成分兼属多种类别,该现象集中体现在"材料类、对象类和致使类"旁格宾语成分类型的划分上,例如"直直腰""碎(块儿)玻璃""倒(了)山墙"等。为此,我们进行了严格的界定。首先,在对"材料类"和"对象类"概念的界定中,均取狭义的定义,即"材料"特指单质的原料或装饰物,"对象"特指具体的人或物品。其次,在对"材料""对象""致使"三者的区分中,遵循如下原则:在归类过程中,"对象类"先于"材料类","材料类"先于"致使类"。"对象类"和"材料类"旁格宾语结构均可以用"致使结构"加以解释,即两者均包含于"致使类"当中,而"对象"一定由相应的"材料"构成,即"对象类"又包含于"材料类"当中,由此,基于范围愈小,愈加优先选择的原则,而制定出上述划分规则。综上所述,我们将"山墙""玻璃""腰"分别划分为"对象类""材料类""致使类"旁格宾语成分。

四、各类不及物动词带旁格宾语结构的语料分析

(一)语料的收集和处理

为更详尽地观察和了解各类不及物动词带旁格宾语结构的具体特点,我们对现实语料进行了调查。我们为本体研究设立专门的自定义语料库,其中的语料来自《骆驼祥子》(老舍)、《人生》(路遥)和《小说月报》(2013年第10期),近40万字。对语料的处理过程如下:首先分析语料中所包含的动词,如果该动词是不及物动词,再对此不及物动

词进行类型划分,同时进行一次标注。然后根据旁格宾语的概念,分析该不及物动词所带的宾语成分,如果是旁格宾语成分,再基于旁格宾语成分的分类原则,找出该旁格宾语成分的类型归属,同时进行二次标注。最后在完整的语言环境中分析该不及物动词带旁格宾语结构的句法特征,并以不同类型的特征为依据,对其进行第三次标注。在研究及判别的过程中,要删除完全重复的句子等不需要的语料,以得到全部不及物动词带旁格宾语结构的语料。

(二)各类使用情况

我们对汉语母语者使用现代汉语不及物动词带旁格宾语结构的相关情况进行统计,并将统计结果绘制成表1。

表1 汉语母语者对现代汉语不及物动词带旁格宾语结构总体使用情况统计表

不及物动词小类		非作格动词		非宾格动词			行合计
		自发动词	方式动词	变化动词	方向动词	存现动词	
旁格宾语成分小类	工具类	0	7	0	1	0	8
	材料类	0	0	2	0	0	2
	方式类	2	4	0	0	0	6
	处所类	0	24	0	35	0	59
	原因类	5	0	0	1	0	6
	目的类	0	2	0	0	0	2
	时间类	7	48	3	2	2	62
	对象类	3	23	4	10	2	42
	致使类	0	2	6	0	4	12
	数量类	4	20	0	4	1	29
列合计		21	130	15	53	9	228

表1显示,汉语不及物动词带旁格宾语结构中,方式动词、方向动词带旁格宾语的情况较多,其次是自发动词、变化动词,存现动词最少;旁格宾语中时间类、处所类、对象类、数量类、致使类出现较多,其

次是工具类、方式类、原因类,材料类、目的类最少。

(三)各类生成机制的讨论

语料调查显示,汉语不及物动词带旁格宾语结构有多种类型。这种结构究竟怎么生成,需要给予理论解释。以下将对不同类型的不及物动词带旁格宾语结构的生成机制作具体讨论。

1. 各类不及物动词带旁格宾语结构的生成机制

S_1:不及物动词+方式类旁格宾语,表示"以或用(……方式)"的意思。

方式动词+方式类旁格宾语,语义为以宾语表示的方式进行或产生宾语表示的方式的行为动作。例如:

(1)拉车时跑长步省力些。

自发动词+方式类旁格宾语,语义为主语自发地、有意识地以宾语表示的方式进行某种动作行为。例如:

(2)啊嘿嘿嘿嘿地哭长天了。

以(1)为例,其生成的句法过程如图1所示。实义动词"跑"向语音为空的轻动词"用"移动,从而生成"跑长步";如果轻动词"用"的语音表现出来,就生成"用长步(的方式)跑"。

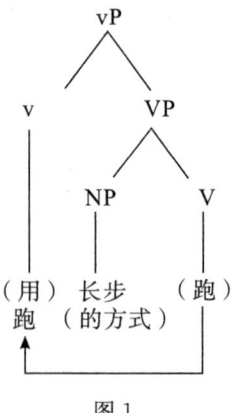

图 1

S_2：不及物动词＋原因类旁格宾语，表示"因为或由于（……原因）"的意思。

自发动词＋原因类旁格宾语，语义为主语有意识地或自发地做出某种动作行为的原因。例如：

(3) <u>哭</u>她的<u>苦命</u>。

方向动词＋原因类旁格宾语，语义为某种方向性或指向性动作的成因。例如：

(4) 他们一听见风声不好，赶快就想<u>逃命</u>。

以(3)为例，其句法结构如图 2 所示。轻动词"因为"语音为空，实义动词"哭"提升移位，生成"哭她的苦命"；如果轻动词"因为"语音不为空，则没有移位，生成"因为她的苦命哭"。

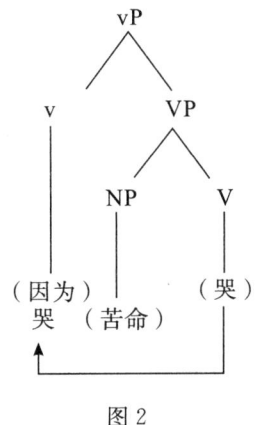

图 2

S_3：不及物动词＋时间类旁格宾语，表示"经历、使用、花费（……的时间）"的意思。

自发动词＋时间类旁格宾语，语义为某种自发的、有意识的动作行为发生的时间。例如：

(5)睡礼拜天是她的最爱。

以(5)为例，其句法结构如图3所示。轻动词"在"语音为空，实义动词"睡"提升移位，生成"睡礼拜天"；如果轻动词"在"语音不为空，则生成"在礼拜天睡"。

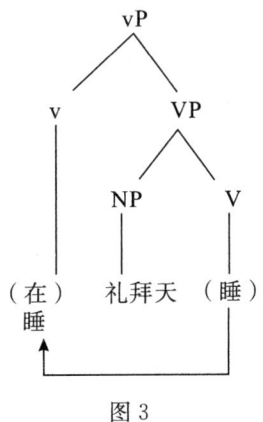

图 3

S_4：不及物动词＋对象类旁格宾语，有以下两种情况。

一是表示"为了或因为（某人或某物……）"的意思。

自发动词＋对象类旁格宾语，语义为产生某种自发的、有意识的动作行为的关涉对象。例如：

(6) 哭了半天还不知道你<u>哭谁</u>哩。

例(6)的句法结构如图4所示。轻动词"为了"语音为空，实义动词"哭"提升移位生成"哭谁"；如果轻动词"为了"语音不为空，则生成"为了谁哭"。

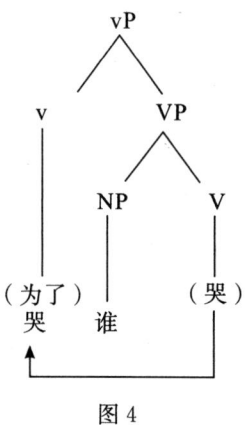

图 4

二是表示"有、发生、存在（某物……）"的意思。

存现动词＋对象类旁格宾语，语义为相关对象消失、存在或出现。例如：

(7) 这些牲口全是村里的宝贝，<u>死牲口</u>是天大的事。

方式动词＋对象类旁格宾语，语义为以某一方式存在的客体。例如：

(8)灯下横悬着涂金的四个字。

变化动词＋对象类旁格宾语,语义为某种外力作用于相关对象,而导致其产生相应状态的变化。例如:

(9)有的倒了山墙,设法去填堵。

方向动词＋对象类旁格宾语,语义为产生某种方向性运动的对象。例如:

(10)街心中汽车电车疾驰,地上来往人马。

以(7)为例,其句法结构如图5所示。轻动词"发生"语音为空,实义动词"死"提升移位,生成"死牲口";如果轻动词"发生"语音不为空,则生成"发生/出现牲口死"。

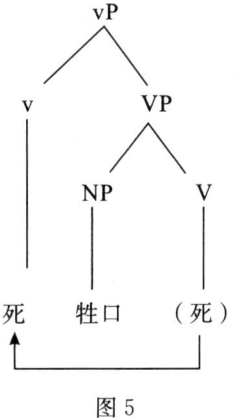

图 5

S_5:不及物动词＋致使类旁格宾语,表示"(外因)使或让(……有怎样的变化)"的意思。

方式动词+致使类旁格宾语,语义为动作行为致使某一对象发生某种方式的变化。例如:

(11)到放下车,<u>直直腰</u>,吐出一口长气。

变化动词+致使类旁格宾语,语义为外力作用致使对象产生某种状态的变化。例如:

(12)掀了屋瓦,<u>断了电线</u>。

存现动词+致使类旁格宾语,语义为致使对象存在、出现或消失某种状态。例如:

(13)祥子<u>活心</u>了,还有点觉得对不起曹先生。

以(11)为例,其句法结构如图6所示。轻动词"使"语音为空,实义动词"直"提升位移,生成"直腰";如果轻动词"使"语音不为空,则生成"使腰直"。

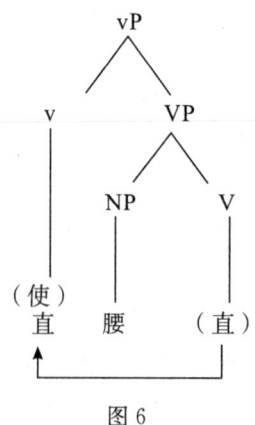

图6

S_6：不及物动词＋数量类旁格宾语，表示"经历（……数量）"的意思。

自发动词＋数量类旁格宾语，语义为某种有意识的、自发的动作行为的频数。例如：

(14)几个月的时间里已经<u>唱五场</u>了。

方式动词＋数量类旁格宾语，语义为某种动作行为的方式和频数。例如：

(15)拿起腿还<u>走十里二十里</u>的。

方向动词＋数量类旁格宾语，语义为某种方向性运动的产生频数。例如：

(16)祥子已经<u>跑出二三十步</u>去。

存现动词＋数量类旁格宾语，语义为某种状态或动作行为的存现次数。例如：

(17)人<u>来两次</u>，晓得的东西就很多了。

以(14)为例，其句法结构如图 7 所示。轻动词"进行"语音为空，实义动词"唱"提升移位，生成"唱五场"；如果轻动词"进行"语音不为空，则生成"进行五场唱(演唱)"。

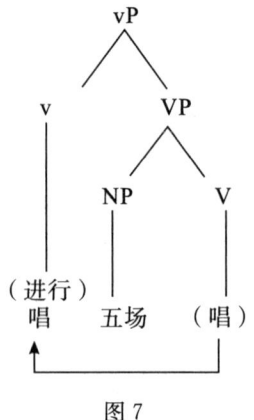

图 7

S_7：不及物动词＋工具类旁格宾语，表示"用或以（……工具）"的意思。

方式动词＋工具类旁格宾语，语义为某种动作行为的方式和工具。例如：

(18) 腰间<u>捆</u>着一根油黑锃亮的<u>粗麻绳</u>。

方向动词＋工具类旁格宾语，语义为某种方向运动的凭借工具。例如：

(19) 他想喝碗茶就往南<u>跑车</u>。

以(18)为例，其句法结构如图 8 所示。轻动词"用"语音为空，实义动词"捆"提升移位，生成"捆麻绳"；如果轻动词"用"语音不为空，则生成"用麻绳捆"。

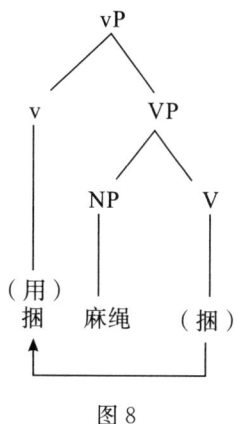

图8

S_8：不及物动词＋处所类旁格宾语，表示"在(……地方)"的意思。

方式动词＋处所类旁格宾语，语义为某种表方式的行为动作发生的处所。例如：

(20) 多咱我拉上包月，才去<u>住宅门</u>。

方向动词＋处所类旁格宾语，语义为经由方向性运动而到达相关处所。例如：

(21) <u>到高亮桥</u>，他向四围打了一眼。

以(20)为例，其句法结构如图9所示。轻动词"在"语音为空，实义动词"住"提升移位，生成"住宅门"；如果轻动词"在"语音不为空，则生成"在宅门住"。

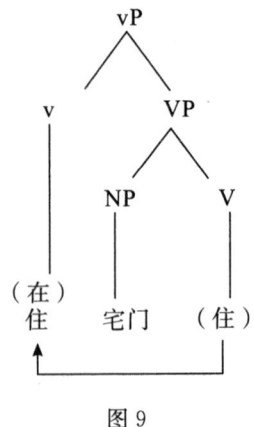

图 9

S₉：不及物动词＋目的类旁格宾语，表示"为了（达到……的目的）"的意思。

方式动词＋目的类旁格宾语，语义为基于一定目的所进行的某种方式性动作。例如：

(22)他觉得用力拉车去<u>挣口饭</u>吃。

例(22)的句法结构如图 10 所示。轻动词"为了"语音为空，实义动词"挣"提升移位，生成"挣饭"；如果轻动词"为了"语音不为空，则生成"为了饭挣。"

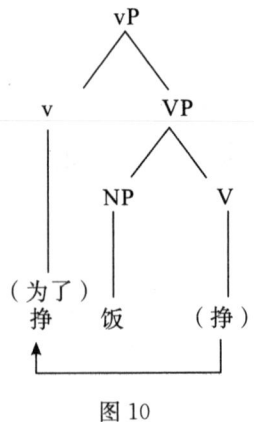

图 10

S_{10}：不及物动词＋材料类旁格宾语,表示"用(……材料)"的意思。

变化动词＋材料类旁格宾语,语义为外力作用于材料而使其发生某种状态的改变。例如：

(23)施工队<u>刷油漆</u>不慎洒到私家车。

例(23)的句法结构如图 11 所示。轻动词"用"语音为空,实义动词"刷"提升移位,生成"刷油漆";如果轻动词"用"语音不为空,则生成"用油漆刷。"

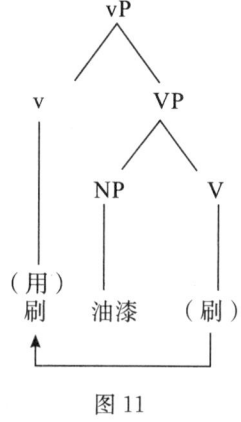

图 11

2.基于有限变异的句法制图理论的解释

根据以上实例,我们总结出汉语不及物动词带旁格宾语结构的生成机制。旁格宾语在底层都位于附加语位置获得旁格,而不是宾格;但是由于汉语轻动词语音可以为空,要求粘附于实义动词,从而引起实义动词提升,形成不及物动词带旁格宾语结构。这样的生成方式与句法制图理论的假设一致,不同语言可能允许附加语结构,可能允许旁格宾语结构,汉语既允许附加语结构又允许旁格宾语结构,这是因为这两种结构的底层句法结构是一样的,差异在于附加语结构中轻动词是显性的,不存在动词提升移位,而旁格宾语结构中轻动词是隐性

的,实义动词必须提升移位。

汉语存在很多语义基本相同的旁格宾语结构和附加语结构,如"住北京"和"在北京住"。本书认为这两种结构的基本语义是一致的,原因是它们的底层结构相同。但两者存在语用差异:宾语结构的默认焦点在宾语"北京",而附加语结构的默认焦点为动词"住";宾语结构可以用于回答"(主语)住哪儿"的问题,附加语结构则可以用于回答"(主语)在哪儿住"的问题。实际语言中也可以用"我在北京住"回答"住哪儿"的问题,但是重音会落在"北京"上,"北京"为对比焦点。两种结构的这种语用差异是由表层结构的差异产生的。

研究发现不同类型的旁格宾语由不同类型的轻动词引导,这些轻动词包括"用……(方式)""因为""经历……(的时间)""为了……(对象)""发生……(事件)""使""进行""用……(为工具)""在……(处所)""为了……(目的)""用……(为材料)"。关于这些轻动词有些文献中已经有了很充分的研究,如"使"即黄正德等(2013)所说的"CAUSE","进行"即黄正德等(2013)所说的"DO"。

本书对旁格宾语的类型划分,既以题元关系为基础,又有一定的句法表现。有些结构看起来差异很小,需要仔细辨认,比如"跑四百米"和"跑三百米","四百米"是田径比赛的一个项目,应该是对象类,而"三百米"就是一般的数量类。

为什么汉语允许出现大量不及物动词带旁格宾语的现象?我们认为,跟本章第一节讨论的汉语存在不同类型的非典型主语情况相同。除了因为汉语允许隐性轻动词和相关名词成分的隐性移动之外,还与汉语动词的特点有关。Lin(2001)提出假设:英语动词包含词根和轻动词,但汉语动词只有词根,不含轻动词;词根与轻动词的组合在s-句法中是非常自由的。这一假设跟"库藏类型学"相协调。我们认为汉英动词库藏存在差异,从而导致汉语允许旁格宾语而英语不允

许。汉语不及物动词带旁格宾语的现象证明语言之间句法制图的差异不仅存在于功能成分的隐现、是否存在移位方面,同时也存在于库藏显赫性和分析性或综合性方面。

五、本节结语

本节在对汉语不及物动词带旁格宾语结构分类的基础上,从有限变异的句法制图理论出发,对各类不及物动词带旁格宾语结构的生成机制进行了探讨,归纳出多种类型的轻动词,并在此基础上,进一步探究了轻动词的隐性或显性,以及实义动词提升或不提升,证明语言之间句法制图的差异不仅存在于功能成分的隐现、是否存在移位方面,同时也存在于库藏显赫性和分析性或综合性方面。今后可以将汉语母语者使用汉语不及物动词带旁格宾语结构的相关情况与外语背景学习者进行对比研究,即可以进一步分析汉语第二语言学习者和母语使用者在汉语不及物动词带旁格宾语结构的使用上所存在的差异。有限变异的句法制图理论可以帮助我们更为充分认识语言的共性和差异,对母语习得和第二语言习得都具有更好的理论解释力,该理论对于提高语言教学效果、推动语言智能发展都具有广泛的应用前景。

第三节 现代汉语供用句的句法生成

一、引言

在现代汉语语法研究中,施事充当主语、受事充当宾语的句子较为常见,但还有大量由其他语义类型充当主语和宾语的句子,因此主

语的语义类型成为重要的研究课题之一。汉语中存在一类独特的表供用意义的句子,如"一锅饭吃十个人",这类句子中有些主语、宾语可易位,如"一锅饭吃十个人"和"十个人吃一锅饭"都能成立。我们在研究中发现,传统观念中把供用句视为可逆句子集的分类方法并不可靠。本书运用轻动词理论,重新研究现代汉语供用句,并与英语作对比,旨在探究现代汉语供用句的生成理据。

二、文献综述

学者们根据 NP_1、NP_2 的语义类别和动词类别对供用句进行分类。刘街生(2009)根据动词将供使句分为不及物动词构成的供使句和及物动词构成的供使句两类。鹿荣(2012)列举了供用类可逆句包含的十种下位语义类型,又根据句法表现形式将它们分为三类,即基础式、对举式和数量对应式。这种分类方法为我们提供了一条很好的思路。但是很显然,合法的供用句远不止学者们列举的这几类。我们认为供用句应该分为可逆和不可逆两大类,可逆型供用句按照 NP_1、NP_2 的语义类型理论上可分为49种,实际找到语料29种,远超出前人的总结,不可逆型供用句也找到4种。这在下文中将有详细说明,此处不再赘述。

学界已有大量文献研究供用句的语义特点。李敏(1998)提出,供用句在易位之后语义会出现差别,易位前表示"供给",易位后表示"分配"。陆俭明(2004)认为"十个人吃了一锅饭""一锅饭吃了十个人"等是表示容纳性的数量结构对应式。丁加勇(2006)提出数量转喻认知模型,以此来理解该类句子的不完形意义。

针对供用句可易位现象的成因,学者们一般从两个方面进行探索。一种是从动词出发解释易位现象,由于动词义弱化,甚至隐去,因此发生易位,如任鹰(1999)。张旺熹(1999)在谈到表示配比范畴的双数量结构时也指出,这类结构的"非动态性"特征导致了前后移位现象。此外,对举式和数量对应的结构形式也有助于这类句子实现可逆。另一种是从语义、认知角度出发解释易位现象。袁毓林(1998)认为部分句子主宾可易位是由于符合语义逻辑,不可易位则是因为受逻辑语义的制约。鹿荣(2006)认为,易位的深层认知机制是由于说话人的话题角度不同,供用句中与动词联系的施事、受事的合法存在必须依托于最熟悉的认知框架。

前人对供用句语义特点和可逆的原因做出了不同解释,本书将在前人的基础上探讨供用句可逆的原因,并进一步解释不可逆型供用句的特征和原因。

三、现代汉语供用句的类型:可逆型和不可逆型

对于汉语这种孤立语而言,主语和宾语的位置经过颠倒而不改变句子基本语义的可逆句式显然是一种标记程度特别高的句法语义现象。而在可逆句的诸多类型中,供用类可逆句是语法学家发现较早且研究较多的一类。但是对于供用句的范围,学者们的观点却存在很大分歧。先来看几个例子:

(1) a. 一锅饭吃十个人。　⟷　b. 十个人吃一锅饭。
(2) a. 电风扇挂墙上。　　⟷　b. 墙上挂电风扇。
(3) a. 白纸糊窗户,黑纸贴墙。⟷ b. 窗户糊白纸,墙贴黑纸。
(4) a. 一本书卖一个人。　　 b. ? 一个人卖一本书。
(5) a. 一根鸡毛掸子掸一片灰。b. *一片灰掸一根鸡毛掸子。

大多数学者普遍认可的供用句是类似于例(1a)这样的句式,即

"数量NP_1＋VP＋数量NP_2(指人或动物)",而对于类似于例(2a)(3a)这样的句子,虽然学者们认识到它们同样具有可逆的特点,却不把它们纳入供用句的讨论范围,他们认为这样的句子虽然也表达供用,却不是供用句的典型形式。至于像例(4a)这类同样表达供用,但在主宾易位后,句子基本语义即发生变化的句子,"一个人"从例(4a)中的对象,变成例(4b)中"卖一本书"的动作实施者,几乎没有学者将其看作供用句。我们认为,凡是表达"NP_1可以用来做(V)某事(NP_2),或通过某种方式(V)供给NP_2使用"的意思的句式都是供用句。我们对供用句范围的概括采取一种比较宽泛的标准,也说明我们认为供用句的核心在于表达"供用义",句中NP_1和NP_2是否存在数量配比关系,作为供用对象的NP_2是否有生命,甚至整个句子是否可逆,都不是供用句成立的必要条件。

事实上,例(1a)(2a)(3a)的句式虽然都是可逆的,但主宾互换位置后,句子的语义实际上还是有所变化的。以(1a)为例,我们可以把它理解为"一锅饭"可以供"十个人"吃,但例(1b)没有表达这样的供用义,它仅仅是一个施动受句。例(4a)中,"一本书"可以用来"卖"给"一个人",这与例(1a)这样普遍为大家所接受的供用句之间并无差异。本是例(4a)中的供用对象的"一个人",在主宾互换位置的例(4b)中既有可能是"卖一本书"的动作实施者,也有可能是"一本书卖"的对象,但这并不影响例(4a)本身表达供用义。例(5a)经过主宾易位后形成的句子例(5b)是不成立的,这是有特殊原因的,详见下文讨论。所以我们把供用句从句法上分为两类:一类是可逆型供用句,一类是不可逆型供用句。

关于上述具有可逆关系的句式,学者们都比较认同这种表示"NP_1可以用来做(V)某事(NP_2),或通过某种方式(V)供给NP_2使用"的供用句的句式语义,而对与它形成可逆关系的对应式的句式语义则有不同的观点。以包含指人成分的例(1a)而言,宋玉柱(1991)认为主宾易位后就变成了一般的施动受句;李敏(1998)认为其对应式重点表义由"供给"变成了"分配";任鹰(1999)认为换位后的句子仍然是供用句;陆俭明(2004)也认为例(1a)这样的双数量结构,不管动词前后的主宾是否互换位置,其语义关系都可以概括为"容纳量—容纳方式—被容纳量"。

一般认为"一种形式一种功能",两个不同的语言结构即使反映的是同一个客观场景,在经过人的主观意向的加工后,不可能还是绝对意义上的同义句式。因此,我们认为可逆型供用句是由主宾可以自由易位的一对句子所组成的特殊句式。主宾易位后的句子只是保持了语义的基本一致,其句式语义不可能不发生变化。而对于那些同样表达"供用义"的供用句,主宾易位后要么句子的逻辑真值义改变,要么基本义改变,我们称之为不可逆型供用句。可逆型供用句和不可逆型供用句各有若干下位类型,下面分别说明。

(一) 可逆型供用句的分类

无论是可逆型供用句,还是不可逆型供用句,我们都采取统一的分类方法,即从供用句中 NP_1 和 NP_2 的语义类型入手。袁毓林(2002)对现代汉语动词常见的17种论元角色进行语义定义,并对其动态的语义特征进行描述,这17种论元角色分别是施事、感事、致事、主事、受事、与事、结果、对象、系事、工具、材料、方式、场所、源点、终点、范围、命题。袁毓林(2003)对上述17种论元角色的语法表现进行考察,以这些论元角色的分布特征和转换特征为测试条件,从语法形式上对不同论元角色所应具有的语法指标进行界定,为定义不同的论元角色提供可靠性依据。上述研究成果中关于论元角色的语义界定及语义、句法特征的描写,为本书研究现代汉语供用句的分类问题提供了理论支撑。本书基于前人的研究成果,将研究所涉及的主语和宾

语分别进行划分。

根据与主要动词的语义关系,可逆型供用句的主语可以分为受事类、处所类、结果类、材料类、工具类、时间类和与事类,宾语可以分为施事类、受事类、处所类、结果类、材料类、工具类、时间类和与事类。我们很容易发现,能够充当供用句宾语的有8种语义角色,而能充当供用句主语的只有7种语义角色,施事不能充当供用句的主语。这是因为施事主语句是汉语中最常见的句型,施事角色的语义特征与供用句中NP_1表达的供用物含义是相违背的。那么,为什么在袁毓林划分的17种论元角色中,只有其中8种能进入供用句中充当主语或宾语呢?首先,袁毓林(2002)将施事、感事、致事和主事看作原型施事典型性渐减的四个小类,但事实上这四个论元相应的谓语动词在意义上还是存在区别的,感事、致事和主事类主语对应的谓语动词不可进入供用句。其次,袁毓林(2002)从意义上将受事、与事、结果、对象、系事看作原型受事典型性渐减的五个小类,其中对象论元表感知目标,系事论元表主事属性,都不适合进入供用句。供用句中的NP_1表供用物,NP_2表供用对象,均无法接纳方式论元或命题论元。我们把场所、源点、终点统一划分为处所论元,从范围论元中提取出时间论元,因此,能进入供用句的只有8种论元角色。

基于施事类不能充当NP_1,且主语和宾语的语义角色不可相同的前提,我们把剩下的语义角色一一配对,共有49种句式,即7种类型的主语和8种类型的宾语一一配对,共56种,再减去其中7种主语和宾语的语义角色相同的情况。但并不是每一种句式都是合语法的。由于供用句本身是一个非常复杂的句式系统,其中的一些语义类型虽然可以存在,但往往需要非常特殊的语境条件,因此,我们要想查找这类现实语料,特别是现实的书面材料,往往非常困难。对于供用句的研究,我们所关注的首要问题不是各类语义类型的句子常不常说,而是能不能说。刘丹青(2003)谈到任何语言能够说出的句子都是一个无穷大的集,能收集到的句子比起能说的句子永远只是极小一部分,无法凭这极小一部分来归纳语法规律。另外,现实语料中收集到的例句只能说明语言里什么可以说,合语法,而无法说明什么不能说,不合法。因此对我们总结相关规律帮助比较大的例句可能并不太容易通过现实语料库来获得。基于这种认识,我们采用内省与语料调查相结合的研究方法。根据这种方法,我们得出研究结果:现代汉语中合语法的可逆型供用句实际有29种。下文一一列举。

①受事+施事:一锅饭吃十个人。
⟷ 十个人吃一锅饭。
②受事+处所:地图挂墙上,风扇挂屋顶。
⟷ 墙上挂地图,屋顶挂风扇。
③受事+材料:三株月季浇一桶水。
⟷ 一桶水浇三株月季。
④受事+工具:一个犯人铐一副手铐。
⟷ 一副手铐铐一个犯人。
⑤受事+与事:书送老王,礼盒送老高。
⟷ 老王送书,老高送礼盒。
⑥受事+时间:一本书读一个星期。
⟷ 一个星期读一本书。

受事为主语的情况下,结果不能作宾语。因为结果是施事者动作行为的成果,与人有关,是人用工具或花费材料、时间造成的某种结果。我们不会说受事可以供给某种结果使用。

⑦处所＋受事：一间房放三盆花。
　　　　　⟷ 三盆花放一间房。
⑧处所＋施事：一张床睡三个孩子。
　　　　　⟷ 三个孩子睡一张床。
⑨处所＋材料：一面看板刷一桶黑漆。
　　　　　⟷ 一桶黑漆刷一面看板。
⑩处所＋时间：一把椅子坐一年。
　　　　　⟷ 一年坐一把椅子。
⑪处所＋结果：东屋建厨房，西屋建卧室。
　　　　　⟷ 厨房建东屋，卧室建西屋。

处所为主语的情况下，工具、与事不能作宾语。处所主语表示动作、行为发生的场所，供"隐身"的施事用来做某事。与事、工具不是动作行为的主动参与者，因此难以进入处所主语供用句。

⑫材料＋受事：两桶井水浇葡萄，两桶井水浇月季。
　　　　　⟷ 葡萄浇两桶井水，月季浇两桶井水。
⑬材料＋处所：白纸糊窗户，黑纸贴墙。
　　　　　⟷ 窗户糊白纸，墙贴黑纸。
⑭材料＋结果：羊肉馅包饺子，猪肉馅包馄饨。
　　　　　⟷ 饺子包羊肉馅，馄饨包猪肉馅。
⑮材料＋时间：一桶黑漆刷一个小时。
　　　　　⟷ 一个小时刷一桶黑漆。

材料为主语的情况下，施事、工具、与事难以作宾语。

⑯工具＋受事：一副手铐铐一个犯人。
　　　　⟷ 一个犯人铐一副手铐。
⑰工具＋时间：一块肥皂洗一个星期。
　　　　⟷ 一个星期洗一块肥皂。

工具为主语的情况下，受事和时间论元可以作可逆型供用句的宾语。一般来说，工具论元在供用句中的存在是为了供施事做某事或可以供施事做多久。

⑱时间＋受事：一个小时洗一件衣服。
　　　　⟷ 一件衣服洗一个小时。
⑲时间＋施事：一个小时讲两个人。
　　　　⟷ 两个人讲一个小时。
⑳时间＋处所：一个小时打扫一间客厅。
　　　　⟷ 一间客厅打扫一个小时。
㉑时间＋结果：一个小时包一锅饺子。
　　　　⟷ 一锅饺子包一个小时。
㉒时间＋材料：一个小时刷一桶黑漆。
　　　　⟷ 一桶黑漆刷一个小时。
㉓时间＋工具：一天写一支笔。
　　　　⟷ 一支笔写一天。
㉔时间＋与事：一个小时谈一个人，两个小时谈两个人。
　　　　⟷ 一个人谈一个小时，两个人谈两个小时。

时间为主语，表示句子中动作持续的时间。

㉕结果＋材料：饺子包一斤肉，馄饨包一斤肉。
⟷ 一斤肉包饺子，一斤肉包馄饨。
㉖结果＋处所：厨房建东屋，卧室建西屋。
⟷ 东屋建厨房，西屋建卧室。
㉗结果＋时间：一锅饺子包一个小时。
⟷ 一个小时包一锅饺子。

结果为主语的情况下，材料、处所和时间论元可以作可逆型供用句的宾语。在供用句中，结果论元作主语，一般可以理解为消耗了多少材料或时间，也就是说，材料或时间可以供给"隐身"施事，经过某种动作，达成某种结果，或者说是在某地形成了某种结果。

㉘与事＋受事：老师送书，学生送糖果。
⟷ 书送老师，糖果送学生。
㉙与事＋时间：一个人谈一个小时，两个人谈两个小时。
⟷ 一个小时谈一个人，两个小时谈两个人。

与事为主语的情况下，受事和时间论元可以作宾语。与事作为供用句中的主语，表示供给对象；受事充当宾语，表示动作行为的对象；时间充当宾语，表示动作行为花费的时长。

以"三株月季浇一桶水"和"两桶井水浇葡萄，两桶井水浇月季"为例进行对比，我们可以观察到，不论是受事作主语、材料作宾语，还是材料作主语、受事作宾语，这两个句子都是供用句。这样的情况还有很多，如"地图挂墙上，风扇挂屋顶"，"一间房放三盆花"，等等。主宾互换位置后的两个句子虽然仍是供用句，但两句话的焦点和预设是不一样的。例如"饺子包一斤肉，馄饨包一斤肉"和"一斤肉包饺子，一斤

肉包馄饨",我们以针对主语进行提问的方式来检验:如果对"饺子包一斤肉,馄饨包一斤肉"进行提问,问题应该是"饺子和馄饨各包了多少肉";如果对"一斤肉包饺子,一斤肉包馄饨"进行提问,问题则应该是"两斤肉分别用来干了什么"。

但是并不是所有的可逆型供用句主宾易位后仍是供用句,最典型的是"受事+施事"变为"施事+受事"后,句子就变为普通的施事主语、受事宾语句。可逆型供用句主宾易位后是否仍是供用句取决于主宾语的语义类型。

(二)不可逆型供用句的分类

不可逆型供用句的类型就远没有可逆型供用句多。其中,不可逆型供用句的主语可以分为材料类和工具类,宾语可以分为结果类、受事类和处所类。现代汉语不可逆型供用句的具体分类如下:

① 材料+结果:半斤小米熬一锅粥。
② 工具+受事:一根鸡毛掸子掸一片灰。
③ 工具+处所:一根拖把拖一间屋子。
④ 工具+结果:一把锅铲炒一桌菜。

上述四类句子主宾易位后不合法,如"＊一锅粥熬半斤小米","＊一片灰掸一根鸡毛掸子","＊一间屋子拖一根拖把","＊一桌菜炒一把锅铲",我们一般会用"一锅粥需要用半斤小米来熬","一片灰应该用一根鸡毛掸子来掸","一间屋子应该用一根拖把来拖"以及"一桌菜只需要一把锅铲来炒"等方式表达。

可逆型、不可逆型供用句的各种形式对于格式都有一定要求,比如有的要求用双数量结构,有的要求用对举结构,有的双数量结构和对举结构都可以。下面进行具体讨论。

277

四、现代汉语供用句的特征:双数量和对举

鹿荣(2006)提出,类似于"地图挂墙上"这样的无数量结构属于基础式供用句,对举式和数量对应式为加强式。但我们认为所谓的基础式供用句和单数量结构在语义表达上尚未完成,都不是完整的句子。

我们先来看几个例子:

(6) a.？井水浇葡萄。 ⟷ b. 葡萄浇井水。
(7) a.？两桶井水浇葡萄。 ⟷ b. 葡萄浇两桶井水。
(8) a.？井水浇两株葡萄。 ⟷ b. 两株葡萄浇井水。
(9) a. 两桶井水浇两株葡萄。 ⟷ b. 两株葡萄浇两桶井水。
(10) a. 井水浇葡萄,河水浇月季。 ⟷ b. 葡萄浇井水,月季浇河水。

例(6)是无数量结构,例(7)(8)是带有单数量结构的句子,这些句子在意义上还没结束,往往需要添加一个对举形式或者变成双数量型,才使得意义完整。由此我们可以得出结论,句法结构对现代汉语供用句的合法程度必定有影响。

无数量结构和单数量结构供用句说明的是供用物 NP_1 可以供某个未在表层结构出现的供用者做某件事,也就是供用者对 NP_1 和 NP_2 之间的供给关系进行了安排,但常常会造成语义的不完整。对举型结构则是增加了另外一个与之类似的安排,以对举的形式来说明不同的 NP_1 与不同的 NP_2 之间如何建立起供给关系。双数量结构表达 NP_1 和 NP_2 之间在数量上的配比。

那么,是不是所有语义不完整的无数量结构都可以随意扩展为双数量型或者对举型呢?或者说,双数量型和对举型是不是可以互相转换呢?上述29种可逆型供用句根据主语的语义角色可以分为以下七组。

第一组主语为受事,根据宾语的语义角色有以下六种情况。

①受事＋施事:a.一锅饭吃十个人。

b.？饭吃人,菜吃猪。

c.饭吃十个人,粥吃五个人。

②受事＋处所:a.地图挂墙上,风扇挂屋顶。

b.一张地图挂一面墙上。

③受事＋材料:a.三株月季浇一桶水。

b.月季浇井水,葡萄浇河水。

④受事＋工具:a.一个犯人铐一副手铐。

b.一副手铐铐一个犯人。

⑤受事＋与事:a.书送老王,礼盒送老高。

b.？一本书送一个老王。

c.一本书送一个学生。

⑥受事＋时间:a.一本书读一个星期。

b.？书读星期,电影看小时。

c.报纸读一天,书读一个星期。

第二组主语为处所,根据宾语的语义角色有以下五种情况。

①处所＋受事:a.一间房放三盆花。

b.房间放花,客厅放书。

②处所＋施事:a.一张床睡三个孩子。

b.床睡孩子,沙发睡大人。

③处所＋材料：a. 一面看板刷一桶黑漆。
　　　　　　b. 看板刷黑漆，墙刷绿漆。
④处所＋时间：a. 一把椅子坐一年。
　　　　　　b. ？椅子坐年，床睡月。
　　　　　　c. 椅子坐一年，沙发坐两年。
⑤处所＋结果：a. 东屋建厨房，西屋建卧室。
　　　　　　b. 一间东屋建一间厨房。

第三组主语为材料，根据宾语的语义角色有以下四种情况。

①材料＋受事：a. 两桶井水浇葡萄，两桶井水浇月季。
　　　　　　b. 一桶井水浇两棵葡萄。
②材料＋处所：a. 白纸糊窗户，黑纸贴墙。
　　　　　　b. 一张白纸糊一扇窗户。
③材料＋结果：a. 羊肉馅包饺子，猪肉馅包馄饨。
　　　　　　b. 一斤羊肉馅包一锅饺子。
④材料＋时间：a. 一桶黑漆刷一个小时。
　　　　　　b. 一个小时刷一桶黑漆。

第四组主语为工具，根据宾语的语义角色有以下两种情况。

①工具＋受事：a. 一副手铐铐一个犯人。
　　　　　　b. 手铐铐犯人，水果刀削梨子。
②工具＋时间：a. 一块肥皂洗一个星期。
　　　　　　b. ？肥皂洗星期，洗衣液洗月。
　　　　　　c. 肥皂洗一个星期，洗衣液洗一个月。

第五组主语为时间,根据宾语的语义角色有以下七种情况。

①时间+受事:a. 一个小时洗一件衣服。

b. ？小时洗衣服,小时洗碗。

c. 一个小时洗衣服,一个小时洗碗。

②时间+施事:a. 一个小时讲两个人。

b. ？一个小时讲人,一天讲人。

c. 一个小时讲一个人,一天讲八个人。

③时间+处所:a. 一个小时打扫一间客厅。

b. ？小时打扫客厅,天打扫院子。

c. 一个小时打扫客厅,一个小时打扫院子。

④时间+结果:a. 一个小时包一锅饺子。

b. ？小时包饺子,天做衣服。

c. 一个小时包饺子,一个小时包馄饨。

⑤时间+材料:a. 一个小时刷一桶黑漆。

b. ？小时刷绿漆,小时刷黑漆。

c. 一个小时刷黑漆,一个小时刷绿漆。

⑥时间+工具:a. 一天写一支笔。

b. ？天写笔,天量尺子。

c. 一天写钢笔,一天写毛笔。

⑦时间+与事:a. 一个小时谈一个人,两个小时谈两个人。

b. ？一个小时谈人,两个小时谈人。

第六组主语为结果,根据宾语的语义角色有以下三种情况。

①结果＋材料：a. 饺子包一斤肉，馄饨包一斤肉。
　　　　　　　b. 一锅饺子包一斤肉。
②结果＋处所：a. 厨房建东屋，卧室建西屋。
　　　　　　　b. 一间厨房建东屋，一间卧室建西屋。
③结果＋时间：a. 一锅饺子包一个小时。
　　　　　　　b. ？饺子包小时。
　　　　　　　c. 饺子包一个小时，馄饨包一个小时。

第七组主语为与事，根据宾语的语义角色有以下两种情况。

①与事＋受事：a. 老师送书，学生送糖果。
　　　　　　　b. 一位老师送两本书。
②与事＋时间：a. 一个人谈一个小时，两个人谈两个小时。
　　　　　　　b. ？一个小时谈人。

　　通过对上述例子进行转换，我们可以看出，有一部分的双数量结构供用句和对举型供用句之间可以相互转换，但也有一部分不可以相互转换。如"一本书读一个星期""一把椅子坐一年""一块肥皂洗一个星期""一锅饺子包一个小时"等，这些包含时间角色的双数量型供用句在转换成对举型供用句时是有条件限制的，即时间名词前必须有数量词修饰。"星期""月"前面没有数量词修饰单独出现时，是不能表达时间跨度的，我们不能说"一块肥皂洗星期"。
　　双数量结构供用句和对举型供用句相互转换还有一个限制条件，即宾语不可以为施事角色。当宾语为施事角色时，如"一个小时讲两个人"，去掉数量词修饰后，变成"一个小时讲人"，其中"讲"是及物动词，我们很容易把"人"理解为"讲"的对象，这不符合现实生活；加上数

量词语,如"一个小时讲一个人,一天讲八个人",其中"一个人""八个人"都表示数量而不可能被理解为动词的对象,这时句子就可以接受了。"书送老王,礼盒送老高"转换成双数量型供用句时要求句中宾语不可以是有具体指称的专有名词,因为专有名词前不能加数量结构进行限制。只要把宾语换成一般名词,前面加数量词表示数量,该句就可以转换成双数量结构,如"一本书送一个学生"。至于"饭吃人,菜吃猪"不能成立,原因在于去掉双数量结构修饰后的"饭吃人,菜吃猪"失去了数量上的供给关系,这个孤零零的主谓宾结构只能作施事受事关系解读,不符合现实生活。只要在宾语前加上数量词语表示数量关系,该句就可以转换成合法的对举型供用句。

那么,为什么存在一部分的双数量型供用句和对举型供用句之间不可以相互转换的现象呢?这是因为双数量型供用句和对举型供用句具有不同的性质。

项开喜(1991)指出双数量型供用句表达计算含义,句中可以加"能",例如"一锅饭(能)吃十个人,两锅饭(能)吃二十个人";对举型供用句表达分配和安排的含义,句中不一定可加"能"。两种句子结构不同,所以对 NP_1、NP_2 的要求不同。我们认为双数量型供用句表达的是数量上足够,对举型供用句表达的是性质上适合或被认为性质上适合。例如"一锅饭吃十个人"隐藏的含义是"一锅饭足够供十个人吃","地图挂墙上,风扇挂屋顶"隐藏的含义是"地图适合用来挂在墙上,风扇适合用来挂在屋顶"。

五、现代汉语供用句的生成

我们认为,现代汉语供用句主要存在两种不同的形式,也就是双数量型供用句和对举型供用句。这两种不同形式的供用句表达不同

的含义,可能具有不同的生成方式。

（一）双数量型供用句的生成

李强(2016)认为,将"一副手铐铐一个犯人"和"一个犯人铐一副手铐"进行对比,可以明显感到前一个句子中的主语名词所指事物的功能属性得到突出强调,这可以通过对句子的谓语部分进行提问的方式证明,例如"……可以用来干什么？"

除了突显功能属性外,双数量型供用句在一些情况下还可以将主语名词所指事物的其他属性特征加以显现,并且,这些属性特征决定谓语所表示的动作行为是否能够发生。例如：

(11) 一锅饭可以供十个人吃,因为……
　　a. 这一锅饭足够多。
　　b. ＊这里刚刚好有十个人。

"十个人吃"这个事件之所以能够实现,是因为"一锅饭"本身的属性,它有足够的量,而不是因为"有十个人"这一环境因素。我们把双数量结构中的主语变换为非数量词语并将整个句子改成否定形式,可以更清楚地了解这一点。例如：

(12) 床(太小了)睡不了三个人。(一张床睡三个人。)
(13) 杠子(太短了)顶不了一扇门。(两根杠子顶一扇门。)
(14) 水(太少了)浇不了两棵葡萄。(一桶井水浇两棵葡萄。)

"小、短、少"都是用来描述主语所指事物自身的属性特征,正是这些属性特征的限制使得谓语部分所代表的行为或动作难以实现,我们可以把这种属性特征理解为数量上的足够或不足够。从严格意义上说,主语所指事物的属性决定的是"V+数量+NP$_2$"所代表的行为事件的发生或实现,而不是"V+NP$_2$"行为事件的发生。如果宾语名词前没有数量成分修饰,相应供用句的合格度会大大降低。例如:

(15)a. *一锅饭吃人。
b. *一瓶水喝人。

例(15a)(15b)并没有提供充足的有效的信息,"一锅饭"自身的数量属性特征与"人吃"这个行为事件没有关系,而是与"几个人吃"行为事件相关。

传统汉语中动词前的主语名词短语倾向于定指,而动词后的名词短语倾向于不定指,那么双数量型供用句中名词短语皆是定指主语的反例该如何解释呢?李艳惠、陆丙甫(2002)认为,这并非因为供用句特殊的句法结构允许不定主语,而是因为其中的不定主语实际上是数量表达,不是指称个体的表达。数量性短语的核心是其中的数目表达,不同于以量词或 NP/DP 为核心的指称性名词短语,这样的结构反映了数目短语句法和语义的表现特点。

另外,"一锅饭做十个人"不合法的原因就在于"一锅饭"的属性并不是"供十个人做",而是"供十个人吃"。也就是说,主语名词所指事物的属性特征决定了"V+数量+NP$_2$"所代表行为事件的实现;反过来,宾语名词的数量概念又可以将主语名词所指事物的属性特征突显出来。基于这些认识,我们认为,双数量型供用句不但明确 NP$_1$ 与 NP$_2$ 之间建立供给关系,而且对多少 NP$_1$ 与多少 NP$_2$ 之间建立供给关系也有明确的安排。也就是说,双数量型供用句表达的是一种更加明确的数量满足关系。因此,双数量型结构使句子的语义完整。

双数量型供用句表达的是满足数量上的要求,其中可以加"能/可

以",所以它包含一个隐性的轻动词"可以供",它的生成也离不开这个轻动词。

(二)对举型供用句的生成

(16)a.? 一张床睡人。
b.? 一桶井水浇葡萄。

例(16a)(16b)只有出现在对举型结构中,才具有较高的可说度,如"一张床睡人,一张床放东西","一桶井水浇葡萄,一桶井水浇月季"。虽然这两句话中的主语都带有数量词修饰,但其实它们和双数量型供用句中的数量词是不同的作用,这里的数量词表达的并不是数量上的概念,而是对主语的安排。和双数量型供用句"一张床睡三个人"不同的是,双数量型供用句表达的是数量上的足够,即"一张床可以供三个人睡",而"一张床睡人,一张床放东西"里的"一张床"应该是指代"这张床,那张床"。我们认为存在一个情景,在这个情景里有两张床,我们对这两张床作了不同的安排,即"这张床适合用来睡人,那张床适合用来放东西"。

从"可能世界语义学"的观点来说,一个命题就是一个语句在一个特定的场合关于这个世界说了什么,例如"一桶井水浇葡萄,一桶井水浇月季"是真的,这就等于说,我们的世界是这样的"可能世界"(possible world)的集合中的一个,在这些可能的世界中,我们对两桶井水做了不同的安排,即安排其中一桶浇葡萄,另外一桶浇月季。(Allwood et al.,1977)

对举型供用句要求两个句子的主语和宾语不能指称同一个对象,例如"一桶井水浇葡萄,一桶河水浇月季"是不同名词指称不同的对象;"一张床睡人,一张床放东西"虽然都是同一个名词"一张床",但指称的对象是"两张不同的床"。此时句中的主语和宾语前没有数量词也是成立的,例如"床睡人,椅子放东西",它同样表达的是对主语不同的安排。

那么,对举型供用句为什么必须要用对举句才能成立呢?

这和这种句子主语的特点有关。一般句子的主语必须是有定的、已知的,例如"这本书放桌子上"。但对举主语可以是无定的,例如"书放桌子上,本子放椅子上"。因为"书"和"本子"是对比关系,因此也是相对已知的。两相对比,主语为"已知"的要求得到满足,所以句子是自足的。比较下面两句,我们可以发现它们有着不同的预设:

(17)葡萄浇井水。
(18)葡萄浇井水,月季浇河水。

例(17)的预设中不仅仅有"葡萄",应该还有别的植物,这句话是对其中"葡萄"的安排,我们会觉得这句话还没说完;例(18)的预设除了"葡萄",还有"月季",句子语义完整。

对举型供用句还有一个特点,即属于双焦点句。我们以对举型供用句"地图挂墙上,风扇挂屋顶"为例,很显然,这句话有两个焦点,即地图适合用来挂在墙上,风扇适合用来挂在屋顶,表述重点在于强调地图和风扇的性质不同。

对举型供用句表达的是对主语不同的安排,其中可以加"适合",所以对举型供用句中包含一个隐性的轻动词"适合用来",且句子中包含两个焦点。对举型供用句前后两部分的结构一样,我们以上文中例(3a)前半部分"白纸糊窗户"为例,其生成的句法过程如图1所示。

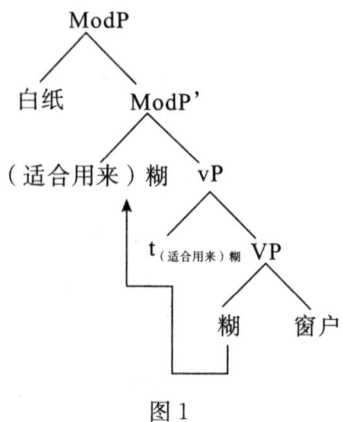

图 1

通过讨论双数量型供用句和对举型供用句的生成方式,我们发现二者在语义上的共性也有不同,前者表达数量上能够用于何种用途,后者表达性质上适合用于何种用途,二者都表达用途,所以同属"供用句",但观察二者角度,从模态语义学来说,属于不同模态。(Allwood et al.,1977)

六、本节结语

通过对现代汉语供用句中主语和宾语的语义角色的扩展,我们对供用句重新进行了分类。供用句分为可逆型和不可逆型两大类,其中,可逆型供用句从结构上又可分为双数量型供用句和对举型供用句。双数量型供用句表达的是数量上能够达到,句子中可以加"能/可以";对举型供用句表达的是根据主语的不同性质,从而对主语进行不同安排,句子中可以加"适合"。本节从有限变异的句法制图理论出发,运用功能成分(轻动词)对不同结构供用句的生成机制进行了探讨,认为双数量型供用句中存在轻动词"可以供",对举型供用句中存在轻动词"适合用来"。在此基础上,证明语言之间句法制图的差异不仅存在于功能成分的隐现、是否存在移位方面,同时也存在于库藏显赫性和分析性或综合性方面。

第四节 "喝花酒"类[1+2]动宾式词语的生成动因

虽然现代汉语词汇中双音节词占优势,但是三音词语也占有一定比例。从结构上来看,三音词语涵盖了主谓式(如"天照应")、动宾式(如"挤牙膏")、偏正式(如"墙头草")、补充式(如"来不及")、联合式(如"短平快")等诸多形式。动宾式三音词语中,[1+2]结构所占比例约为98%,优势相当明显。"喝花酒"这一类特殊的[1+2]动宾式三音词语中,修饰成分(如"花")在语义上不是修饰后面的名词的,而是对前面的动词作修饰限制的。杨书俊(2005)、李慧(2012)、孟凯(2016)等研究了该类词语的特点。本书以前人研究为基础进一步探讨该类结构的生成动因。为了行文方便,我们用"$V_{单}$"代表光杆的单音节动作动词,"$N_{单}$"代表光杆的单音节名词,那么"喝花酒"这类特异的三音词语就可以用"$V_{单}$+单音修饰成分+$N_{单}$"来表示。

一、"喝花酒"类三音词语的结构

(一) 组合式和粘合式

朱德熙(1982)认为述宾结构可以分为粘合式和组合式两类。粘合式述宾结构的述语是单独的动词(不带补语和后缀),宾语是单独的名词(不带定语)。凡不符合以上条件的述宾结构都是组合式述宾结构。例如:

```
粘合式        组合式
喝酒          喝花酒
吃饭          吃白饭
开车          开倒车
吃醋          吃干醋
```

粘合式述宾结构往往可以直接作定语(不带"的"字),组合式述宾结构必须加上"的"字体词化以后才能作定语。比较:

喝酒问题——喝花酒的问题
吃饭家伙——吃白饭的家伙
开车司机——开倒车的司机
吃醋女人——吃干醋的女人

"$V_单$+单音修饰成分+$N_单$"结构一般是组合式述宾结构,而它扩展前的动宾结构是粘合式的,可能是粘合式述宾短语,也可能是粘合式述宾复合词。"喝酒"是粘合式述宾短语,述语"喝"和宾语"酒"都是独立的词;而"帮忙"的"忙"是粘着语素,不是词,所以"帮忙"是粘合式述宾复合词,不是述宾短语。述宾复合词跟其他类型的复合词不一样,往往可以作有限扩展。例如:

帮忙——帮个忙
睡觉——睡会儿觉
装蒜——装什么蒜
散步——散一会儿步

"帮忙"等扩展以前是复合词,扩展以后就成了组合式述宾短语。所以本书讨论的"$V_单$＋单音修饰成分＋$N_单$"式三音词语既能由述宾复合词扩展而来,也能由述宾短语扩展而来。

(二)单音修饰成分的词性分析

黄伯荣、廖序东(1991)指出,词类是词的语法性质的分类。分类的依据是词的语法功能、形态和意义,主要依据是词的语法功能。词的语法功能指的是:(1)词在语句里充当句法成分的能力,即词的职务,表现在能不能充当句法成分和充当什么句法成分上。(2)词与词或短语的组合能力。这有两种表现:①实词与另一些实词的组合能力。②虚词依附实词和短语的能力。

"$V_单$＋单音修饰成分＋$N_单$"中的单音修饰成分可以修饰后面的单音名词,构成偏正结构,所以我们判断这个单音修饰成分作定语,应该是形容词,并且是性质形容词。那么它是否具有形容词的语法特征呢?我们来测试一下。

表1

词语 语法性质	白	闲	慢	闷	懒	难	黑	硬
能作定语	＋	＋	＋	＋	＋	＋	＋	＋
不能带宾语	＋	＋	＋	＋	＋	＋	＋	＋
能受"很"修饰	＋	＋	＋	＋	＋	＋	＋	＋
可以作谓语	＋	＋	＋	＋	＋	＋	＋	＋

所以我们可以把"$V_单$＋单音修饰成分＋$N_单$"式三音词语中的单音修饰成分定性为形容词。

(三)"喝花酒"类三音词语的类型

"喝花酒"类"$V_单$＋单音修饰成分＋$N_单$"式三音词语中的修饰成分(如"花""白")不是修饰后面的名词的,而是对前面的动词作修饰限

制的,因此不能对这些词语中的"＊花酒""＊白饭""＊干醋"进行普通解读。这类词语可以分为三个小类[本书语例全部取自周宏溟《汉语惯用语词典》(1990)和温端政等《中国惯用语大全》(2004)]。

第一小类以"喝花酒"为代表,不能变换为"＊花喝酒"。同一小类的还有"唱反调""扯闲篇""吃白食""吃闲饭""打帮腔""打边鼓""打黑枪""打闷棍""掉花枪""发横财""放冷箭""放冷枪""放邪火""喝干醋""怀鬼胎""告黑状""开冷枪""聊闲篇""迈方步""敲闷棍""耍花枪""耍花招""耍贫嘴""甩闲话""睡懒觉""说矮话""说寡嘴""说横话""玩花招"等。

第二小类以"吃白饭"为代表,可以变换为"白吃饭",变换以后单音修饰成分"白"的语义没有改变。同一小类的还有"帮倒忙""操闲心""吃干醋""打闲锤""瞪干眼""读死书""发瞎枪""放瞎炮""开倒车""喝倒彩""开黑店""磨闲牙""说闲话""守活寡""抬死杠"等。

第三小类以"拉偏架"为代表,可以变换为"偏拉架",但变换以后单音修饰成分"偏"的语义有明显改变,其中的"偏"常常说成"偏偏"。同一小类的还有"吃干饭""吃偏饭""打偏手""开快车""开慢车""拉偏套""敲边鼓""说死话"等。这一小类变换前后结构中的单音修饰成分是两个语义没有关联的同音词,本书不作具体讨论。

二、"喝花酒"类动宾式三音词语的基础结构

分析"喝花酒"类动宾式三音词语的基础结构,应该考虑该结构的语义特点。上文提到,"喝花酒"类"$V_单$＋单音修饰成分＋$N_单$"式三音词语中的修饰成分(如"花")不是修饰后面的名词的,而是对前面的动词作修饰限制的。我们以"喝花酒"为例,表面上看它似乎与普通的[1＋2]动宾式三音词语一样,如"开玩笑","玩笑"是一个名词词组,

"开"作为动词与这个名词词组形成动宾结构。但语义上看"花"并不修饰后面的单音名词"酒",而修饰限制前面的动词"喝"。再比如"喝闷酒"和"吃闲饭"。"酒"有好酒、差酒之分,却没有烦闷、开心之分,所以这个"闷"并不修饰后面的"酒",而修饰整个动宾词组"喝酒";同理,"饭"有干饭、稀饭之分,却没有闲饭、忙饭之分,所以这个"闲"也是修饰整个动宾词组"吃饭"的,指的是施事不干活,处于闲散的状态。"打冷枪"中的"冷"指"打枪"这一事件发生的突然性和隐蔽性;"打嘴仗"中的"嘴"指工具,即用嘴打仗。正如孟凯(2016)所言:"嵌入成分的语义并不指向后面的名词性成分。"

Baker(1988)提出了"题元指派统一性假设"(The Uniformity of Theta Assignment Hypothesis,简称 UTAH):凡是题元关系相同的成分在 D 结构层面其结构关系也相同。大意是,题元与题元之间在语义上存在着等级关系,而这种等级关系在句法上也有所体现。在底层结构中,每个成分移位之前按题元等级高低占据相应的位置。题元指派统一性假设主要是关于题元之间关系的,稍加扩展,我们认为谓词及其修饰成分的相对位置在底层结构上也应该是一致的。结合汉语的实际特点,修饰谓词性成分的状语应该在动词的前面,而"喝花酒"中的"花"是修饰动词成分的,所以应该置于动词之前。王姬(2013)也提到"喝花酒""吃白饭"等是由"花喝酒""白吃饭"转换而来。据此,"喝花酒"的基础结构为"花[喝酒]",其树形图如下所示。

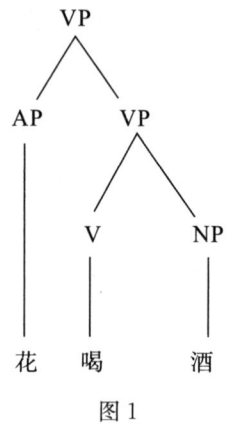

图 1

三、"喝花酒"和"倒插门"的对比

"喝花酒"的基础结构为"花[喝酒]","花"在语义上修饰限制动词词组"喝酒"。为什么表层句法上"花"不是位于动词之前,而是位于名词之前呢?回答这一问题,可以观察一下"倒插门""干瞪眼""白费蜡""乱弹琴"等词语的结构。"倒插门"等语义结构和句法结构都为[$_{VP}$ 倒[$_{VP}$ 插门]],"倒"修饰限制动词词组"插门"。"喝花酒""倒插门"这两种结构,其中修饰成分("花"和"倒")的句法、语义特点构成对比。

"喝花酒"类词语只能是单音动词在前,即构成"$V_单$+单音修饰成分+$N_单$"格式,没有修饰成分居动词前的状中式;"倒插门"类词语只有修饰成分居动词前的状中式,没有"$V_单$+单音修饰成分+$N_单$"格式。例如:

喝花酒——*花喝酒
迈方步——*方迈步
睡懒觉——*懒睡觉
告黑状——*黑告状

*插倒门——倒插门
*瞪干眼——干瞪眼
*费白蜡——白费蜡
*弹乱琴——乱弹琴

"倒插门"类词语的语义和句法相对应,"倒""干""白""乱"等修饰成分作动词词组"插门""瞪眼""费蜡""弹琴"的状语。孟凯(2016)指出:"状中式体现更多的是修饰关系,多用于表达成分间组合性的修饰义。"就是说,"倒"和"插门"按照各自意义组合到一起,符合语义学中所谓"组合原则"①。

和"倒插门"类词语相比,"喝花酒"类词语的语义有两个特点。第一,从基础语义上说,"花"是修饰限制动词词组"喝酒"的,不是直接修饰限制名词"酒"的。第二,这些词语的意义不是按照组合原则得到的,而是一种新的整合,带有隐喻义。"喝花酒"指由妓女陪着饮酒作乐。"开倒车"比喻违反前进的方向,向后退。"吃干醋"比喻在与自己不相干的事情上产生嫉妒情绪,没来由地嫉妒。同时该类词语大多带有贬义。原先的动宾词语大多是中性词,如"喝酒、吃饭、读书、猜谜、睡觉、敲鼓",单音修饰成分的嵌入使原先的词语带有了贬义。

从句法上看,"喝花酒"中的"花"和"倒插门"中的"倒"有一个重要差异,即"倒"可以自由作状语,而"花"不可以自由作状语。《现代汉语词典》(第7版)给"花"标注的词性主要有三种。"花"的第一种词性是名词,如"一朵花儿""花盆儿""火花""礼花""白地蓝花儿""文艺之花""轧花""出过花儿""挂了两次花";"花"的第二种词性为形容词,如"花

---

① 也称弗列格组合原则,据说是德国语言学家弗列格(Freg)提出的,意即句子的整体意义是它的部分意义以及它们组合方式的函数(方立,2000)。

白""眼花""袖子都磨花了";"花"的第三种词性为动词,如"花钱"等。《现代汉语词典》(第 7 版)认为第三种词性的"花"和前面两种词性的"花"是同音词。无论是名词性的、形容词性的还是动词性的"花"都不能作状语。

正是因为"花"等修饰成分不能作状语,"喝花酒"类词语的表层结构不能跟它的基础结构一样把"花"等修饰成分放在动词前。这是从必要性方面说的。从可能性方面考虑,"喝酒"一类词语为具有离合性质的同源宾语结构,也有可能将"花"等词语插入其间。

四、同源宾语和重新分析

"喝花酒"类结构的派生基础是"喝酒"类同源宾语结构。按照潘海华、叶狂(2015b)的界定,英语的同源宾语是指不及物动词带一个与其同语义、同词干的 NP,如"He dreamed a dream"。汉语的同源宾语有两种:一种是宾语不增加新意义;另一种是宾语必须借助动词才有意义,或是动词必须借助宾语才有意义,形式如下:

唱歌→唱　　吃饭→吃　　喝酒→喝　　读书→读

动词和宾语是固定搭配,即动宾式的离合词。我们讨论的"喝花酒"类三音词语都含有同源宾语,该类结构除了能够内嵌修饰语(如"花"),还可以带事件参与者、补语、动量或时量成分,以及构成双宾格式。下面我们以"帮忙、读书、喝酒"为例,观察它们的句法表现。

第一类,内嵌修饰语,例如:

①帮倒忙

②读死书

③喝花酒

第二类,带事件参与者或补语,例如:

①帮他的忙(受事)

②你读你的书(施事)

③喝完了酒(补语)

第三类,带动量或时量成分,例如:

①帮个忙(动量)

②读两天书(无"的"时量)

③喝了两个小时的酒(有"的"时量)

第四类,双宾格式,例如:

①帮他一次忙

②读你一本书

③喝了他一顿酒

以上结构的平行性说明"喝花酒"类结构是修饰语内嵌到"喝酒"类同源宾语结构中派生出来的,同源宾语结构具有离合特征,这为"花"等修饰成分嵌入其间提供了可能。"倒插门""白费蜡"等不能转换成"*插倒门""*费白蜡"等,一方面是由于"倒""白"能作状语,另一方面是由于"插门""费蜡"等结构的离散度不足。

综上所述,基础结构为"[花]喝酒",由于"花"类修饰语不能作状语,而"喝酒"等词语为具有离合特征的同源宾语结构,因此可以派生出"喝花酒"结构。

修饰成分"花"和名词"酒"本没有直接语义关系,但实际上也有些语言使用者认为"花酒"有可能成词,这是重新分析的结果(孙朝奋,1994)。该类词语使用频率较高;修饰成分"花"等由于位于"酒"等名词之前,所以很容易被当成名词的修饰成分与名词结合;名词性复合词的一般语义模式为"特征＋事物",修饰成分由于位于名词之前,很容易被看作特征,于是把原来没有直接语义关系的"花""酒"重新分析为一个词(李慧,2012;孟凯,2016)。

还有一个问题需要回答,重新分析可以把"花""酒"整合为一个成分,那么基础结构"[花]喝酒"为什么不可以经过重新分析派生出"[花喝]酒"结构?也就是说,修饰成分"花"和动词组合后带宾语的结构不需要移位,似乎更经济,为什么反而不合格?下面我们将从韵律方面来解释原因。

五、韵律对"喝花酒"类三音词语的制约

"喝花酒"类词语的基础结构应该是"花喝酒",但是大多数三音动宾词语表现出的韵律结构却是"喝花酒"这种"$V_单$＋单音修饰成分＋$N_单$"结构,不能派生出"[花喝]酒"结构。这可以用韵律对结构的制约来解释(冯胜利,1997,2000),汉语动宾式三音词语的韵律结构倾向于采取[1＋2]模式,而不是[2＋1]模式。

张国宪(1990)提出韵律模式与句法结构存在一定的对应规律,同是"动词＋名词"的组合,[1＋2]的音组模式多表现为动宾结构关系,而[2＋1]的音组模式多表现为偏正结构关系。

① [1+2]　贴墙纸　出洋相　走亲戚　搭错车　动脑筋
② [2+1]　热水器　洗衣粉　变压器　打字机　飞行员

这种音组模式与句法结构的关系在四音节词语压缩为三音节词语时表现得尤为明显。比如说我们要得到一个动宾结构,必然将前一个双音词语压缩成一个单音词语,构成[1+2]模式。例如"出租汽车"可以说成"租汽车",而不说"出租车",类似的例子还有"学习文件——学文件,收割麦子——收麦子"。相反,如果我们要得到一个偏正结构,则必然将后一个双音词语压缩成一个单音词语,构成[2+1]模式。例如"记录卡片"可以说成"记录卡",而不说"录卡片",类似的例子有"收割机器——收割机,轰炸飞机——轰炸机"。我们再来看看"出租汽车"这个例子,如果"斩头",它就是[1+2]式动宾词组"租汽车";如果"去尾",它就是[2+1]式偏正词组"出租车"。再比如说,同一个三音词语"画图纸",如果前两个音节连在一起读,就是[2+1]音组模式,那么它就是偏正结构;如果后两个音节连在一起读,就是[1+2]音组模式,那么它就是动宾结构。

孟凯(2016)也提到韵律是语言社团自发形成的语音习惯,尽管只是语言表层形式的切分,却有强制性,它要求结构通过调适来与之和谐匹配,"喝花酒"类动宾式三音词语也不例外。

"喝花酒"类动宾式三音词语的基础结构是"花[喝酒]",但是由于三音词语内部的韵律制约,它所表现的表层韵律结构不能是"[花喝]酒",只能是"喝[花酒]"。由"花喝酒"派生出"喝花酒"的句法机制是实义动词向轻动词的句法提升。

根据Chomsky(1995)等生成语言学家的假设,动词词组通过轻动词进行合并(merge),因此"喝花酒"的句法结构可以由图1扩展为图2。

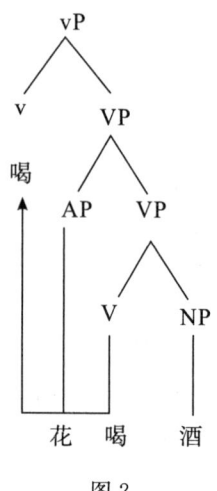

图 2

根据冯胜利(1997,2000)韵律促发移位的思想,动词向轻动词移位,生成"喝花酒",整个过程如上图所示。图 2 的派生过程反映了该结构两方面的特点:第一,"花"不是修饰限制名词"酒"而是指向动词"喝"的(移位前位于动词前);第二,表层结构中"花"位于名词"酒"之前,符合重新分析的条件,得到"花酒"的比喻义。

六、"吃白饭"等的双重分析

调查《中国惯用语大全》《汉语惯用语词典》,我们发现"喝花酒"等[1+2]动宾式三音词语没有对应的偏正式(如"＊花喝酒"),但是有些动宾式三音词语既可以是[1+2]式,也可以是[2+1]式。例如:

吃白饭——白吃饭
读死书——死读书
操闲心——闲操心

抬死杆——死抬杆

说胡话——胡说话

这组词语既可以是"$V_单$＋单音修饰成分＋$N_单$"的[1＋2]动宾式，也可以是"单音修饰成分＋$V_单$＋$N_单$"的[2＋1]偏正式。以下是语料库中的具体用例：

(1)后来，几个叔叔都成家了，爷爷不愿白吃饭，他就跑到离家有7公里的镇上去卖尼龙绳，隔一天赶一趟集。

(2)我国宋代哲学家朱熹说过，死读书不如无书。我们应该把书读活。

(3)这事儿，他们是不劳您操心的。您文章中后面那部分，就是在替制片人操这种心。依我这个旁观者看，恐怕不仅是闲操心，而且是瞎操心。

(4)要是在家里，我准会大笑着在床上翻起跟斗来。我不想同罗疯子死抬杠了。

(5)你个死鬼老汉许是叫鬼捏了魂，还是发了神经了你，咋的就好端端胡说话呢！这儿子随便就能有的？

"吃白饭"又可以说"白吃饭"，是因为一方面"白"能作状语，生成"白[吃饭]"结构，得到组合语义；另一方面又能按照"喝花酒"方式派生出"吃白饭"，得到隐喻义。"白吃饭"和"吃白饭"不仅结构上有差异，语义上也存在差异。"白吃饭"是字面组合语义，"吃白饭"还有一层隐喻义，两者语义并不相同。

七、本节结语

"喝花酒"类和"*花喝酒"类结构的生成动因牵涉到动宾式三音词语的内部结构、语音韵律、语义关系。根据题元指派统一性假设,我们知道"花喝酒"是基础结构,因为"花"等修饰成分不能作状语,"喝酒"等结构具有离散性,同时由于韵律的强制作用,所以这个三音词语转换成了"喝花酒"。"白吃饭"和"吃白饭"存在语义差异。这类[1+2]动宾式三音词语虽然在整个现代汉语词语家族中所占比例不大,但是它的重要性不可忽视,其中所蕴含的韵律限制、语义关系、句法结构都很值得我们研究。

在此基础上,我们还可以思考在其他民族语中是否存在类似"吃白饭"的[1+2]动宾式三音词语,以及这类结构在日后的语言库藏(刘丹青,2011)中是否有增加的趋势。另外,我们发现有的"$V_单$+单音修饰成分+$N_单$"式三音词语有对应的偏正式,如"读死书"和"死读书";有的"$V_单$+单音修饰成分+$N_单$"式三音词语没有对应的偏正式,如"喝花酒"和"*花喝酒";有的"$V_单$+单音修饰成分+$N_单$"式三音词语虽然有对应的偏正式,但是意义会发生改变,如"吃干醋"和"干吃醋"。这些问题也值得我们进行深入研究。

第五节　全称量化词和"可能"共现句的语义解读及其制约机制

一、引言

全称量化词和认知情态词"可能"共现的句子中,其语义解读反映了人类认知的若干机制,具有重要研究价值。

前人对于现代汉语全称量化词的研究也十分丰富。吕叔湘(1942)提出了"全称""普称""各称"等说法。全称可以指称一群人或物件的总和,例如"全体人员"的"全体"。普称和各称都是就个体而言,普称强调个体之间的"共相",例如"条条大路通罗马"的"条条";各称强调个体之间的"殊相",例如"天地之间,物各有主"的"各"。曹秀玲(2006)把汉语全称限定词分为统指("所有"等)、分指("每"等)、整指("满"等)三类。张蕾等(2009)认为汉语"限定性全称量化词"的语义功能并不相同,并将"分指"称为"逐指"。彭家法、王琴琴(2017)对现代汉语统指类和逐指类全称量化词的辖域关系作了语感调查并运用逻辑式给予解释。徐颂列(1989)、彭小川等(2007)分别研究了"任何""一切"的语义特点。

Lyons(1977)认为情态包括认识情态、道义情态和真值情态。认知情态也就是认识情态,表达说话人对命题为真的可能性与必然性的看法或态度,即表达说话人对一个情境出现的可能性的判断。彭利贞(2005)提出认知情态内部存在等级差别,形成一个"不可能,可能,必然"的连续体。彭家法、朱冬雪(2017)研究了英语母语留学生对汉语情态动词习得的特点。现代汉语中常见的认知情态词有"可能""肯定"等,本书集中讨论的是认知情态词"可能"。

量化词辖域问题自 20 世纪 80 年代以来一直是语言学家在研究逻辑式时的一个热点问题。逻辑式中逻辑词按先后顺序所体现的约束范围叫作辖域(沈家煊,1985)。May(1977,1985)研究了英语中全称量化词与存在量化词共现、量化词与疑问词共现的句子。Aoun and Li(1993)研究了语言中量化词辖域的相关原则。Fintel and Iatridou(2002)认为英语中既包括量化词又含有情态、体、时成分的句子通常存在辖域歧义,但量化词和认知情态算子共现的句子不存在歧义。何

宏华(2004)把传统意义上的辖域原则修改为严格辖域原则。Huang et al.(2009)认为认知情态词"可能"是提升类情态动词,其后的名词组能够进行主题提升,充当主语,同时与其后的谓语构成主谓关系,这也会导致辖域关系的变化。

现有研究留下了一些问题需要解决,请看下面的例句:

(1)a. 每个人可能画了一幅画。
b. 可能每个人画了一幅画。
c. 所有人可能吃了一块大蛋糕。
d. 可能所有人吃了一块大蛋糕。

例(1)中的四个句子,a和b、c和d的语义解释是否相同?全称量化词和认知情态词"可能"的辖域关系是一样的吗?前人的理论虽然解决了语言中许多与量化词相关的辖域问题,然而语料调查显示,现代汉语全称量化词和认知情态词"可能"共现句的语义解读存在多种差异,其中的机制前人研究鲜有涉及。

本节将探究现代汉语中全称量化词和认知情态词"可能"共现句的语义解读及其内在机制。其中,第二部分分析全称量化词语义解读的差异;第三部分运用辖域、量化词移位和量化词漂移(floating)等理论提出辖域关系是其中的制约机制;第四部分分别从全称量化词类型、谓词类型、"都""一起"等词语的作用、照应语的作用等几方面来探讨辖域和相关语义解读的影响因素,并提出鉴别手段;最后一部分为结语。

本节语料除部分自拟,其他来自北京大学 CCL 语料库、北京语言大学 BCC 语料库,来自语料库的语料均在其后加篇名。

二、语义解读：个体解和全体解

本书发现在全称量化词和认知情态词"可能"共现的句子里，全称量化词存在统指解（collective reading）和逐指解（distributive reading）两种解读（张蕾等，2009），其中，逐指解包括个体解和全体解两种解读。

所谓统指解，就是大家共同做一件事情。例如：

(2) a. 可能所有人<u>一起</u>画了一幅画。
b. 所有人可能<u>一起</u>画了一幅画。

例(2a)(2b)都含有"一起"，表示共同做某事，全称量化词"所有"为统指解。但是例(2a)中的"可能"成分统制"所有人"，"可能"取广域；而例(2b)中的"所有人"成分统制"可能"，"所有人"取广域（Chomsky，1981；徐烈炯，2009a）。例(2a)的句法结构如图1a所示，例(2b)的句法结构如图1b所示。

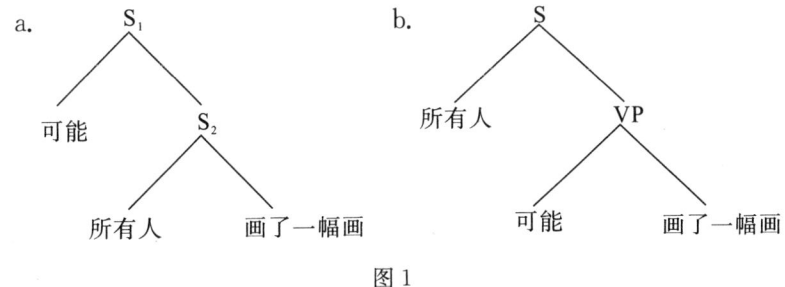

图1

逐指解不是指大家共同做一件事情，逐指的个体解强调这个集体中的每个个体在某一情境下（可能是不同情境）具有某种性质或者进行某种行为，逐指的全体解强调这个集体的每个个体在同一情境下无一例外都具有某种性质或进行某种行为。所谓情境,在模态逻辑和内涵逻辑中就是逻辑的"可能世界"(Allwood et al.,1977)。举个例子,试想在一辆公交车上有一位乘客的手机被偷了,那么:

(3)可能每个人都偷了手机。
(4)每个人都可能偷了手机。
(5)每个人可能都偷了手机。

根据语境,只有一个小偷偷了手机。例(3)中的"可能"成分统制"每个人"(见图2),所以"可能"取广域,"每个人"取窄域,句意为"可能的是,每个人在同一情境下都偷了手机",全称量化词"每"是逐指的全体解,该命题为假。例(4)(5)中的"每个人"成分统制"可能"(见图3),所以"可能"取窄域,"每个人"取广域,句意为"每个人在某一情境下(可能是不同情境)都有可能偷手机",全称量化词"每"是逐指的个体解,该命题为真。例(4)和例(5)的不同点在于"都"的位置,这里暂不讨论,详看下文。

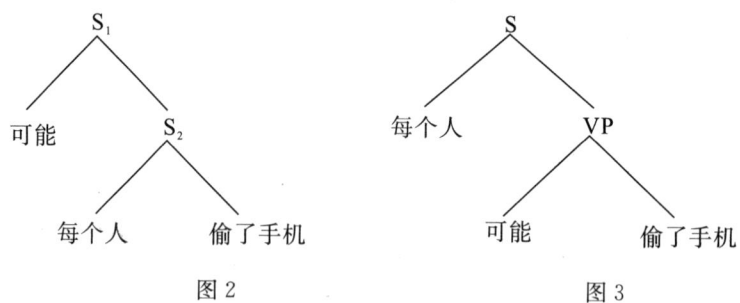

图 2　　　　　　　　　图 3

本书还发现全称量化词和认知情态词"可能"共现句的语义解读还有另外一个特点,即逐指的全体解蕴含逐指的个体解。比如,如果"可能所有人都偷了手机"为真,那么"所有人都可能偷了手机"和"所有人可能都偷了手机"则一定为真;反之则不然。本书认为,也正是这

个原因导致母语使用者无法说出其间的差异,从而可能得出模糊的解读。

再试想另外一个场景:在一个居住了四个学生的宿舍里,有四盏灯,每个学生离开时都会自觉地关闭一盏灯,现在有的灯开着,有的灯关着。观察下列句子:

(6)可能每个学生都走了。
(7)每个学生都可能走了。
(8)每个学生可能都走了。

例(6)中的"可能"成分统制"每个学生",所以"可能"取广域,"每个学生"取窄域,句意为"可能的是,所有学生在同一情境下都走了",全称量化词"每"是逐指的全体解。因为有的灯还开着,不可能所有人都走了,故该命题为假。例(7)(8)中的"每个学生"成分统制"可能",所以"可能"取窄域,"每个学生"取广域,句意为"每个学生在某一情境下都有可能走了",全称量化词"每"是逐指的个体解,此时符合场景,故该命题为真。同理,如果"可能每个学生都走了"为真,那么"每个学生都可能走了"和"每个学生可能都走了"也为真;反之则不然。

综上,我们得出结论:全称量化词的辖域小于认知情态词"可能"的辖域时,为统指解或逐指的全体解;全称量化词的辖域大于认知情态词"可能"的辖域时,为统指解或逐指的个体解。逐指的全体解蕴含逐指的个体解。

三、语义解读的机制:辖域关系

(一)辖域关系与语义解读

根据上文研究,我们认为制约语义解读的内在机制在于全称量化

词和情态词"可能"之间的辖域关系。下面进一步举例说明,假设有一块大蛋糕和五个孩子,那么:

(9)a.可能所有孩子都吃了一块大蛋糕。
b.所有孩子都可能吃了一块大蛋糕。

例(9a)中的"可能"成分统制"所有孩子",所以"可能"取广域,"所有孩子"取窄域,与"都"共现,句意为"可能的是,所有孩子在同一情境下都各自吃了一块大蛋糕",全称量化词"所有"是逐指的全体解。由于蛋糕数量小于孩子数量,这五个孩子都各自吃了一块大蛋糕是不可能的,所以例(9a)的表述在该场景下是假命题。

例(9b)中的"所有孩子"成分统制"可能",所以"可能"取窄域,"所有孩子"取广域,与"都"共现,句意为"所有孩子都可能在某一情境下各自吃了一块大蛋糕",全称量化词"所有"是逐指的个体解。例(9b)的表述在该场景下是真命题,因此例(9a)一定是假命题。

观察例(9a)(9b)可以发现,"可能"和量化词的辖域关系决定了量化词的不同解读。当"可能"成分统制量化词,辖域大于量化词而占广域时,量化词作逐指的全体解,如例(9a);当量化词成分统制"可能",辖域大于"可能"而占广域时,量化词作逐指的个体解,如例(9b)。

下面是语料库中的真实语料:

(10)可能所有专业户都这样做。(《福建日报》1984年)
(11)几乎所有用户都可能受害。(《人民日报》1995年)

例(10)中的"可能"取广域,"所有专业户"取窄域,句意为"可能的是,所有专业户在同一情境下都这样做",全称量化词"所有"是逐指的全体解。例(11)中的"可能"取窄域,"所有用户"取广域,句意为"所有用户在某个情境下都有可能受害",全称量化词"所有"是逐指的个体解。例(10)(11)的全称量化词都是"所有",认知情态词都是"可能",导致语义解读差异的因素是全称量化词和认知情态词"可能"的辖域关系。结合例(11)的语境[见例(12)]可知,句子表达的是"计算机入侵者的新方法极其高明,全世界所有用户在某个情境下都有可能受害",而不是在"同一情境下全部受害",所以"所有"作逐指的个体解。

(12)据美国联邦调查局的一名计算机犯罪专家说,入侵者的新方法是极其高明精细的,几乎所有用户都可能受害。(《人民日报》1995年)

通过以上分析可以总结出鉴别全称量化词语义解读的第一种方法,即辖域关系鉴别法:当"可能"辖域大于全称量化词时,全称量化词作逐指的全体解;当"可能"辖域小于全称量化词时,全称量化词作逐指的个体解。

(二)量化词提升与辖域歧义

量化词提升会导致辖域关系的改变,从而引起全称量化词的歧义解读。

曹逢甫(1996)、Huang et al. (2009)认为认知情态词"可能"是提升类情态动词,其后的名词组能够进行主题提升,充当主语,同时与其后的谓语构成主谓关系。以此为基础,本书认为现代汉语全称量化词和认知情态词"可能"共现时,基础结构应该为①,此时没有歧义,不能作逐指的个体解;在全称量化词进行主题提升后,"都"可以随量化词一起提升至"可能"之前,也可以单独滞留于"可能"之后,故生成②③,并产生歧义。具体如下:

①[可能[全称量化词……]]
②[全称量化词ᵢ 都[可能 tᵢ……]]
③[全称量化词ᵢ[可能 tᵢ 都……]]

"都"可以单独滞留于认知情态词之后其实与量化词漂移有关,量化词漂移是语言中的一种常见机制(Sportiche,1988)。例如:

(13) I don't remember what all I said t.
(14) I don't remember what I said t all.

例(13)(14)表层词序的区别没有造成语义差异,例(13)中 all 随着 what 一起移动,例(14)中 all 留在原位,只有 what 发生移位。也就是说,无论 all 是否随着 what 一起移位,都不会对句子的语义造成影响。汉语量化词也存在漂移现象,从而导致"都"可以出现在不同位置,即"都"既可以随着全称量化词一起移位,也可以留在原位。

"都"和"一起"在量化漂移方面有一个不同点,即"都"在句中的位置比"一起"在句中的位置更加灵活。例如:

(15)a. 可能所有家长都/一起来了。
　　b. 所有家长可能都/一起来了。
　　c. 所有家长都可能来了。
　　d. *所有家长一起可能来了。

"都"既可以出现在"可能"之前,又可以出现在"可能"之后,而"一起"只能出现在"可能"之后。通过上文分析,我们知道这其实与量化

词漂移有关,即"都"既可以随着全称量化词一起移位,也可以留在原位;而"一起"却因为一些原因,比如音节等,无法和量化词一起漂移。这就导致了"都"在句中的位置更加灵活。

以量化词提升和量化词漂移理论为基础,本书继续在"吃蛋糕"的语境下分析下面的句子:

(16)可能所有人都吃了一块大蛋糕。

[可能[所有人都吃了一块大蛋糕]]。

(17)所有人都可能吃了一块大蛋糕。

[所有人都$_i$[可能[t_i吃了一块大蛋糕]]]。

(18)所有人可能都吃了一块大蛋糕。

[所有人$_i$[可能[t_i都吃了一块大蛋糕]]]。

上述句子中,例(16)是基础结构,例(17)(18)是"所有人"进行量化词提升后的结构。例(16)中的"可能"成分统制"所有人",所以"可能"取广域,"所有孩子"取窄域,全称量化词"所有"是逐指的全体解,句子没有歧义。例(17)(18)进行了量化词提升,并分别形成语链(所有人都$_i$,t_i)(所有人$_i$,t_i),故都存在辖域歧义,例(17)中的"可能"取窄域,"所有人"取广域,全称量化词"所有"是逐指的个体解;例(18)中的"可能"取广域,"所有人"取窄域,全称量化词"所有"是逐指的全体解。本书认为例(17)(18)之所以存在歧义还与焦点相关,当人们将"所有"设为句子焦点并且重读时,强调的是"所有孩子"这个集体,句意为"所有孩子这个集体的各个成员在同一个情境下各自吃一块大蛋糕是可能的",是全体解读,"所有孩子"取窄域,"可能"取广域;当人们将"可能"设为句子焦点并且重读时,强调的是"可能性",句意为"所有孩子都有在某一情境下各自吃一块大蛋糕的可能性",是个体解读,"所有

孩子"取广域,"可能"取窄域。

以下是语料库中的真实语料:

(19)显然,这个方法有时会把某些事情遗漏,因为每个人都可能认为别人在负责那件事。(《工程伦理学》)

根据上文分析的表层辖域关系,例(19)中的"每个人"成分统制"可能",所以"每个人"表层取广域。然而,该句中的全称量化词"每"既不可能是统指解,也不可能是逐指的个体解,即句子既不可能表达"共同认为别人在负责那件事",也不可能表达某一个或某一部分人在不同情境下有可能认为别人在负责那件事,而只能表达可能与那件事相关的所有人在相同情境下都这么认为,所以句意是"可能的是,每个人在同一情境下都认为别人在负责那件事",全称量化词"每"是逐指的全体解。也就是说,当全称量化词取广域的时候,获得的不一定是逐指的个体解,可能会使句子存在歧义。本书认为造成该歧义的主要原因是量化词提升。例如:

(20)a. [所有商品都[可能 t 有假冒伪劣]]。(《报刊精选》1994 年)

b. [所有的人[可能 t 都看到了她]]。(《经济发展理论》)

(21)a. [全部交通线都[可能 t 受到影响]]。(《第二次世界大战回忆录》)

b. [全部技巧[可能 t 都表现在如何消费上]]。(《人民日报》1995 年)

(22)a. [一切都[可能 t 是零]]。(《报刊精选》1994 年)

　　b.［一切推测［可能 t 都是有凭有据的］］。(《魔戒》)

　(23)a.［凡是高级官员都［可能 t 得到皇帝赐给的食邑］］。(《中国古代文化史》)

　　b.［凡事［可能 t 都有先兆］］。(《世界上最疼我的那个人去了》)

　例(20)(21)(22)(23)这四组句子都进行了量化词提升,都存在辖域歧义,全称量化词既可以取窄域,又可以取广域,在语义解读上也都存在逐指的全体解和逐指的个体解两种解读。

　例(20)(21)(22)(23)中的"所有""全""一切""凡"等为统指全称量化词,下面例(24)(25)(26)中的"每""任何""各"等为逐指全称量化词。

　(24)a.［每场悲剧都［可能 t 是他精心设计的］］。(《如懿传》)

　　b.［每个女孩［可能 t 都是折翼的天使］］。(《会有天使替我爱你》)

　(25)a.［任何马虎都［可能 t 导致悲剧］］。(《人民日报》1998 年)

　　b.［任何简单的定义［可能 t 都是不充分的］］。(《灵魂的科学探索》)

　(26)a.［各个模型都［可能 t 给出一套不同的坐标］］。(《信息系统实现方法》)

　　b.［各朝代［可能 t 都有叛徒］］。(《金融的逻辑》)

　例(24)(25)(26)这三组句子都进行了量化词提升,都存在辖域歧义,全称量化词既可以取广域,又可以取窄域,在语义解读上也都存在

逐指的全体解和逐指的个体解两种解读。前人已经区分了全称量化词的统指解和逐指解，但是逐指解还存在全体解读和个体解读的差别，这是前人从未提出的。

综上所述，当认知情态词"可能"成分统制全称量化词时，由于没有进行量化词提升，所以"可能"取广域，全称量化词取窄域，量化词解读没有歧义；当表层"可能"成分统制全称量化词时，由于进行了量化词提升，句子会产生辖域歧义，全称量化词既可以取广域，也可以取窄域，所以会有逐指的全体解和逐指的个体解两种解读，需结合具体语境进行判断。

这样，全称量化词语义解读的辖域关系鉴别法就要区分基础结构和表层结构：表层结构中"可能"辖域大于全称量化词时，全称量化词只能作逐指的全体解；表层结构中"可能"辖域小于全称量化词时，由于其基础结构中"可能"辖域大于全称量化词，所以存在辖域歧义，全称量化词既可能作逐指的全体解，也可能作逐指的个体解。

四、辖域和语义解读的影响因素

上文讨论了现代汉语全称量化词和认知情态词"可能"共现句的语义解读及其制约机制——辖域关系，辖域关系可以作为语义解读的鉴别手段。句中其他影响因素也会影响辖域和相关语义解读。

（一）全称量化词的选择对语义解读的影响

现代汉语全称量化词和认知情态词"可能"共现时会出现统指解、逐指的全体解和逐指的个体解三种情况，但是，是否所有的全称量化词都有这三种解读呢？通过分析语料，我们发现有些量化词不存在统指解。例如：

(27)a. *每个同学可能一起/共同买了一本书。

b. *可能每个同学一起/共同买了一本书。

(28)a. *任何人可能一起/共同买了一本书。

b. *可能任何人一起/共同买了一本书。

(29)a. *各个同学可能一起/共同买了一本书。

b. *可能各个同学一起/共同买了一本书。

张蕾等(2009)指出"每"和副词"全"共现受到限制,从例(27)(28)(29)中可以看出"每""任何""各"都不能和"一起/共同"类词语共现,所以这三个全称量化词与认知情态词"可能"共现时得不到统指解,只有逐指的个体解和逐指的全体解两种解读。

(30)a. 可能这宫墙里所有的背叛一起逼死了她。(《延禧攻略》)

b. 所有凶手可能一起藏匿在废旧房屋中。(《福建日报》2006年)

c. 可能所有心灵都能以某种形式沟通。(《绮惑》)

d. 所有国家都可能利用国际资源、国际市场。(《人民日报》2001年)

例(30a)中的"可能"成分统制"所有的背叛","可能"取广域。例(30b)中的"所有凶手"经过量化词提升,成分统制"可能","所有凶手"取广域。两句由于都含有"一起",所以表示"一起做某事",全称量化词得到统指解。例(30c)中的"可能"成分统制"所有心灵","可能"取广域,"所有心灵"取窄域,句意为"可能的是,所有心灵在同一情境下都能以某种形式沟通",全称量化词"所有"是逐指的全体解。例(30d)中的全称量化词"所有"除了可以作逐指的全体解外,还可以作逐指的

个体解,这是由于"所有国家"经过量化词提升,可以占广域,句子可以解读为"所有国家在某一情境下都有利用国际资源、国际市场的可能性"。

(31)a. 可能<u>全</u>体员工一起努力就会有不一样的结果。(《科技文献》)

b. <u>全</u>班同学可能会一起为他鼓掌。(《科技文献》)

c. 可能<u>全</u>天下人都知道他在加害你儿子。(《狂风沙》)

d. <u>全</u>家人都可能在骗他。(《明兰传》)

例(31a)中的"可能"成分统制"全体员工","可能"取广域。例(31b)中的"全班同学"经过量化词提升,成分统制"可能","全班同学"取广域。两句由于都含有"一起",所以表示"一起做某事",全称量化词得到统指解。例(31c)中的"可能"成分统制"全天下人","可能"取广域,"全天下人"取窄域,句意为"可能的是,全天下人在同一情境下都知道他在加害你儿子",全称量化词"全"是逐指的全体解。例(31d)中的全称量化词"全"除了可以作逐指的全体解外,还可以作逐指的个体解,这是由于"全家人"经过量化词提升,可以占广域,句子可以解读为"全家人在某一情境下都有欺骗他的可能性"。

"一切"一般用于对事物种类作总括,所以"*一切人""?一切学生"的接受度就比较低(彭小川等,2007)。关于"一切"与"可能"的辖域关系,先看如下语料:

(32)a. 可能<u>一切</u>生命共同造就了这个世界。(《花火》)

b. <u>一切</u>国家所尊重的价值观可能一起被他调侃了。(《影子大厦》)

c. 可能<u>一切</u>生灵都萌动着这种感觉。(《追忆似水年华》)

d. <u>一切</u>材料都可能有用。(《无字》)

例(32a)(32b)都含有"共同做某事"的标志("共同""一起"),两种辖域关系下全称量化词都作统指解。例(32c)中的"可能"取广域,"一切生灵"取窄域,与"都"共现,句意为"可能的是,一切生灵在同一情境下都萌动着这种感觉",全称量化词"一切"为逐指的全体解。例(32d)中的全称量化词"一切"除了可以作逐指的全体解外,还可以作逐指的个体解,这是由于"一切材料"经过量化词提升,可以占广域,句子可以解读为"一切材料在某一情境下都有有用的可能性"。

"凡(是)"也是同样的道理,例如:

(33) a. 可能<u>凡</u>是在场人员需要一起拍照留念。(《法制剧场》)

b. <u>凡</u>是课代表可能要一起承担责任。(《我们的年少时光》)

c. 可能<u>凡</u>是与之有关的片断、花絮都归之于本质瞬间。(《烈药》)

d. <u>凡</u>参赛者都可能有一份小礼品。(《今日说法》)

例(33a)(33b)都含有"共同做某事"的标志("一起"),两种辖域关系下全称量化词都作统指解。例(33c)中的"可能"取广域,"凡是"取窄域,与"都"共现,全称量化词"凡是"可以得到逐指的全体解。例(33d)中的"凡参赛者"经过量化词提升,与"都"共现,全称量化词"凡"可以得到逐指的全体解和逐指的个体解两种解读。

综上所述,全称量化词"所有""全""一切""凡(是)"和认知情态词

"可能"共现时会得到统指解、逐指的全体解和逐指的个体解三种情况;而全称量化词"每""任何""各"与认知情态词"可能"共现时不能得到统指解,得到的总是逐指解。

张蕾等(2009)、曹秀玲(2006)等把"所有""全""一切""凡"归为统指全称限定词,不是因为这些量化词不能获得逐指解,而是因为这四个全称量化词不仅可以获得逐指解,还可以获得统指解,而"每"这一类全称量化词无法获得统指解。

根据这一特点,可以得出鉴别全称量化词语义解读的第二种方法,即全称量化词鉴别法:根据量化词判断语义,全称量化词"每""任何""各"只能得到逐指解,"所有""全""一切""凡(是)"既可以得到逐指解,也可以得到统指解。

(二)谓词对语义解读的影响

谓词的选择也会对语义解读产生影响。张蕾等(2009)指出有些谓词具有内在集合性特征。本书发现当"所有NP"处于主语位置且带具有内在集合性特征的谓词时,"所有"会获得统指解,如例(34);当所带谓词的集合性特征与分配性特征存在歧义时,"都""一起"等词语将会对句义产生重要的影响,如例(35)中"画"的内在集合性特征与分配性特征存在歧义,若与"一起/共同"共现,则"所有"应解读为统指解,若与"都/各"共现,则"所有"应解读为逐指解。

(34)所有学生合买了一本书。

(35)a.所有学生一起/共同画了一幅画。

b.所有学生都/各画了一幅画。

当认知情态词"可能"与全称量化词"所有"共现的时候,语义解读也会受到类似的影响,所以本书将出现在全称量化词和认知情态词

"可能"共现句中的谓词分为两类:一类是只能得到统指解的谓词,如例(36):

(36)a. 不可能所有股票齐涨齐跌。(《文汇报》2000 年)
b. 所有股票可能齐涨齐跌。

例(36a)中的"可能"成分统制"所有股票",例(36b)中的"所有股票"成分统制"可能",由于谓词"齐涨齐跌"具有内在集合性特征,表达的是"共同/一起做某事",所以在这两种辖域关系下例(36a)(36b)中的全称量化词都为统指解,"齐涨齐跌"就是只能得到统指解的这一类谓词。

另一类是既可以得到统指解又可以得到逐指解的谓词,如例(37)中的"来":

(37)a. 所有家长可能(都/一起)来了。
b. 所有家长(都)可能来了。
c. 可能所有家长(都/一起)来了。

由于谓词"来"不具有内在集合性特征,当介入的是"一起"时,例(37)的三个句子表达的是"一起/共同"做一件事情,无论"所有""可能"哪个占广域,全称量化词"所有"都是统指解;当介入的是"都"时,则句子不能表示"一起/共同"做一件事情,所以全称量化词"所有"一定是逐指解。例(37a)(37b)中的"所有家长"进行了量化词提升,所以"所有"既可以取个体解,又可以取全体解;而例(37c)中的"所有家长"没有进行量化词提升,所以"所有"只能取全体解。"来"类不具有内在集合性特征的谓词既可以介入"一起",又可以介入"都",从而产生不

同的语义解读。

(38)可能所有朋友都离你而去。(《凉生,我们可不可以不忧伤》)

(39)所有凶手可能一起藏匿在废旧房屋中。(《福建日报》2006年)

(40)可能所有体育院校开设了有关社会体育的专业。(《2003年高考资讯》)

例(38)(39)(40)中的谓词都是既可以获得统指解又可以获得逐指解的谓词,只不过例(38)含有"都",例(39)含有"一起",例(40)的语义特征赋值不足,从而导致了三个句子的语义解读有所不同。例(38)的谓词"离你而去"不具有内在集合性特征,由于与"都"共现,因此全称量化词"所有"只能是逐指解,又由于"可能"成分统制"所有朋友","可能"取广域,所以全称量化词"所有"是逐指的全体解。例(39)的谓词"藏匿"不具有内在集合性特征,但与"一起"共现,所以全称量化词"所有"是统指解。例(40)的谓词"开设"不具有内在集合性特征,又因为句子既不含"一起",也不含"都",语义特征赋值不足,"可能"成分统制"所有体育院校","可能"取广域,所以句子可以解读为"一起开设了有关社会体育的专业",全称量化词"所有"作统指解,也可以解读为"各自开设了有关社会体育的专业",全称量化词"所有"作逐指的全体解。全称量化词"一切""全""凡(是)"也是一样的道理。

再看另一个全称量化词"每"的例子,"每"的语义特征和"所有"存在较大差异,"每NP"总会得到一个逐指解,如例(41);并且"每NP"不能和具有集合性特征的谓词或者"一起/共同"这样表示统指意义的词语共现,如例(42)(43)。

(41)每位同学都买了一本小说。

(42)*每个同学合写了一本书。

(43)*每个同学一起/共同唱了一首歌。

当认知情态词"可能"与全称量化词"每"共现的时候,全称量化词的语义解读也会受到类似的影响,由于"每"不能得到统指解,所以与其相关的谓词就不能是具有内在集合性特征的谓词,如例(44)。

(44)a. *可能每位同学都合买了一本书。
  b. *每位同学都可能合买了一本书。

由于谓词"合买"具有内在集合性特征,要求主语必须是复数,而"每位同学"突出的是个体,故例(44)的两个句子都是不合法的。

(45)可能每个家庭具有的观念和传统不一样。(《文汇报》2005年)

(46)每个成年人可能会拥有银行结算账号。(《人民日报》1994年)

例(45)(46)中的谓词"具有""拥有"都不具有内在集合性特征,全称量化词既可以获得统指解,又可以获得逐指解,但是"每"不可能获得统指解,所以例(45)(46)中的全称量化词"每"都只能获得逐指解。例(45)中的"可能"成分统制"每个家庭",取广域,因此全称量化词"每"得到逐指的全体解。例(46)中的"每个成年人"进行量化词提升,辖域存在歧义,因此全称量化词"每"既可以得到逐指的个体解,又可以得到逐指的全体解。

综上所述,本书将谓词分为两类:第一类具有内在集合性特征,如"合唱"等;第二类不具有内在集合性特征,如"走""画"等。当"所有"等可以得到统指解的全称量化词与第一类谓词共现时,无论是全称量化词取广域,还是认知情态词"可能"取广域,全称量化词都只能获得统指解。当"所有"等全称量化词与第二类谓词共现时,"都""一起"等词语会对语义和辖域关系产生重要影响,详见上文。"每"等不能得到统指解的全称量化词不能和第一类谓词共现,只能和第二类谓词共现,并且只能得到逐指解。"可能"成分统制"每"类全称量化词时,全称量化词得到逐指的全体解;"每"类全称量化词进行主题提升之后,存在辖域歧义,全称量化词既可以得到逐指的个体解,又可以得到逐指的全体解。

通过以上分析可以总结出鉴别全称量化词语义解读的第三种方法,即谓词鉴别法:在全称量化词和认知情态词"可能"共现的句子中,如果谓词属于第一类,全称量化词一定是统指解;如果谓词属于第二类,全称量化词既可以得到逐指解,也可以得到统指解。

(三)"都""一起"等词语对语义解读的影响

"都""一起"等词语是否出现也会对现代汉语全称量化词的语义解读造成影响。

1."都"对语义解读的影响

(47)a.可能所有人都有一个苹果。
b.可能所有人有一个苹果。

在例(47a)(47b)中,"可能"成分统制"所有人","可能"取广域,两者表层结构的区别只在于例(47a)含有"都"而例(47b)不含"都"。根据上文分析,例(47a)应解读为"可能的是,所有人在同一个情境下都各自有一个苹果",全称量化词"所有"是逐指的全体解。例(47b)既可以解读为例(47a),全称量化词"所有"是逐指的全体解;又可以解读为"所有人共同拥有一个苹果",全称量化词"所有"是统指解。

(48) a. 所有人都可能有一个苹果。
b. 所有人可能都有一个苹果。
c. 所有人可能有一个苹果。

在例(48a)(48b)(48c)中,全称量化词进行了主题提升,既可以取广域,又可以取窄域,存在辖域歧义,表层结构的区别只在于例(48a)中的"都"在"可能"之前,例(48b)中的"都"在"可能"之后,例(48c)不含"都"。例(48a)(48b)中的"可能"取窄域时,句子可以解读为"所有人都有可能在某一情境下拥有一个苹果",全称量化词"所有"是逐指的个体解;"可能"取广域时,句子可以解读为"可能的是,所有人在同一情境下都拥有一个苹果",全称量化词"所有"是逐指的全体解。例(48c)中的全称量化词"所有"除了可以作逐指的个体解、逐指的全体解两种解读外,还可能作统指解。

"一切""全""凡(是)"也是一样的道理。例如:

(49) a. 可能每个人都有一个苹果。
b. 可能每个人有一个苹果。

例(49a)(49b)中的"可能"成分统制"每个人","可能"取广域,"每个人"取窄域,排除逐指的个体解,又因为"每"无法取得统指解,所以例(49a)(49b)中的全称量化词"每"只能获得逐指的全体解这一种解读。

(50)a. 每个人都可能有一个苹果

b. 每个人可能都有一个苹果。

c. 每个人可能有一个苹果。

在例(50a)(50b)(50c)中,全称量化词进行了主题提升,既可以取广域,又可以取窄域,存在辖域歧义,其表层结构的区别只在于例(50a)中的"都"在"可能"之前,例(50b)中的"都"在"可能"之后,例(50c)不含"都"。当"每个人"占广域时,这三个句子都解读为"每个人在某个情境下都有可能有苹果",全称量化词"每"为逐指的个体解;当"可能"占广域时,这三个句子都解读为"可能的是,每个人在同一情境下都有苹果",全称量化词"每"为逐指的全体解。例(50c)不同于例(48c),全称量化词"每"不可能取统指解。

"任何""各"也是一样的道理。

例(47)(48)这两组句子表明,"所有"等具有统指解的全称量化词无论居于"可能"之前还是之后,有了"都"的存在,就会排除统指解,只能得到逐指解。当然,这里所指的全称量化词是"所有、一切、全、凡(是)"。例(49)(50)两组句子表明,"每"等全称量化词本身不能获得统指解,无论"都"是否存在,都只能获得逐指解,"都"可以排除统指解这一功能就无法体现出来了。

2. "一起"等词语对语义解读的影响

(51)a. 可能所有凶手一起藏匿在废旧房屋中。

b. 所有凶手可能一起藏匿在废旧房屋中。(《福建日报》2006年)

例(51a)(51b)中介入的词语是"一起",无论"所有凶手"是否进行量化词提升,句子都表示"一起做某事",故全称量化词"所有"为统指解。此外,"一切""全""凡(是)"等全称量化词与认知情态词"可能"共现的句子中,若介入的词语是"一起",则全称量化词无论是否进行主题提升,都只能作统指解。以下是语料库中的真实语料:

(52)可能一切生命共同造就了这个世界。(《花火》)

(53)可能全体员工一起努力就会有不一样的结果。(《科技文献》)

例(52)(53)由于"共同""一起"的作用,全称量化词都只能取统指解。

另一类全称量化词"每""任何"等得不到统指解,不能和"一起"共现。

3.特征赋值不足导致的歧义

"都"使句子获得逐指解,"一起"使句子获得统指解。没有"都"和"一起"的句子就有可能存在歧义。例如:

(54)可能所有体育院校开设了有关社会体育的专业。(《2003年高考资讯》)

同样,因为例(54)不含"一起",也不含"都",因此句子既可以解读为"一起开设了有关社会体育的专业",全称量化词为统指解;又可以解读为"各自开设了有关社会体育的专业",全称量化词为逐指的全体解。但若给出上下文语境[见例(55)],就可明确全称量化词的解读。

(55) 可能所有体育院校开设了有关社会体育的专业，但每个院校的具体情况却各不相同。(《2003年高考资讯》)

例(55)补充了语境，指出"每个院校的具体情况各不相同"，所以排除了"一起开设有关社会体育的专业"的可能性，只能是"各自开设"，全称量化词"所有"为逐指的全体解。

这种歧义是语言成分赋值不足引起的。所谓赋值不足，在语言学中是指与研究相关的如某些词汇特征或论旨关系等的不充分说明或解释。Huang et al.(2009)解释WH-词之所以可以释义为全称/存在量化词或疑问句，就是因为它们在词汇上赋值不足。Lin(2001)也提到与英语相比，汉语动词由于在论旨关系方面说明不充分，所以给句法在表达方面选择什么样的论元以更大的自由。下面是其他量化词的例子：

(56) 凡是"圈子里"的人可能得罪过他。(《小时代》)
(57) 一切事情可能循着这个方向发展。(《乌金血剑》)
(58) 可能全公司的人参与了这件事。(《科技文献》)

例(56)(57)(58)不含"一起"，也不含"都"，都是语义特征赋值不足，句中的全称量化词既可以为统指解，又可以为逐指解。

由于"每""任何""各"这一类全称量化词不存在统指解，所以不会因为"一起""都"等词语造成的语义特征赋值不足而产生歧义。

通过以上分析可以总结出全称量化词语义解读的第四种鉴别手法，即介入成分鉴别法：在介入"都"的句子中，全称量化词都是逐指解。当"可能"居于全称量化词前，全称量化词是逐指的全体解；当"可能"居于全称量化词之后，全称量化词可以解读为逐指的个体解，也可以解读为逐指的全体解,因此存在歧义。在介入"一起"的句子中,无论是否进行了量化词提升,全称量化词都是统指解。

(四)照应语对语义解读的影响

根据约束原则 A,照应语在管辖语域内受约束(Chomsky,1981;Huang et al.,2009)。例如:

(59)[She_i never talks to us about herself_i].

(她从未对我们谈起过她自己。)

herself 是照应语,在管辖语域内(如方括号所示)必须受到先行语 she 的约束,所以与 she 同标。那么,在全称量化词和认知情态词"可能"共现的句子中,约束理论会对相关语义解读产生什么影响呢?请看下列语料:

(60)但究竟如何去做,可能所有人会有自己的选择。(《心理卫生与咨询》)

(61)所有人可能问过自己。(《三少爷的剑》)

根据上文分析,例(60)和例(61)中不含"都",也不含"一起/共同",所以句子存在歧义,既可以表示"一起/共同做一件事",又可以表示"各自/都做一件事"。然而在此处,照应语"自己"受到先行语"所有人"的约束,必须与"所有人"同指。虽然反身代词"自己"没有单、复数之分,"所有人"既可以指"每一个人",又可以指"所有人构成的集体",但是例(60)中"自己的选择"只能是"某一个人的选择",而不能是"所有人共同的选择",所以全称量化词"所有"不可能是统指解,只能是逐指解,又因为"可能"取广域,所以句子解读为"可能的是,所有人在同

一情境下都会有自己的选择",全称量化词"所有"是逐指的全体解。再看例(61),按照上文分析,"所有……可能"这个结构是存在歧义的,全称量化词"所有"既可以是统指解,又可以是逐指的全体解或者逐指的个体解。然而,例(61)中照应语"自己"在管辖语域内受约束,必须与先行语"所有人"同指,与例(60)是同样的道理,"问自己"只能是"某个人问某个人自己",而不能表示"所有人共同问所有人",因此全称量化词"所有"不可能是统指解。根据上文分析,例(61)中"所有人"取广域时,句子解读为"所有人在某个情境下都有可能问过自己",全称量化词"所有"是逐指的个体解;"可能"取广域时,句子解读为"可能的是,所有人在同一情境下都问过自己",全称量化词"所有"是逐指的全体解。

总之,照应语会对全称量化词的语义解读造成影响,如果全称量化词约束反身代词,那么就一定会排除统指解这种情况。

通过以上分析可以总结出全称量化词语义解读的第五种鉴别手法,即照应语鉴别法:如果句子里全称量化词约束反身代词"自己",那么全称量化词一定不是统指解。

五、本节结语

分析现代汉语全称量化词和认知情态词"可能"共现句中量化词的语义解读,必须在一定的语境中进行。本书发现现代汉语全称量化词不仅存在逐指解和统指解的区别,逐指解还存在个体解和全体解的区别。制约语义解读的机制在于量化词和情态词的辖域关系。全称量化词的类型、谓词的类型、"都"和"一起"等词语的作用、照应语的作用等都是语义解读的影响因素,我们据此总结出判别全称量化词语义解读的几种方法。总的来说,全称量化词可以分为两类,第一类是既可以获得统指解也可以获得逐指解的"所有""全""一切""凡(是)",第二类是只能获得逐指解的"每""任何""各"。当认知情态词"可能"成分统制全称量化词时,"可能"占广域,第一类全称量化词既有可能获得统指解,又有可能获得逐指的全体解;第二类全称量化词只能获得逐指的全体解。当全称量化词进行了量化词提升之后,全称量化词既可以取广域,也可以取窄域,存在辖域歧义,需结合具体语境进行判断。

准确判断全称量化词和认知情态词的语义解读,理解其内在制约机制,对正确认识句法语义界面等相关问题具有重要理论意义,对对外汉语教学也有重要应用价值。现代汉语中量化词辖域问题一直是学界研究热点,相关理论和应用都还需要继续深入研究。

第六节　异类并列结构的类型、句法限制

一、引言

在汉语国际教育教学实践中,我们经常会遇到一些特殊的教学案例,例如:

(1)和平和发展是当今世界的两大主题。(A conj V)
(2)他那神情里分明含着一种莫名的戒备和敌意。(V conj N)
(3)爱情与浪漫有时是密不可分的,关键是找到对的人!(N conj A)

学生就会产生这样的疑问:为什么"和平和发展""戒备和敌意"

"爱情与浪漫"等不属于同一词类的两个成分可以并列？异类并列结构的并列项之间存在着怎样的联系？是否任意两个不同词类的成分都可以构成异类并列结构呢？上述教学案例反映出第二语言学习者在习得异类并列结构的过程中面临的一些问题，即在对异类并列结构的理解上存在困难，同时对该结构的句法限制条件不够了解。

关于汉语异类并列结构的研究已有不少成果，如卢曼云(1983)对异类词组成的并列结构进行了举例，他认为功能类不同的单位也可以并列，但是会受到限制。邢福义(1996,2002)指出联合短语联合项的词性有时会出现同化的现象，他对这一异类并列现象进行了阐述和分类，把异类联合短语分为名动联合、形动联合和形名联合。黄伯荣、廖序东(1991)也提到联合短语一般是同一种词类的词语相连，但也有前后项词性不同的联合短语。储泽祥等(2003)考察了词性不同的词构成的联合短语，指出句法功能与配价、语义细节的互补性，是异类词联合保持平行的关键。沈家煊(2007,2015)列举了大量异类并列的例子，指出汉语里名词和动词的关系不同于印欧语里名词和动词的关系，印欧语是"名动分立"格局，汉语是"名动包含"格局，汉语里的动词既是动词，又是名词，这样违背"并列条件"（并列必须同类）的问题就不复存在。

在语言共性研究方面，Ross(1967)提出著名的"并列结构限制"原则。英语中同样存在异类并列的情况。Hudson(1984)假设并列结构在某种意义上是"平等"的，并从语法、韵律、语义、语用四个层次进行分析，他认为异类并列项的"平等"是因为它们具有相同的外部依存关系。Pollard and Sag(1994)提出异类并列项必须有某些共同的句法特征，并且投射(project)为一个包含那些共同特征的范畴。Bayler(1996)提出"X 连接词 X"并列原则的限制并不是固有的，并对其进行了举例和论证。Munn(2000)指出英语中同样存在不同词类并列的情

况,他认为不同范畴的并列可以更精确地解释为并列项具有某种相同的语义范畴,不应限制被连接项的句法范畴,而要在连接项的语义范畴上加以要求。

关于英汉异类并列结构差异的研究相对较少,邓云华(2006)认为英汉异类联合短语可以分为两类:形式异类和意义异类,汉语中两种异类都有一定比例,而英语以意义异类为主,并探讨了英汉异类联合短语典型的共性和类型特征。沈家煊(2007)指出英语要求并列成分在句法上同类(语义或语用上同类是例外),而汉语只要求并列成分在语义或语用上同类,如"图书和出版"中的两个并列项,尽管在句法上属于不同的范畴,但在语用上都属于"指称语"的范畴,前者指称事物,后者指称活动。

在本体研究方面,研究的方向多集中在强势的同类并列结构,对弱势、不典型的异类并列结构少有研究。众多学者对异类并列结构的各类现象描写比较全面,提出了多种解释,比如沈家煊(2007)认为汉语中异类并列是因为汉语里的动词属于名词,"名词/动词"还没有完全语法化为句法范畴;储泽祥等(2003)认为句法功能、配价、语义三方面的互补是异类并列的关键;等等。英语里也存在大量异类并列的情况,把异类并列归因于汉语动词、名词关系并不能令人信服;异类并列跟配价没有必然关系,语义相关不仅是异类并列的条件,也是同类并列的要求。本书以现代汉语异类并列结构的描写和分析为基础,通过对现代汉语异类并列结构语义、句法特征的研究,揭示其存在的限制,并与英语进行跨语言对比,归纳、概括出汉英异类并列结构在语义、句法层面表现出的共性和差异。我们希望在促进汉语异类并列结构系统研究的同时,为相关的对外汉语教学提供有益建议,从而解决汉语国际教育中的教学问题。

本节所取语料相对前人研究更为丰富,共计454条,主要来源有:

①典范的现代白话文著作,以现当代小说为主,也有少量散文、戏剧和政治文,具体有巴金的《家》,毕淑敏的《预约死亡》《女人之约》,曹禺的《雷雨》《日出》,陈忠实的《白鹿原》,池莉的《你是一条河》《让梦穿越你的心》,曲波的《林海雪原》,孙犁的《风云初记》,王朔的《浮出海面》《你不是一个俗人》,余秋雨的《十万进士》《文化苦旅》《文明的碎片》,杜鹏程的《保卫延安》,冯德英的《迎春花》《苦菜花》,路遥的《人生》,罗广斌、杨益言的《红岩》,茅盾的《蚀》《子夜》,钱锺书的《围城》,霍达的《穆斯林的葬礼》等,这部分语料有 374 条;②2005 年各期《小说月报》和 1995 年各期《人民日报》,这部分语料有 48 条;③语法著作、论文的用例,这部分语料有 32 条。

二、现代汉语异类并列结构的界定和分类

(一)现代汉语异类并列结构及并列标志

1.异类并列结构

同类并列结构和异类并列结构之间往往界限分明,相互对立,例如"傲慢与孤僻"是由两个形容词并列构成,"傲慢与偏见"是由形容词和名词并列构成,并不会存在争议。但汉语存在词的兼类问题,某个词经常具备两类或两类以上词的主要语法功能,即在甲场合里有甲类词的功能,在乙场合里有乙类词的功能,使得对异类并列结构的判别存在一些困难。根据储泽祥等(2003)的观点,如果兼类词所兼的类里有一类的词性与另一联合项的词性相同,那么一般都是同类联合;如果兼类词所兼的任何一类的词性与另一联合项的词性都不相同,那么一定是异类联合。例如:

(4)因为语言不通,在这紧张的情况下,随时会引起<u>误会和</u>

冲突。

(5)我们过去对他有很深的误会和偏见。

(6)我对妈妈产生过许许多多的误会和不满。

但我们认为兼类词出现在主语或宾语位置上时,所兼的类里若有一类的词性与另一并列项的词性相同,那么是同类并列还是异类并列,需作具体分析,不能一概而论。"误会"是名动兼类词,例(4)中所兼的类里有一类的词性与动词"冲突"的词性相同,但"误会"处于宾语位置,在这里作名词,"误会和冲突"构成名动异类并列结构;例(5)中所兼的类里有一类的词性与名词"偏见"的词性相同,"误会"处于宾语位置,在这里也作名词,"误会和偏见"构成同类并列结构。可以肯定的是,如果兼类词所兼的任何一类的词性与另一并列项的词性都不相同,那么二者构成的一定是异类并列结构,如例(6)中"误会"与形容词"不满"构成名形异类并列结构。

上面探讨的是并列结构中存在名动兼类词时如何判别同类并列结构和异类并列结构的问题,此外还存在名形兼类词,如"科学、标准",形动兼类词,如"热闹、丰富",形、动、名兼类词,如"麻烦、方便",可以运用上文所述方法判别,本书不再赘述。

2.异类并列结构的并列标志

吕叔湘(1979)、朱德熙(1982)等把汉语并列结构的标记手段分为两种:一种是有标记的并列,如"我和他";一种是无标记的并列,如"你、我、他",不是通过连接词语,而是通过直接叠加、停顿或其他句式手段构成的并列结构。下表是对语料中异类并列结构标记手段的统计。

表1 异类并列结构的标记手段

标记	和	与,并(并且,而且,甚至)	而	又……又……(既……又……)	或者(是……还是……)	只使用标点	共计
数量	301	61	48	26	7	11	454

从上表中的数据可以看出,异类并列结构一般都要带上一定的并列标记,主要包括连词"和、与、并、而"和副词"又"。异类并列结构也有只使用标点的情况,如"气节、操守、抗争、奔走全都成了荒诞和自嘲",但这种情况相对较少。异类并列结构并列项的词性不同,所包含的语义类也就不尽相同,语义上的距离使得并列项需要并列标记作为"粘合剂"使其形成相对稳固的统一体。

(二) 现代汉语异类并列结构的类型

1. 结构类型

我们将异类并列结构的构成方式表达为:X conj Y,X 和 Y 表示并列结构的并列项,分别可由 A(形容词)、N(名词)、V(动词)、AP(形容词短语)、NP(名词短语)、VP(动词短语)这些成分充当,conj 表示并列连词或者停顿,那么异类并列结构的表达式如下表所示。

表2 异类并列结构的表达式

A(AP)	conj	V(VP)
N(NP)	conj	V(VP)
N(NP)	conj	A(AP)

我们之所以把异类并列结构的表达式概括为表2,是因为本书暂不考虑并列项语序对异类并列结构的影响,例如:A(AP)conj V(VP)中就已经囊括了 V(VP)conj A(AP)的情况。表格中给出的是异类并列结构并列项是两项的情况,如果考虑超过两项的情形,则异类并列结构的表达式会更复杂。因异类并列结构中三项式并列的情形与两

项式并列的情形并无本质的区别,所以本书只考虑两项式并列的情况。

A(AP)conj V(VP)是由形容词(形容词短语)和动词(动词短语)组成的异类并列结构,例如:

(7)因为,在这个充满渴望、<u>繁忙和寻找</u>的年代,人们没有时间去为鸡毛蒜皮的小事弄个谁是谁非。

(8)凡到图书馆来的人都能从这里看到我们祖先的智慧、<u>创造和勤劳</u>,强烈的民族自豪感在心中激荡。

(9)但连日来的<u>高度紧张和往返奔波</u>,早使我陷入疲困的梦境不能自拔了。

(10)他感到白公馆这个地方,完全不像渣滓洞那样<u>活跃和充满斗争</u>。

(11)周大勇靠墙坐在老乡炕下边的地上,<u>流血和过度疲劳</u>,使他昏迷不醒,脸色煞白。

例(7)中的"繁忙和寻找"是由形容词和动词构成的异类并列结构。例(8)中的"创造和勤劳"是由动词和形容词构成的异类并列结构。例(9)中的"高度紧张和往返奔波"是由形容词短语和动词短语构成的异类并列结构。例(10)中的"活跃和充满斗争"是由形容词和动词短语构成的异类并列结构。例(11)中的"流血和过度疲劳"是由动词和形容词短语构成的异类并列结构。

N(NP)conj V(VP)是由名词(名词短语)和动词(动词短语)组成的异类并列结构,例如:

(12)所谓事实发展的关键,逗宕与顶点者,便是感情的冲突、

波浪与结束。这是个自然的步骤。

(13)不断地在那观察和思想,这样慢慢便会养成一种写作习惯,走到创作的路上去。

(14)母亲的突然到来和果断的话语,使他们吃了一惊。

(15)郁容秋在电视里还见过龙卷风和火山爆发呢。

(16)突然从西南的小山丘上,升起了一颗信号弹,随着它降落的残辉,一阵凶狂的吼吓和砸门声,出现在杉岚站的各个角落。

例(12)中的"波浪与结束"是由名词和动词构成的异类并列结构。例(13)中的"观察和思想"是由动词和名词构成的异类并列结构。例(14)中的"突然到来和果断的话语"是由动词短语和名词短语构成的异类并列结构。例(15)中的"龙卷风和火山爆发"是由名词和动词短语构成的异类并列结构。例(16)中的"吼吓和砸门声"是由动词和名词短语构成的异类并列结构。

N(NP)conj A(AP)是由名词(名词短语)和形容词(形容词短语)组成的异类并列结构,例如:

(17)人民群众热切呼唤清官和清廉,极为鄙视那种不见"香火"不"显灵"、给了好处乱办事的污浊之人。

(18)金先生虽然是真生了气,可是听着自己的呼叱,心中觉出自己的伟大与身份,而把气消减了一两分。

(19)她们跪在人群当中,满耳里都是暖心的话和愤愤不平,众人围住她们,层层叠叠地护卫着,竟使她们感觉不出一丝寒流的侵扰。

(20)梧桐在给顾医生的专护中突然昏倒,经过诊断是过分劳累和低血糖,这自然是小事一桩。

(21)辣辣恍然大悟,心里头小鼓咚咚地敲,惊叹这孩子的<u>精明和吃苦能力</u>。

例(17)中的"清官和清廉"是由名词和形容词构成的异类并列结构。例(18)中的"伟大与身份"是由形容词和名词构成的异类并列结构。例(19)中的"暖心的话和愤愤不平"是由名词短语和形容词短语构成的异类并列结构。例(20)中的"过分劳累和低血糖"是由形容词短语和名词构成的异类并列结构。例(21)中的"精明和吃苦能力"是由形容词和名词短语构成的异类并列结构。

我们对收集到的454条语料进行上述的分类,整理统计后如下表所示。

表3 各类异类并列结构的使用频率(一)

表达式	数量	百分比
A(AP)conj V(VP)	209	46.04%
N(NP)conj V(VP)	111	24.45%
N(NP)conj A(AP)	134	29.52%

从统计的数据可以看出,A(AP)conj V(VP)的使用频率最高,远远高于N(NP)conj V(VP)和N(NP)conj A(AP)的使用频率;N(NP)conj V(VP)和N(NP)conj A(AP)在使用频率上的差距并不明显。以上事实说明,在异类并列结构中,词性仍然起到非常重要的作用。动词(动词短语)和形容词(形容词短语)作为谓词,构成的并列结构属于谓词内部的并列,因而较为容易,数量会多一些。而名词(名词短语)作为体词,与作为谓词的动词(动词短语)、形容词(形容词短语)构成并列结构时,存在的限制较多,因而较为困难,相对而言数量会少一些。

2.语义类型

并列结构所表达的基本逻辑关系有两大类别,即"合取"和"析取"。合取表示两种或者多种事物情况同时存在,析取表示从两种或者多种事物情况中选择其一。异类并列结构虽为非典型的并列结构,但同样存在这两种基本的逻辑关系。

汉语异类并列结构中表达合取这一逻辑关系的基本词语有"和""并且""甚至"等,例如:

(22)吴伟岸也看天上的云,目光多了些深邃和内容,他感叹道:这就是日子啊。

(23)眉眼放大并且鲜明起来,变得不像人脸,而是面具,美艳,却有些狰狞。

(24)裘伊不喝酒的时候,是一个安静克制甚至有些文雅的绅士。

汉语异类并列结构中表达析取这一逻辑关系的基本词语有"或者""还是"等,例如:

(25)杨把子想象着吴主任看见他的样子,不知是兴奋还是害怕,身子一颤一颤的。

(26)他因为疾病或者受伤已不能坚持。

我们对收集到的454条语料进行上述的分类,整理统计后如下表所示。

表4　各类异类并列结构的使用频率（二）

类别	数量	百分比
合取类异类并列结构	447	98.46%
析取类异类并列结构	7	1.54%

从统计的数据可以看出，合取类异类并列结构的使用频率最高，远高于析取类异类并列结构的使用频率。合取类异类并列结构中并列标志对并列项的限制较少，构成并列结构的可能性更大，数量较多。析取类异类并列结构中并列项之间的语义相关度较低，存在的限制较多，相对而言数量较少。

三、现代汉语异类并列结构的句法限制

两个语法范畴不同的词语，一旦进入异类并列结构，便形成了一个相对稳固的统一体。那么，参与异类并列的词语是如何形成这样相对稳固的统一体的？异类并列结构又存在怎样的句法限制？下文将着重探讨这两个问题。

（一）汉语词类的多功能性为异类并列结构提供存在的可能性

语言学家根据词的语法功能来进行词类的划分，在确定归类标准时，并不会列举出某类词的全部语法功能，而是挑选出不同词类之间互相有区别的特征。不同类别的词可以有相同的语法功能，也有为此类词所独有，可与其他类词区分开来的语法特征。以朱德熙（1985）的研究为基础，参考胡裕树（1995）和黄伯荣、廖序东（1991）的观点，我们把汉语名词、动词、形容词的主要功能归纳为下表。

表5 汉语名词、动词、形容词的主要功能

	主语	宾语	谓语	定语	状语	补语
名词	++	++	+	++	+	
动词	+	+	++	+	+	+
形容词	+	+	++	++	++	+

注释:"++"表示该类词的主要功能,"+"表示次要功能,无标记表示少数或者个别词有此功能。

如上表所示,汉语名词、动词、形容词在句法功能上存在交集,与句法成分之间也不是简单的一对一关系。这样,在主语、宾语、定语甚至状语位置上,名词和谓词(含动词、形容词)就有了共现的机会,而在补语、谓语位置较难共现,因此很难出现名词和谓词的异类并列结构;在谓语、补语位置动词和形容词共现很常见,这些位置也常会出现动词和形容词的异类并列结构,主语、宾语、定语、状语位置上也可能会出现动词和形容词共现情况,这为异类并列结构提供存在的可能性。

我们对语料中异类并列结构的句法功能进行统计,具体数据如下表所示。

表6 异类并列结构的句法功能数据统计表

	主语	宾语	谓语	定语	状语	补语
A(AP)conj V(VP)	26	89	24	49	16	5
N(NP)conj V(VP)	29	74	0	8	0	0
N(NP)conj A(AP)	33	84	2	15	0	0

对比表3和表5,我们发现在句法功能有交集的位置上名词、动词、形容词存在异类并列情况,在没有交集的位置上名词、动词、形容词构成异类并列结构会受到限制。表6粗略显示出异类并列结构的存在确实和各个词类句法功能的交集有关,下面分类考察异类并列的具体情况。

(二) N(NP) conj V(VP) 和 N(NP) conj A(AP) 的句法限制

名词(名词短语)和动词(动词短语)构成的异类并列结构可以作主语、宾语、定语。N(NP) conj V(VP)作主语时,在句法上对谓语动词有一定的限制。我们观察收集到的语料,发现谓语动词主要有以下几种类型。

第一,表示判断和解释的谓语动词"是"。例如:

(27)<u>同情和慈悲</u>是女人的天性,如果产生升华,那就成了伟大的母爱。

(28)让我补壁当然是看得起我,不过文化馆业务经费有限,笔墨就算是我们垫了,但<u>宣纸和装裱</u>是要花钱的。

第二,表示使成意义的谓语动词,如"使""成"等,此时作主语的 N(NP) conj V(VP)往往是促使宾语所指代的事物发生变化的动力。例如:

(29)<u>思绪岔道、跑偏</u>使罗思德脸色生锈,眼神也恍惚起来。
(30)<u>气节、操守、抗争、奔走</u>全都成了荒诞和自嘲。

第三,表示存现意义的谓语动词,如"出现""存在""消失"等。例如:

(31)<u>机遇和挑战</u>并存。
(32)突然从西南的小山丘上,升起了一颗信号弹,随着它降落的残辉,一阵凶狂的<u>吼吓和砸门声</u>,出现在杉岚站的各个角落。

第四,表示能愿的谓语动词,如"会"等。例如:

(33)不断地在那观察和思想,这样慢慢便会养成一种写作习惯,走到创作的路上去。

第五,动作动词可以作 N(NP) conj V(VP) 的谓语,但此时 N(NP) conj V(VP) 前面带有"各种"等词语使其指称化,或作定中短语的中心语。例如:

(34)各种传闻和推测渐渐归结成一个有头有尾的故事。
(35)她的泪水与嚎叫,被爹的一个耳光打得灰飞烟灭。

名词(名词短语)和动词(动词短语)构成的异类并列结构可以作宾语,N(NP) conj V(VP) 作宾语时,在句法上对谓语动词有一定的限制,谓语动词主要有以下几种类型。

第一,表示心理活动类的谓语动词。例如:

(36)我热爱学校和学习。
(37)为了他能活着,她忍受着难忍的耻辱和糟蹋,什么也不让他知道。

第二,表示存现意义的谓语动词,如"有""产生"等。例如:

(38)咱们之间,没有恩,没有债,没有眼泪,只有爱和阳光!
(39)他对那个受了伤的、被叫作黎纪纲的学生,产生了强烈的好感和同情。

第三,既可以带动词宾语也可以带名词宾语的动作动词,如"表示""寻找""充满""需要"等。例如:

(40)耿林也觉得自己在这个月光如水的夜里心中充满了<u>勇气和渴望</u>。
(41)他心里感到,谁都想从他嘴上寻找<u>安慰和办法</u>,而不是来听他的唉声叹气。
(42)我向您表示<u>尊敬和谢意</u>。

第四,动作动词可以作 N(NP) conj V(VP) 的谓语,但此时 N(NP) conj V(VP) 前面带有"一种""种种"等词语使其指称化,或作定中短语的中心语。例如:

(43)<u>巫师</u>跑来跑去,做出种种凄惨的惊人的<u>怪叫和姿势</u>。
(44)他睁着黑白分明的大眼睛,忽闪着长长的睫毛,捉摸着事情的<u>根源和发展</u>。

名词(名词短语)和动词(动词短语)构成的异类并列结构可以作定语,但都要带"的"。例如:

(45)他们用<u>亲情和思念</u>的方式,把他和马小燕彻底地穿透。

名词(名词短语)和形容词(形容词短语)构成的异类并列结构,与名词(名词短语)和动词(动词短语)构成的异类并列结构出现的句法位置存在较多共同的地方,它们都是名词性成分和谓词性成分的并

列,可以作主语、宾语、定语,这里不再具体分析。但从语料中我们发现名词(名词短语)和形容词(形容词短语)构成的异类并列结构还可以作谓语,例如:

(46)来宝是李红霞放鹰的第三个猎物,演戏出身的李红霞美丽而风情……

(47)下去前个个文绉绉的,幼稚而书生……

"美丽而风情"和"幼稚而书生"形式上虽是异类并列,但实质是"风情"和"书生"临时活用为形容词,属于同类并列。在我们收集到的语料中并未发现 N(NP)conj V(VP)作谓语、状语、补语的情况,以及 N(NP)conj A(AP)作状语、补语的情况。这是可以预料的,名词作谓语只限于说明时间、天气、籍贯、容貌等表示肯定意义的口语短句,状语一般是由时间名词、动词(能愿动词)、形容词(特别是表示状态的形容词)充当,补语一般只能由谓词性词语充当,语料中参与异类并列的具体名词共有 26 个,没有出现时间名词,它们在这些句法功能上不存在交集,便不能共现在这些句法位置上。

(三)A(AP)conj V(VP)的句法限制

形容词(形容词短语)和动词(动词短语)构成的异类并列结构可以作主语、宾语、定语、状语、补语、谓语。A(AP)conj V(VP)作主语时在句法上对谓语动词的限制,与 N(NP)conj V(VP)/A(AP)作主语时存在较多共同之处。谓语动词主要限于以下几种类型:①表示判断和解释的谓语动词"是";②表示使成意义的谓语动词,如"使""导致"等;③能愿动词,如"可以"等;④动作动词也可以作 A(AP)conj V(VP)的谓语,此时 A(AP)conj V(VP)前面带有"一切""这种"等词语使其指称化,或作定中短语的中心语。但不同的是当谓语动词表示存

现意义时,此类谓语动词的主语一般是"N＋的＋A(AP) conj V(VP)",异类并列结构作定中短语的中心语。例如:

(48)战士们的<u>恐怖和担心</u>,随两个遇难者的一丝苦笑而消失了。

(49)她在生气的时候,平时的<u>和善、宽容</u>一点儿也没有了,变得十分威严,声色俱厉。

A(AP)conj V(VP)作宾语时,在句法上对谓语动词也有一定的限制,谓语动词限于弱动作动词。我们观察收集到的语料,发现谓语动词主要包括以下几种类型:①表示心理活动类的谓语动词,如"感到"等;②表示存现意义的谓语动词,如"存在""有"等;③动作动词也可以作谓语带 A(AP)conj V(VP)异类并列结构的宾语,但此时 A(AP)conj V(VP)前面带有"一种"等名量性的表数词语,或作定中短语的中心语。此外,谓语动词还可以是表示判断和解释的谓语动词"是",例如:

(50)赵劲在他印象中,是<u>严厉而很少说话</u>。
(51)丁小鲁说:"不过笑完是更大的<u>忧郁和期待</u>,离你要求的心花怒放好像还差一点,没出现自吹自擂的症状。"

既可以带动词宾语也可以带形容词宾语的动作动词,如"出于""得到""带着""摆脱"等,也可以作 A(AP)conj V(VP)的谓语。例如:

(52)他们出于<u>善良和同情</u>。
(53)一开口,特务头子就明显地带着<u>嘲讽和露骨的不满</u>。

形容词(形容词短语)和动词(动词短语)构成的异类并列结构可以作定语,但都要带"的",连接的标记手段有"X 而 Y""X 和 Y"等。例如:

(54)在这个充满<u>渴望、繁忙和寻找</u>的年代,人们没有时间去为鸡毛蒜皮的小事弄个谁是谁非。

(55)就这一个字,黛二丢给缪——堵<u>深厚而无法穿越</u>的墙。

形容词(形容词短语)和动词(动词短语)构成的异类并列结构作状语时,都要带"地",连接的标记手段有"又 X 又 Y""X 而 Y"等。例如:

(56)当时她<u>又羞又笑</u>地转身便走,说:我以为你们多文明,原来一个好的都没有!

(57)但当小宝的嘴巴一接触到乳头时,她几乎一下就安静了,<u>贪婪而满足</u>地吸吮起来。

形容词(形容词短语)和动词(动词短语)构成的异类并列结构作补语时,都要带"得",前面一般带有程度修饰语"十分""特别"等。例如:

(58)虽然大伙对她爱理不理的,但她还是礼数周到地和大伙打招呼,笑得十分<u>谦卑和巴结</u>。

(59)他只有一件事做得特别<u>仔细而有规律</u>……

形容词(形容词短语)和动词(动词短语)构成的异类并列结构可以作谓语,其后不能带宾语。例如:

(60)月英心里<u>又紧张又怕</u>,不能答应又不敢拒绝,不知说什么好了。

(61)那手也不是我所记得的红活圆实的手,却<u>又粗又笨而且开裂</u>,像是松树皮。

我们知道形容词作谓语时会受到一定的条件限制。根据朱德熙(1956)、沈家煊(1997)的研究,形容词作谓语一般要附加下列条件:不能带宾语;出现在对比的语境中;加程度副词、否定副词或其他修饰成分;加表时间的成分或语气助词等。陆俭明(1986)也指出汉语中大约有50%的动词不能独立作谓语。有相当一部分动词在充当谓语时需要一定的限制条件。如:"看、吃"等动词能自由地与主语结合生成合乎语法的句子,而"塌、丢"等动词充当谓语却是有条件的。我们将这些限制条件与A(AP)conj V(VP)作谓语的条件进行比较发现,异类并列结构必须同时满足形容词作谓语和动词作谓语的限制条件。也就是说,在句法功能有交集时会存在异类并列情况,而没有交集时就不允许存在异类并列情况。

四、现代汉语异类并列结构的语义相关性

储泽祥等(2002)在考察名词和名词并列时认为语义亲近性是并列短语形成的基础,又将语义亲近性分为固有亲近性和临时亲近性。我们认为异类并列结构不同于同类并列结构,一般不存在固有的语义亲近性,并列项之间的语义关系往往是临时的,但和同类并列结构的

临时亲近性又不完全相同。同类词一般都具有相同的语义范畴,名词具有事物的语义范畴,动词具有动作的语义范畴,形容词具有性质的语义范畴。并列结构 X conj Y 中,X、Y 词类相同,则它们的语义范畴相同;X、Y 词类不同,则它们的语义范畴不同。从语义角度来看,同类并列结构的并列项之间的语义亲近性要远大于异类并列结构。例如:

(62)她擅长<u>唱歌和跳舞</u>。
(63)走了整整两天,抱着希望出去,带着<u>尘土与眼泪</u>回来。
(64)作为一名党外群众,这已经是对你的<u>信任和礼遇</u>。

例(62)(63)是同类并列结构,例(62)的"唱歌和跳舞"语义上存在固有的亲近性,具有共同的义素或者语义特征;例(63)的"尘土与眼泪"语义上存在临时的亲近性,同属于事物范畴,语境赋予了它们共同的临时意义,反映了某些相同的非本质特点,在这里都包含"失望"的意思。例(64)是异类并列结构,"信任和礼遇"虽在语境中相关,但一个属于动作范畴,一个属于事物范畴,它们之间的语义关系不同于同类并列结构的临时亲近性,这里我们称之为语义的相关性。如果把并列项在语义关系上的亲疏程度进行排列,可表示为:

同类并列结构的固有亲近性＞同类并列结构的临时亲近性＞异类并列结构的语义相关性

储泽祥等(2003)认为心理细节以及人际、礼节细节的相似性是大多数异类词联合短语的语义基础。我们从收集到的语料中发现,在语义的分布上,并列项的语义是心理上的以及与心理相关的词约占总量的 60%。例如:

(65)李勇奇的眉头皱了两皱,好像勾起了他满腹的<u>愤怒和埋怨</u>。

但只能说异类并列结构在语义表达上有心理以及与心理相关的倾向性,因为我们发现其他语义类型的词也可以进入异类并列结构。例如:

(66)我热爱<u>学校和学习</u>。
(67)<u>宣纸和装裱</u>是要花钱的。
(68)人民群众热切呼唤<u>清官和清廉</u>。
(69)军人的爱情应该跟任何人的爱情一样……不存在<u>廉价和贬值</u>……

语境给上述例句中的异类并列结构增加了临时性的语义相关性,"学校"所具有的动作行为是学习,"宣纸"所对应的动作行为是装裱,"清官"所具有的性质是清廉,"贬值"所对应的性质是廉价。并不是任意两个词语都可以并列,这种临时的语义相关性使语义距离较远的异类词形成了相对稳固的统一体。

五、汉英异类并列结构的比较研究

(一)构成成分和句法功能方面的差异

汉语异类并列结构中充当并列项的词一般是名词、动词、形容词,以及与之相对应的短语,前文已经讨论过它的三种结构类型:A(AP) conj V(VP)、N(NP) conj V(VP)、N(NP) conj A(AP)。我们从收集

到的语料中发现,英语中除了名词、动词、形容词及其所对应的短语外,副词和介词短语也可以参与构成异类并列结构。例如:

(70)Pat is either stupid or a liar. (AP or NP)
(71)I am hoping for an invitation and optimistic about my chances. (VP and AP)
(72)John is sick and in a foul mood. (AP and PP)
(73)John walked slowly and with great care. (AdvP and PP)
(74)John went to the library yesterday and on Tuesday. (NP and PP)

在句法功能方面,汉语异类并列结构主要在句中作宾语、主语,其次是定语、状语,少数还能作谓语、补语。英语异类并列结构在句中多作表语,如例(75)中的"a banker and extremely rich"是系动词 be 后面的表述语。

(75)John is a banker and extremely rich.

英语异类并列结构也可以作定语,如例(76)中的"academic and cost"是后面名词的定语。

(76)Any change is bound to have numerous academic and cost implications.

英语异类并列结构还可以作状语,如例(73)中的"slowly and

with great care"和例(74)中的"yesterday and on Tuesday"。与汉语不同的是,我们没有发现英语异类并列结构在句中作主语、宾语和谓语的情况。

(二)汉语词类的多功能性与异类并列结构的特点

我们从收集到的语料中发现,英语中不属于同一词类的两个成分并列的情况相对汉语来说较少,异类并列结构的存在也受到很大限制,更重要的是汉英异类并列在构成成分和句法功能方面都存在差异,各有特点。其原因已众所周知,汉语中名词、动词、形容词是多功能的,词类和句子成分之间不是一对一的关系。以朱德熙(1985)、Quirk et al.(1985)的研究为基础,参考张道真(2008)的观点,我们把英语各类词的主要功能归纳为下表。

表7 英语各类词的主要功能

	主语	宾语	谓语	定语	状语	补语	表语
名词	+	+		+			+
动词			+				
形容词				+			
副词					+	+	
介词短语				+	+	+	+

名词、动词、形容词等没有在主语、宾语和谓语位置上共现的机会,因此英语的异类并列结构在句中不能作主语、宾语和谓语,而常作定语、状语、补语和表语。汉英不同词类在句法功能上的特点造成了异类并列结构的句法功能和结构类型的差异。

按照Croft(1990)的观点,词类与语义、语用功能三者之间具有如下表所示的关联性。

表8　词类与语义、语用功能的关联性

句法范畴	语义类	语用功能
名词	事物	指称
动词	动作	陈述
形容词	性质	修饰

但实际上汉语的句法范畴与语用功能并不是一一对应的关系,存在语用功能的转化,例如:

(77)房子里只有一张<u>木头</u>桌子。

(78)我不要你的<u>同情</u>。

　　<u>同情</u>也没有用。

　　那些人投来<u>同情</u>的目光。

(79)<u>悲伤</u>充满了他的心。

　　眼里传达出一丝<u>悲伤</u>。

　　他非常<u>悲伤</u>。

例(77)中用横线标示的名词作定语,实现修饰的语用功能;例(78)中用横线标示的动词"同情"分别作宾语、主语和定语,分别实现指称的语用功能和修饰的语用功能;例(79)中用横线标示的形容词"悲伤"分别作主语、宾语和谓语,分别实现指称的语用功能和陈述的语用功能。

郭锐(2000a)也指出名词、动词词性区分的内在基础实际上就是指称、陈述表述功能的区分,词类之间的分布差异、形态差异无非是表述功能差异的外在表现。我们发现汉语中的很多异类并列结构,若用英语表达,则不再属于异类并列结构了。例如:

(80) <u>和平</u>和<u>发展</u>是当今世界的两大主题。

<u>Peace and development</u> is the theme of the modern world.

动词用作指称和修饰的语用功能,形容词用作指称和陈述的语用功能,英语和汉语都存在这种现象。英语这种表述功能的转化主要在词汇层面上进行,例如,英语中的动词"develop"在进入并列结构"peace and development"之前会改变词形,变成名词"development"之后,它的表述功能在句法层面上转化为指称。汉语因为缺少严格意义的形态变化,异类并列结构中表述功能的转化则是通过句法手段进行。

表9 汉英表述功能的转换

	手段	词类和表述功能1	词类和表述功能2
英语	词汇手段	develop 动词 陈述	development 名词 指称
汉语	句法手段	"发展" 动词 陈述	"发展" 动词 指称

概括地说,汉语的异类并列结构中表述功能的转化主要是通过句法手段进行,而相对应的英语则是通过构词手段使表述功能实现转化。这就导致英语中词类同句法成分存在对应关系,而汉语中名词、动词、形容词是多功能的,词类和句子成分之间不是一对一的关系。

根据有限变异的句法制图理论和语言库藏类型学(刘丹青,2011),语言库藏既存在共性,也存在差异。例如:

(81) In the one moment he saw his opponent ducking out of

his field of vision and the background of white, watching faces.

例(81)中因为并列结构出现在修饰语的位置作名词 face 的定语,动词 watch 在与形容词 white 并列出现在定语位置时就需要先在形式上与形容词形式取得一致,即在动词 watch 后加上词缀-ing 得到 watching 这个形容词。从语言库藏的角度来说,汉语的"发展"在句子中作主语、宾语、谓语、定语时属于一个库藏,只是作用不同,但是英语中相对应的表达却要通过词汇转化表现出来,它们属于不同的库藏,在充当的句法成分方面也就存在差异。

六、本节结语

通过以上讨论,我们发现汉语异类词在句法功能方面存有交集是异类词并列的前提条件,没有交集时异类并列的存在就会受到限制。从语义角度来看,同类并列项之间语义的亲近性要远大于异类并列,临时的语义相关性才是异类词形成相对稳固统一体的关键,不仅表义模糊的心理类以及与心理相关类的异类词可以构成异类并列结构,其他语义类型的词也可以进入异类并列结构。对比英语异类并列结构,在结构类型方面,汉语中充当异类并列结构并列项的一般是名词、动词、形容词及其所对应的短语,英语除了这些外,副词和介词短语也可以参与构成异类并列结构;在句法功能方面,汉语异类并列结构主要在句中作宾语、主语,其次是定语、状语,少数还能作谓语、补语,英语异类并列结构在句中多作表语,还可以作定语和状语,没有出现作主语、宾语和谓语的情况。我们认为汉语和英语在表述功能转化和库藏方面的不同特点是汉英异类并列现象存在差异的根本原因,有限变异的句法制图理论可以对此作出解释。

第五章 英语母语留学生"得"字状态补语习得的实证研究

本章研究汉语功能成分的第二语言习得,主要包括分析英语母语留学生对汉语特有功能成分"得"的习得特点及其原因,考察界面假说和计算复杂性理论的解释力。研究显示,一方面汉语本体研究是汉语习得和第二语言教学研究的基础,另一方面习得研究对汉语本体研究也具有重要的参考和启发作用。

第一节 语料调查及分析

一、调查目的

"得"字状态补语结构向来是留学生习得汉语的重难点之一,本书主要通过语料调查和问卷调查来分析留学生的习得情况,找出留学生在汉语"得"字状态补语结构习得过程中存在的问题,并据此提出相应的解决对策,为对外汉语课堂教学提供部分指导。本节先从语料调查

着手,研究留学生的习得情况。语料调查主要解决以下三个问题:第一,考察英语母语留学生对不同类型"得"字状态补语结构的使用情况是否有差异。第二,考察英语母语留学生对不同类型"得"字状态补语结构的习得顺序是否有先后,在习得过程中存在哪些偏误。第三,考察汉语母语者与英语母语留学生对"得"字状态补语结构的使用情况是否有差异。

二、调查对象及语料搜集

调查对象是北京语言大学 HSK 动态作文语料库中英语为母语的留学生(这些学生主要来自美国、英国、澳大利亚、加拿大、新加坡)。调查语料来自 HSK 动态作文语料库中英语母语留学生的作文。具体操作步骤如下:

首先,采用全篇检索方法筛选出英语为母语的留学生使用"得"字句的情况,共计筛选出 1016 篇留学生作文。然后,进一步筛选出"得"为结构助词的语料。接着,重复第一章中针对汉语母语者习得的分析步骤,通过删除重复句子和含有实词得(dé)、得(děi)、结构助词得(de,轻声)的句子,得到关于"得"字状态补语句的有效语料共 215 条。最后,对有效语料进行相关研究。调查发现,英语为母语的留学生只会使用简单的"得"字状态补语句,以"NP+V_1得+V_2P"句式为主,且使用数量极少;对于其他类型的句子,他们很少使用或者不能够准确使用相关句型。

三、调查结果与分析

为解决第一个问题,我们首先将英语母语留学生对不同类型"得"字状态补语结构的使用情况做了统计(统计结果如表1、表2所示),同时与汉语母语者做对比分析。

表1 汉语母语者与英语母语留学生对"得"字状态补语结构总体使用情况统计表

类别	NP_1+V_1 得+ NP_2+V_2P	$NP+V_1$ 得+ V_2P	V 得(补语省略)	V 得+四字语	行合计
汉语母语者	93	269	1	8	371
英语母语留学生	18	182	0	15	215
列合计	111	451	1	23	586

表1显示,英语母语留学生对四类"得"字状态补语结构的使用情况存在明显差异。第一,在1016篇英语母语留学生的作文中,英语母语留学生使用带"得"的句子共1735条,其中筛查出"得"字状态补语句215条,占12.39%;而在BCC语料库搜集到的1000条"得"字句中,汉语母语者使用的"得"字状态补语句共371条,占37.1%。这说明无论汉语母语者还是英语母语留学生,使用"得"字状态补语句的情况都较少,与汉语母语者相比,英语母语留学生使用"得"字状态补语句的频次更低。第二,英语母语留学生使用"$NP+V_1$ 得+V_2P"这一句型的频次最高,占84.65%;使用"NP_1+V_1 得+NP_2+V_2P"和"V 得+四字语"两种句型的频次较低,分别占8.37%、6.98%;没有英语母语留学生使用"V 得(补语省略)"句的情况,说明他们对这种特殊句式不了解,更不会使用。上述调查结果表明,与汉语母语者相比,英语母语留学生对"得"字状态补语结构四种类型的把握很不平衡,主要体现为在结构上和使用上都存在不平衡的现象,并且各类之间存在很大差异。

其次,为了进一步考察英语母语留学生对"得"字状态补语结构各个小类的使用情况,我们将各小类的使用频次做了详细统计。为方便说明,第一类"NP_1+V_1 得+NP_2+V_2P"当中包含的九个小类,分别用字母 a_1—a_9 代替,a_1—a_9 代表的小类见注释。

表2 英语母语留学生对各类"得"字状态补语结构使用情况统计表

类别		表示动作结果状态的补语	表示动作本身状态的补语	行合计
NP_1+V_1 得 $+NP_2+V_2P$	a_1	3		3
	a_2	3		3
	a_3	8		8
	a_4	1		1
	a_5	0		0
	a_6	0		0
	a_7	3		3
	a_8	0		0
	a_9	0		0
$NP+V_1$ 得 $+V_2P$		67	115	182
V 得（补语省略）		0	0	0
V 得 + 四字语		7	8	15
列合计		92	123	215

注释：a＝NP_1+V_1 得$+NP_2+V_2P$。NP_1 与 V_1、NP_2 与 V_1 之间的关系依次为：a_1＝施事与动词、施事与动词的关系；a_2＝施事与动词、受事与动词的关系；a_3＝施事与动词的关系、没有直接关系；a_4＝受事与动词、施事与动词的关系；a_5＝受事与动词、受事与动词的关系；a_6＝受事与动词的关系、没有直接关系；a_7＝没有直接关系、施事与动词的关系；a_8＝没有直接关系、受事与动词的关系；a_9＝没有直接关系、没有直接关系。

表2显示，表示动作结果状态的补语和表示动作本身状态的补语使用情况不同，二者的使用率分别占总数的42.79％和57.21％。对"得"字状态补语结构的使用情况与英语母语留学生不同，汉语母语者使用表示动作结果状态补语句的频次高于使用表示动作本身状态补语句的频次。这说明对于英语母语留学生来说，表示动作本身状态的"得"字补语句更容易习得，在日常口语交际中使用频率也更高一些；而汉语母语者虽然已经能够熟练使用"得"字状态补语结构的简单形式，但更倾向于使用表示动作结果状态的"得"字补语句。

"NP_1+V_1得$+NP_2+V_2P$"句型的总体使用率很低,其中 a_3 的使用频次相对较多,其次是 a_1、a_2、a_7,a_4 的使用频次为 1,a_5、a_6、a_8、a_9 的使用频次为 0。虽然 a_5、a_8、a_9 理论上存在,但现实中并没有找到对应的语料,根据第一章第三节里表 1 的数据可知,汉语母语者使用 a_5、a_8、a_9 句型的例子总共只有 3 例,说明这 3 种句型在现实语料中几乎很少使用,因而英语母语留学生没有使用这 3 种句型情有可原。

"$NP+V_1$得$+V_2P$"句型的使用率最高,并且表示动作本身状态的"得"字补语句的使用频次大于表示动作结果状态的"得"字状态补语句的使用频次,说明英语母语留学生对这一句型掌握得较好,并且对于表示动作本身状态的"得"字补语句习得程度更高。由于表示动作结果状态的"得"字补语句句型种类繁多、结构复杂,在以后的对外汉语教学中,可以先引入表示动作本身状态的"得"字补语句,在留学生掌握了一定数量的这类补语句的基础上,再逐步引入表示动作结果状态的"得"字补语句。

"V 得(补语省略)"句型的使用频次为 0,说明英语母语留学生完全没有习得该句型。观察汉语母语者的使用频次,我们仅发现 1 个例句,说明这类特殊"得"字状态补语句本身难度大,通常只在日常口语中出现,如果对汉语了解不足,外国留学生很难掌握这种句型。

"V 得+四字语"的使用率仅占总数的 6.98%,且表示动作结果状态的"得"字补语句和表示动作本身状态的"得"字补语句使用率相差不大,说明英语母语留学生对这个句型并没有很好地掌握。当然这类特殊句型本身也具有一定的难度,很多四字语都是成语,很多成语又都有典故,而英语母语留学生的汉语水平有限,若想要提高表达能力,仍需要加强学习。

为解决第二个问题,我们观察表 1、表 2 中的数据,发现英语母语留学生对于"$NP+V_1$得$+V_2P$"的使用频率最高,其次为"NP_1+

V_1 得＋NP_2＋V_2P""V 得＋四字语","V 得(补语省略)"的使用率为 0。在统计语料的过程中我们发现,由于语料有限,英语母语留学生使用"得"字状态补语结构的错误率较低,总共发现 4 处错误,占总数的 1.86%,这和该结构本身的难度有关。从使用率和错误率来看,英语母语留学生习得"得"字状态补语句的顺序依次为"NP＋V_1 得＋V_2P""NP_1＋V_1 得＋NP_2＋V_2P""V 得＋四字语",而对于"V 得(补语省略)"句型则完全没有掌握。从仅有的错误句子中,我们观察到"NP_1＋V_1 得＋NP_2＋V_2P"句型最容易出错。在九小类句型中,英语母语留学生确实出现了典型的错误,例如 NP_1、NP_2 使用位置不当,错误句子如"＊人和人时间相处得长",留学生想要表达的是"人和人相处得时间长",由于不了解"NP_1＋V_1 得＋NP_2＋V_2P"句型,因此出现了 NP_1、NP_2 连用的错误现象。由于语料有限,关于其他三类"得"字状态补语句并没有发现错误句子。在接下来的问卷调查中我们会对这些错误做进一步的补充说明。

为解决第三个问题,我们将汉语母语者与英语母语留学生对"得"字状态补语结构的各类使用情况做了对比研究,具体数据如表 3 所示。

表3 汉语母语者与英语母语留学生对各类"得"字状态补语结构使用频次对比表

类别		表示动作结果状态的补语	表示动作本身状态的补语
NP_1＋V_1 得＋NP_2＋V_2P	汉语母语者	93	
	英语母语留学生	18	
NP＋V_1 得＋V_2P	汉语母语者	166	103
	英语母语留学生	67	115
V 得(补语省略)	汉语母语者	1	0
	英语母语留学生	0	0
V 得＋四字语	汉语母语者	3	5
	英语母语留学生	7	8

(续表)

类别		表示动作结果状态的补语	表示动作本身状态的补语
列合计	汉语母语者	263	108
	英语母语留学生	92	123

仔细观察表3可以发现：第一，汉语母语者与英语母语留学生对于"得"字状态补语结构的总体使用情况类似，即对"$NP+V_1$得$+V_2P$"的使用频次最高，其次为"NP_1+V_1得$+NP_2+V_2P$""V得+四字语"，对"V得（补语省略）"的使用频次最低。但从最后的列合计发现，总体使用情况有差异，呈现不对称现象，汉语母语者对表示动作结果状态的"得"字补语句的使用频次高，而英语母语留学生对表示动作本身状态的"得"字补语句的使用频次高。第二，汉语母语者与英语母语留学生在对"$NP+V_1$得$+V_2P$"结构的使用率上呈相反的状态。汉语母语者对表示动作结果状态的"得"字补语句的使用频次高于对表示动作本身状态的"得"字补语句的使用频次，英语母语留学生则恰恰相反，二者也呈现出不对称的现象。第三，在统计数量相差不大的情况下，汉语母语者对各类结构的使用频率要远远高于英语母语留学生。汉语母语者使用"NP_1+V_1得$+NP_2+V_2P$"句型的频次远大于英语母语留学生；汉语母语者会使用"V得（补语省略）"句型，而英语母语留学生完全不会使用该句型。这说明汉语母语者对"得"字状态补语结构的使用更多元化，英语母语留学生对"得"字状态补语结构的使用则相对单一。

Prévost et al.（2014）、袁博平（2017）提出语言习得与语言处理的计算复杂性有关，计算复杂性会抵消第一语言迁移。因此造成上述英语母语留学生与汉语母语者产出不同的原因有二：一方面是"V得"状态补语结构本身的计算复杂性不同，尤其是"V得（补语省略）"句是

"得"字状态补语结构的特殊句式,具有一定的习得难度;另一方面通过研究对外汉语教学相关教材发现,教材中并没有涉及"得"字状态补语特殊结构,因而英语母语留学生在日常交际中很少使用它们。

第二节　问卷调查及分析

一、调查目的

针对本体部分探讨的"得"字状态补语结构的分类情况和句法特征,结合对 HSK 动态作文语料库进行的语料调查,我们又设计了两份调查问卷,考察母语为英语的留学生对"得"字状态补语结构的句法特征的掌握情况。由于现代汉语"得"字状态补语结构复杂,留学生在运用这类结构时很难自然产出,因此 HSK 动态作文语料库中搜索到的例句较少且类型单一,有些"得"字状态补语结构在语料中没有得到充分体现。为了更全面地了解英语母语留学生的习得情况,本书进一步采用问卷调查的方式考察英语母语留学生对"得"字状态补语结构的习得情况。在研究过程中,我们主要探讨以下几个问题:第一,学习者能否正确理解"得"字状态补语结构的语义特征?在习得过程中存在哪些偏误?第二,学习者在学习"得"字状态补语结构时受到哪些因素的影响?第三,学习者在习得"得"字状态补语结构的句法特征时是否表现出不断进步的特征?

二、被试

本次调查问卷的对象包含 45 名英语背景学习者被试以及作为控

制组的20名汉语背景母语者被试。本次实验的英语学习者被试对象都是在安徽大学国际教育学院的初级、中级、高级班学习的母语为英语的留学生,每个年级各选15人作为调查对象。汉语母语者由安徽大学文学院在读研究生组成,共20人。英语背景学习者学习汉语的情况按HSK考试情况划分。为便于统计,按照HSK考试成绩,初级组是未通过四级考试的留学生,中级组是通过四级考试的留学生,高级组是通过五级或六级考试的留学生。

三、问卷设计

调查问卷总共设计了两道题目,包括组词造句测试和可接受性判断测试(调查问卷的具体内容见附录二)。具体设计过程如下:

第一,组词造句测试。该测试主要考察留学生的输出能力,即留学生能不能正确地表达和运用"得"字状态补语句。本题给出需要考察的词语以及一些必要的短语,打乱排列顺序,然后组成不同的句子,通过选择题的形式测试留学生的习得情况。问卷的内容涉及对"得"字状态补语句句型的考察,包括"NP_1+V_1得$+NP_2+V_2P$""$NP+V_1$得$+V_2P$""$NP+V$得$+$四字语""$NP+V$得(补语省略)"四种句型、语序、补语语义指向等方面。测试项随机排列,具体情况举例如下:

(1)打 她自己(herself) 都累了(tired) 得 妈妈
A. 打妈妈得她自己都累了。
B. 妈妈打得她自己都累了。
C. 她自己打得妈妈都累了。

此句型属于"NP_1+V_1得$+NP_2+V_2P$"类型,主要考察NP_1、NP_2

不能互换,以及补语的语义指向问题,测试留学生能不能正确运用"得"字状态补语句。分析三个选项发现 B 项正确。A 项"打妈妈得她自己都累了"是明显错误的句子,动词"打"与"得"分开,"打妈妈"VP 作主语,"得"后面是 NP,但"得"作为结构助词不能单独作谓语,所以此句不成立。C 项"她自己打得妈妈都累了",从句法结构方面看符合"得"字补语句的句法特征,但从语义方面分析发现,"她自己"是代名词,指代对象模糊,"她自己"指代的是"妈妈"还是其他人并不清楚,因此该句也不成立。

第二,可接受性判断测试。测试主要考察留学生的输入能力,即留学生能不能正确理解"得"字状态补语句。该测试共包含 4 大类、15 小类的"得"字句,其中又设置了 3 个句子作为干扰项,共计 18 个句子,分别考察留学生对这 18 个句子的习得情况。可接受性判断测试可以让留学生区分正确和错误的"得"字状态补语句。

所有的测试句都用汉字呈现,为了降低词语对判断结果的影响,所有句子都采用日常用语,部分较难的词语都会用英语标明意思。要求被试通过五度计分法对每个测试句做出判断,−2 表示完全不可以接受(totally unacceptable),−1 表示不可接受(unacceptable);0 表示不知道(unknown),1 表示可以接受(acceptable),2 表示完全接受(totally acceptable)。采用五度计分法计分,量表如图 1 所示,每个句子后面都会出现该表。

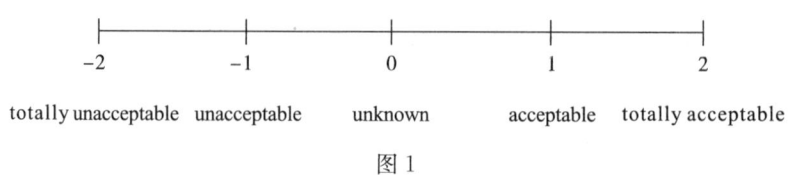

图 1

表1　可接受性判断测试的任务类型及例句

大类	小类	例句
表示动作结果状态的状态补语	1. NP_1+V_1 得 $+NP_2+V_2P$	＊你不害得姐姐丢了工作。/那首歌唱得小狗都听烦了。/＊我刮得公路上尘土飞扬。/三千米跑得我好辛苦。/＊这个消息听得声音很大。/小狗咬得衣服都坏了。/＊我跑得三千米好辛苦。/小明愁得一整天都没吃饭。/＊今天跑得步很累。/这个消息高兴得我手舞足蹈。/小明唱得他自己都听烦了。
	2. $NP+V_1$ 得 $+V_2P$	她气得哭起来了。
	3. $NP+V$ 得＋四字语	昨天他喝酒喝得上吐下泻。
	4. $NP+V$ 得（补语省略）	瞧她美得,都要上天了。
表示动作本身状态的状态补语	5. $NP+V_1$ 得 $+V_2P$	爸爸走得很快。/＊小明吃东西吃着得很香。
	6. $NP+V$ 得＋四字语	他吃饭吃得津津有味。
	7. $NP+V$ 得（补语省略）	看看你弄得,地上全是垃圾。

句型1考察"得"字结果状态补语句中补语含有小句主语的类型,主要包括以下三种情况：首先,"NP_1+V_1 得 $+NP_2+V_2P$"结构中,NP_1 与 NP_2 不能互换或者互换后意思会发生改变,考察留学生能否认识到这种变化。其次,范晓(1993)强调,复动"V 得"句属于"V 得"句的一种,主要指谓语动词带宾语,重复谓语动词后加上"得"引出补语的一种"V 得"句。复动"V 得"句中有些句型不能简化,如"今天跑步跑得很累",不能简化成"今天跑得步很累",考察留学生能不能正确分辨这种句型。再次,虽然有些句型理论上存在,但在实际应用中无法找到对应的句子或者该句子本身在日常交际中就是错误的句子,如"＊我刮得公路上尘土飞扬""＊这个消息听得声音很大"等,考察留学生能否正确表达和运用含有小句主语的"得"字状态补语结构。

句型2、句型5考察"得"字状态补语句中补语是谓词性结构的类型。句型2中补语是动词短语,句型5中补语一般是形容词短语。"V得"结构中动词与"得"之间不能加"着、了、过",如"＊小明吃东西吃着得很香"不符合汉语语法规范。

句型3、句型6考察"得"字状态补语句中补语是四字语的类型。句型3中补语的语义指向主句主语,句型6中补语的语义指向主句中心动词,且"V得"结构中动词与"得"之间不能加"着、了、过"。

句型4、句型7考察"得"字状态补语句中补语省略的类型。句型4中补语的语义指向主句主语,句型7中补语的语义指向主句中心动词,考察被试者能否理解这两种句型语义指向的不同。

四、实验结果

第一,对组词造句测试结果的分析。问卷调查的统计结果如表2、表3所示。

表2 "得"字状态补语句中表示动作结果状态的补语组词造句测试的调查结果

组别	正确率	错误率
初级组	62.00%	38.00%
中级组	92.00%	8.00%
高级组	86.00%	14.00%
汉语母语组	97.00%	3.00%

表2提供了现代汉语"得"字状态补语句中表示动作结果状态的补语组词造句测试的调查结果。表中数据显示,随着英语母语留学生汉语水平的提高,正确率整体呈上升趋势,但错误率并没有呈下降趋势,表现不稳定;在高级组的测试结果中,正确率与中级组相比稍微有所下降,通过SPSS软件进行单因素方差分析,结果显示 $p<0.01$,这

说明中级组、高级组的正确率表现出极显著的差异,留学生对表示动作结果状态的状态补语结构的掌握水平还有待提高。

表3 "得"字状态补语句中表示动作本身状态的补语组词造句测试的调查结果

组别	正确率	错误率
初级组	83.33%	16.67%
中级组	96.67%	3.33%
高级组	100.00%	0.00%
汉语母语组	100.00%	0.00%

表3提供了现代汉语"得"字状态补语句中表示动作本身状态的补语组词造句测试的调查结果。由表中数据可知,初级、中级、高级组的正确率呈明显上升趋势,并且数值都很高,这说明留学生对表示动作本身状态的状态补语结构掌握较好。

第二,对可接受度调查结果的分析。具体调查结果如下表所示。

表4 对"NP_1+V_1得$+NP_2+V_2P$"类型的"得"字状态补语句的判断均值

组别	a_1	a_2	*a_2	a_3	a_4	*a_4
初级组	−0.80	−0.13	−0.93	+0.27	+0.00	+0.46
中级组	+0.53	+0.80	−0.53	+0.13	+0.33	+0.53
高级组	+0.67	−0.53	−1.33	+0.73	+0.07	−0.60
汉语母语组	+0.85	+1.00	−1.05	+1.70	+1.65	−0.60
组别	a_5	a_6	a_7	a_8	a_9	
初级组	−0.47	−0.33	−0.40	+0.27	−0.13	
中级组	+0.47	+0.33	−0.20	−0.20	−0.13	
高级组	+0.67	+0.33	+0.07	−0.27	+0.33	
汉语母语组	−1.30	+1.00	+0.87	−1.05	−0.85	

注释:参见本章第一节表2注释里关于a_1—a_9的解释。

以下11个句子分别对应表4中的a_1—a_9。

①小明唱得他自己都听烦了。

②小狗咬得衣服都坏了。

③*你不害得姐姐丢了工作。

④小明愁得一整天都没吃饭。

⑤三千米跑得我好辛苦。

⑥*我跑得三千米好辛苦。

⑦*这个消息听得声音很大。

⑧那首歌唱得小狗都听烦了。

⑨这个消息高兴得我手舞足蹈。

⑩*今天跑得步很累。

⑪*我刮得公路上尘土飞扬。

表 4 提供了各个组对于表示动作结果状态的"NP_1+V_1得$+NP_2+V_2P$"类型的"得"字状态补语句的判断数据。表中数据显示,汉语母语组与初级组、中级组、高级组总体上存在差异。虽然随着汉语水平的提高,英语母语留学生对句子的判断能力逐渐向汉语母语组靠近,但差距还是很明显,这说明英语母语留学生并未熟练掌握"NP_1+V_1得$+NP_2+V_2P$"句型。如上文所述,带有小句补语的"得"字句,前后主语不能互换,并且"V 得"之间不能加"着、了、过",中心动词前不能加"不"。因此,我们在 9 类句型中设置了两个错误选项,以此考察留学生能否正确识别它们。

从表 4 可以看出,中级组、高级组和汉语母语组都能对句型①②⑧⑨⑩做出正确判断,并且能区分正确和错误的句子,而初级组由于汉语水平有限,并不能做出正确判断。下面我们通过 SPSS 软件中的单因素方差分析和事后 Sheffé 检验来研究各类句型的测试结果。单因素方差分析中 p<0.01 表示差异性极显著,0.01<p<0.05 表示差异性显著,p>0.05 表示差异性不显著。

关于句型①(对应表 4 中的 a_1),观察数据发现,除了初级组的均值在-0.5 以下,中级组、高级组和汉语母语组的均值都在+0.5 到+1.0 之间,这说明英语母语留学生对"V 得"补语句中表示"施事与动词、施事与动词的关系"这类结构的判断表现出不确定性。纵向观察发现,随着汉语水平的不断提高,对于这类结构的可接受度也在不断提高,英语母语留学生的认识能力表现出不断发展的特征。对照汉语母语组的数据可以发现,汉语母语者对句型①的可接受度为+0.85,小于+1.0,说明汉语母语者对于这一句式的可接受度的判断也存在一些不确定性。由此可知,英语母语留学生与汉语母语者均没有熟练掌握句型①,在以后的学习中还需要加强练习。

关于句型②(对应表 4 中的 a_2),在判断表示"施事与动词、受事与动词关系"的"V 得"补语句时,各组表现不同。初级组的可接受度在 0 以下,中级组的可接受度为+0.8,高级组的可接受度为-0.53,汉语母语组的可接受度为+1.0,这表明随着汉语水平的提高,英语母语留学生对这类结构的认识能力并没有表现出不断发展的特征。通过对句型②的单因素方差分析得出 p=0.139>0.05,说明初级、中级、高级组与汉语母语组之间没有显著性差异;通过事后 Sheffé 检验发现,英语母语组与汉语母语对照组之间也不存在显著性差异。以上分析体现出英语母语留学生对这一句型的判断存在不确定性。

随着汉语水平的提高,留学生对句型③(对应表 4 中的 $*a_2$)的不可接受度越来越高[中级组对句型③的不可接受度(-0.53)不高于初级组(-0.93),可能是特殊原因引起的,有待进一步研究],说明他们能够识别这种错误句型;而汉语母语者对句型③的不可接受度低于英语高级组,这有可能是受汉语方言的影响,比如汉语方言中存在"不+

V"的句型,如"你不吃饭了""我不记得她了"等。同时,在可接受性判断测试中,我们观察到句型②和句型③构成了一组典型的对比组,这两种句型中主句主语与中心动词都是施事与动词的关系,小句主语与中心动词都是受事与动词的关系,区别在于句型③在中心动词前面加了"不"。通过对句型③的单因素方差分析得出 p=0.298>0.05,说明初级、中级、高级组与汉语母语组之间的差别不大;通过事后 Sheffé 检验发现,初级、中级、高级组和汉语母语组之间不存在显著性差异。观察四组的数值发现,初级组、中级组的接受度在-0.5 到-1.0 之间,说明这两组的学生都不太能接受这个句子;高级组和汉语母语组的可接受度都在-1.0 以下,说明两组均认为这个句子不可接受,并且两组之间的差别不大。

关于句型④(对应表 4 中的 a_3),观察数据发现各组均值都在 0 以上,初级、中级、高级组之间的差别不大,都表现出不确定性,但这三组与母语组相比却表现出很大的差异性。这说明英语母语留学生不能正确判断句型④的可接受度,他们对这类句型的了解程度还很模糊;而汉语母语组能够正确判断这类句型,并已熟练掌握这类句型。通过对句型④的单因素方差分析得出 p=0.005<0.01,说明初级、中级、高级组与汉语母语组之间存在显著性差异,事后 Sheffé 检验也证实了这一判断结果。

关于句型⑤(对应表 4 中的 a_4),观察表中数据可知,初级组、中级组、高级组三者的分值差距不大,而留学生组与汉语母语组之间的差异较大,说明英语母语留学生并没有掌握这个句型。通过单因素方差分析得出 p=0.001<0.01,说明留学生组与汉语母语组之间的差距明显,只有汉语母语组的可接受度在+1.0 以上,留学生组表现出很大的不确定性。句型⑥将句型⑤中的两个主语互换,初级组、中级组的可接受度在 0 以上,高级组、汉语母语组的可接受度在 0 以下,横向比较初级、中级组对句型⑤的可接受度发现,留学生对句型⑤的可接受度

并不比对句型⑥的可接受度高,说明初级、中级组不能区分两者,并且不能判断该句型正确与否。

关于句型⑥(对应表4中的﹡a_4),观察表中数据发现,初级组、中级组的均值在+0.5左右,表现出不确定是否可接受的判断结果,高级组和汉语母语组的均值皆为-0.6,表现出不太接受的判断结果,二者的判断结果存在一定程度的差别。对于这类句型,我们通常会用复动"V得"句来表达,如"我跑三千米跑得好辛苦",或者去掉"跑三千米",简化为"我跑得好辛苦",补语的语义只能指向主语"我"。初级组和中级组对这个句子的语义的认识还很模糊,因此不能正确判断句子的正确与否。同时通过单因素方差分析得出 $p=0.045<0.05$,说明留学生组与汉语母语组之间存在显著性差异,但事后 Sheffé 检验发现,初级组、中级组、高级组与汉语母语组之间没有明显差异,说明大家对于这个句子的判断整体表现出不确定性。

关于句型⑦(对应表4中的a_5),观察表中数据发现,初级组和汉语母语组的可接受度均为负数,中级组和高级组的可接受度在+0.5左右,说明英语母语留学生对这一句型的判断表现出很大的不确定性,而汉语母语者能够熟练判断这一句型的正确与否。四组的数值表现出很大差异,通过单因素方差分析得出 $p=0.002<0.01$,说明留学生组与汉语母语组之间存在显著性差异,但事后 Sheffé 检验发现组别之间没有明显差异,说明大家对于这个句子的判断整体表现出不确定性。

关于句型⑧(对应表4中的a_6),初级组的均值为-0.33,中级组、高级组的均值都为+0.33,说明英语母语留学生对句型⑧不够熟悉,不能正确判断该句型的可接受度;汉语母语组的均值为+1.0,说明汉语母语者可以接受该句型。通过单因素方差分析得出 $p=0.048<0.05$,说明留学生组与汉语母语组之间存在显著性差异,但事后

Sheffé检验却发现组别之间并没有明显差异,说明各组对于该句型的判断整体表现出不确定性。

关于句型⑨(对应表4中的a_7),从总体上观察分析发现,随着汉语水平的提高,各组表现出不断进步的特征。具体来说,分析英语母语组的数据发现,虽然随着汉语水平的提高,可接受度在不断提高,但总体可接受度水平偏低,均值在-0.4到+0.1之间,说明英语母语留学生并不能熟练判断该句型的可接受度,大部分给出了不知道如何判断的结果;而汉语母语组的判断均值为+0.87,小于+1.0,说明汉语母语者虽然可以接受这类句型,但并没有熟练掌握它,同时也说明在日常交际中,这类句型的使用率不高。通过单因素方差分析得出p=0.251>0.05,说明留学生组与汉语母语组之间的差异性不显著,事后Sheffé检验也发现组别之间没有明显差异,说明各组对该句型的可接受度判断整体上也表现出不确定性的特征。

关于句型⑩(对应表4中的a_8),除初级组以外,各组的均值都在0以下,说明从总体上看大家都认为这个句子不可接受。在日常交际中,我们通常认为"﹡今天跑得步很累"是一个错误的句子,正确的表达方式应为"今天跑步跑得很累""今天跑得很累",补语的语义只能指向"人",而不能指向"跑得步"。英语母语组的判断均值在±0.2之间,表现出不确定性的判断结果,说明他们在以后的汉语学习中还需要重点练习这类句型。汉语母语组的均值在-1.0以下,说明汉语母语者可以熟练判断句子的正确与否。同时单因素方差分析结果显示p=0.115>0.05,说明留学生组与汉语母语组之间的差异性不显著,事后Sheffé检验也发现各组之间的差异性不显著,说明各组对该句型的可接受度判断整体上也表现出不确定性的特征。

关于句型⑪(对应表4中的a_9),观察表中数据发现,除高级组之外,其他三个组的均值均低于0,说明大家都不太能接受这个句子。通过单因素方差分析得出 p=0.083>0.05,说明留学生组与汉语母语组之间的差异性不明显,同时事后 Sheffé 检验也发现组别之间没有明显差异,说明大家对于这个句子的判断整体表现出一致性,即都不确定这个句子的正确性。虽然该句型理论上存在,但在实际语料中我们并未发现相对应的句子,而且根据汉语母语组的判断均值为-0.85 可知,大家普遍认为这是个错误的句子,英语母语留学生由于对汉语不够熟悉,因此不能做出正确判断。

表5 对"$NP+V_1$ 得$+V_2P$"类型的"得"字状态补语句的判断均值

组别	表示动作结果状态	表示动作本身状态	
初级组	+0.30	+1.53	-0.67
中级组	+0.33	+1.47	-0.07
高级组	+0.80	+1.20	-1.33
汉语母语组	+1.85	+1.90	-0.85

①她气得哭起来了。
②爸爸走得很快。
③*小明吃东西吃着得很香。

句型①是"$NP+V_1$ 得$+V_2P$"类型的"得"字状态补语句中表示动作结果状态的句子。观察表中数据可知,随着汉语水平的提高,英语母语留学生对这类句型的可接受度呈逐渐上升趋势,不过判断均值在 0 到+1.0 之间,说明英语母语留学生对这个句子的可接受性判断表现出不确定性;汉语母语组的判断均值为+1.85,说明他们完全可以接受这类句型,并能熟练做出判断。同时,通过单因素方差分析得出 p=0.002<0.01,说明英语母语组与汉语母语组之间存在显著性差异,事后 Sheffé 检验也证明二者之间存在显著性差异。这表明只有汉

语母语组完全接受这个句子,留学生组不太确定句子的可接受性,他们并没有完全掌握这个句子,在日后的学习中有待加强练习。

句型②是"NP+V_1得+V_2P"类型的"得"字状态补语句中表示动作本身状态的句子。观察表中数据可知,所有测试组对该句型的可接受度都在+1.0以上,说明大家几乎都接受这个句子,单因素方差分析 $p=0.325>0.05$ 也证明了这一点。

对于句型③,四组的可接受度都在0以下,说明英语母语组与汉语母语组对这个句子的可接受度普遍较低,单因素方差分析显示 $p=0.149>0.05$,说明组别之间的差异性不显著,事后 Sheffé 检验也发现组别之间的差异性不明显。

表6 对"NP+V 得+四字语"类型的"得"字状态补语句的判断均值

组别	表示动作结果状态	表示动作本身状态
初级组	+0.13	+0.40
中级组	+1.20	+0.67
高级组	+1.13	+0.93
汉语母语组	+1.75	+1.60

①昨天他喝酒喝得上吐下泻。
②他吃饭吃得津津有味。

句型①是"NP+V 得+四字语"类型的"得"字状态补语句中表示动作结果状态的句子。观察表中数据可知,除初级组对该句型的可接受性判断表现出不确定性以外,中级、高级组都能够接受这类句型。对于此句型的单因素方差分析结果显示 $p=0.007<0.01$,说明留学生组与汉语母语组之间存在极显著的差异,但事后 Sheffé 检验发现组别之间不存在显著性差异。

句型②是"NP＋V得＋四字语"类型的"得"字状态补语句中表示动作本身状态的句子。观察表中数据可知，留学生组对该句型的可接受度在＋0.4到＋1.0之间，说明留学生组对该句型的可接受性判断表现出不确定性；而汉语母语者的可接受度为＋1.6，说明汉语母语者接受这类句型。对于此句型的单因素方差分析结果显示 $0.01<p<0.05$，说明留学生组与汉语母语组之间存在显著性差异，但事后 Sheffé 检验发现组别之间的差异性不显著。

表7 对"NP＋V得（补语省略）"类型的"得"字状态补语句的判断均值

组别	表示动作结果状态	表示动作本身状态
初级组	－0.33	－0.07
中级组	＋0.53	＋0.60
高级组	－0.33	＋0.67
汉语母语组	＋1.55	＋1.55

①瞧她美得，都要上天了。
②看看你弄得，地上全是垃圾。

句型①是表示动作结果状态的"NP＋V得（补语省略）"句，对此句型的单因素方差分析结果显示 $p<0.01$，说明留学生组与汉语母语组之间的差异性极显著，但事后 Sheffé 检验发现组别之间的差异性不显著。

句型②是表示动作本身状态的"NP＋V得（补语省略）"句，观察表中数据可知，留学生组对此句型的可接受性判断表现出不确定性，汉语母语组则接受这类句型。单因素方差分析结果显示 $p<0.01$，说明留学生组与汉语母语组之间存在极显著的差异，但事后 Sheffé 检验发现组别之间的差异性不显著。

第三节 相关问题讨论

针对问题一,上述研究结果表明,英语母语留学生在学习"得"字状态补语结构的过程中主要存在以下偏误:①互换 NP_1、NP_2;②不清楚中心动词和"得"是否可以移位;③不清楚是否可以添加"不"、"着、了、过";④不清楚补语的语义指向。英语母语留学生并不能完全掌握"得"字状态补语结构中表示动作结果状态的补语,尤其是补语的语义指向,当主句主语与小句主语互换时,留学生并不能判断句子的正确与否。通过分析可接受度调查结果可知,在句子中加入"不"、"着、了、过"时,留学生组整体表现出不确定的判断结果。英语母语留学生对"得"字状态补语结构中表示动作本身状态的补语的掌握程度参差不齐,其中,对于"$NP+V_1$ 得$+V_2P$"句型,可接受度在$+1$以上,但对此句型的错误例句,整体表现出不确定的判断结果;对于"NP+V 得+四字语"和"NP+V 得(补语省略)"句,留学生组与汉语母语组之间表现出明显的差异性,留学生对这两类句型的可接受性判断表现出很大的不确定性,说明他们并没有理解句子的语义,不能做出正确判断。

针对问题二,上述研究结果表明,汉语水平的高低是影响英语母语留学生能否习得"得"字状态补语结构的主要因素。由于英语中没有"得"字句,"得"是汉语独有的库藏,所以"得"字补语的习得对于英语母语留学生来说难度较大。通过观察两组测试结果发现,随着汉语水平的提高,英语母语留学生对"得"字状态补语句的掌握程度越来越高,尤其是高级组的留学生的判断结果与汉语母语组有诸多相似之处。具体来看,在组词造句测试中,随着汉语水平的提高,留学生对表示动作本身状态的"得"字状态补语结构的掌握程度越来越接近汉语

母语者,尤其是高级组的测试结果和汉语母语组完全一致;但对于表示动作结果状态的"得"字状态补语结构,留学生的正确率并没有呈现明显的上升趋势,单因素方差分析的结果显示测试组与控制组之间存在极显著的差异,说明测试组并未熟练掌握该句型。在可接受度测试中,随着汉语水平的提高,测试组对正确句子的可接受度在不断提高,但与汉语母语组之间的差异还很明显,对于错误句子的判断表现出不可接受的趋势,但并不稳定,仍然存在不确定性。

针对问题三,首先看组词造句测试,表2的数据显示中级组与高级组之间的差异不大,并且高级组的正确率低于中级组,并没有表现出不断发展的特征;表3的数据显示初级组、中级组、高级组的正确率都很高,并且随着汉语水平的提高,正确率不断提升,表现出不断发展的特征。

其次看可接受度判断测试,表4的数据显示,对于句型 a_1、*a_2、a_3、a_5、a_7、a_8,随着汉语水平的提高,留学生能够做出相应的判断;对于句型 a_2、a_4,高级组的均值低于中级组,可接受度并没有呈上升趋势,说明留学生没有完全掌握这个句型;对于句型 *a_4,由于它本身是一个错误的句子,可接受度应随着汉语水平的提高不断降低,但中级组的可接受度高于初级组,说明留学生并不能够正确判断这个句子;对于句型 a_6,从初级组到中级组的可接受度不断提高,表现出不断发展的特征,但中级组、高级组的可接受度一样,说明留学生对这个句型的判断表现出很大的不确定性;对于句型 a_9,初级组、中级组的可接受度一样,没有表现出随着汉语水平的提高,可接受度不断上升的趋势。从表5的数据可以看出,在"NP+V_1 得+V_2P"句型中,留学生对表示动作结果状态的句子的可接受度不断提高,而对表示动作本身状态的两个句子的可接受度表现不一:对于第一个句子,随着汉语水平的提高,留学生的可接受度不增反降;对于第二个句子,中级组的可接受度

高于初级组、高级组,说明留学生并没有掌握这个句子。从表6的数据可以看出,随着汉语水平的提高,留学生对"NP＋V得＋四字语"句型的可接受度不断上升。表7的数据显示,"NP＋V得(补语省略)"句中,对于表示动作结果状态的句子,高级组和初级组的可接受度一样,说明留学生不能正确判断这个句子;对于表示动作本身状态的句子,随着汉语水平的提高,留学生的可接受度不断提高,表现出不断发展的特征。从总体上来看,留学生对"得"字状态补语句的认识水平参差不齐,并没有随着汉语水平的提高而做出正确的可接受度判断。

第四节 本章结语

本章以汉语母语者和英语背景学习者使用不同种类的"得"字状态补语结构的数量统计结果为基础,运用计量统计的方法和SPSS软件对上述数据进行分析,以解决实证研究中的相关问题。从问卷调查的结果来看,英语母语留学生对于表示动作本身状态的"得"字状态补语结构的习得比表示动作结果状态的"得"字状态补语结构的习得要容易得多。这是由于表示动作本身状态的"得"字状态补语结构简单,补语类型单一,比较容易掌握;表示动作结果状态的"得"字状态补语结构比较复杂,种类繁多,尤其是小句补语的语义指向复杂,句法结构也比较复杂,英语母语留学生只有具备扎实的汉语功底,才能正确理解和运用它们。单因素方差分析结果显示,英语母语留学生对"得"字状态补语结构的习得顺序是先习得表示动作本身状态的"得"字状态补语结构,再习得表示动作结果状态的"得"字状态补语结构。其中,对于表示动作结果状态的"得"字状态补语结构,又从最简单的"NP＋V_1得＋V_2P"开始习得,其他类型由于结构复杂、语义指向多样,因此

没有固定的习得顺序。

在对外汉语教学中,我们要以英语母语留学生对"得"字状态补语结构的习得和使用顺序为基础调整教学,要考虑留学生的实际情况,根据留学生的实际汉语能力调整教学顺序,做到因材施教。只有这样才能贯彻一切从实际出发的原则,真正提高学习者的汉语水平。

结　语

本书的主要观点包括以下几个方面。

第一,功能成分包含当代语言学的功能语类(或称"功能范畴")和功能特征。功能语类如果有语音表现,则为传统语言学的虚词和形态;功能语类还可能是一些有句法作用而无语音表现的"零形式"。功能特征是指有语音表现但 LF 中没有语义解读的形式特征,主要表现为形态,但形态包括两种:有语义内容的(可解读的)为功能语类,没有语义内容的(不可解读的)为功能特征。

功能语类和功能特征的区分具有语言类型学意义。传统观点认为汉语的特点在于形态不够丰富,其实印欧语言中表现为形态的有语义内容的成分在汉语中都表现为虚词,只是汉字和汉语语素(表现为单音节)突显(更容易区分)的影响导致汉语的虚词和形态难以区分。更准确地说,汉语缺乏的是功能特征,即有语音表现而没有语义内容的形式特征。

语言成分的词汇性和功能性是个程度问题,表现出斜坡性,有的语言成分词汇性强一些,有的语言成分功能性强一些。介词介于典型的词汇成分和典型的功能成分之间,动词比名词更具有功能性。

Cinque and Rizzi(2008)等提出的"结构统一假说"需要改进。每个语言里不同小句中功能成分的实现会有不同,但变异仍是有原则约束的,各种语言的功能成分存在普遍性,这就是"有限变异假说"。这种差异主要表现为四个方面:1.功能成分是否有语音实现在不同语言中存在差异。2.功能成分的特征强度存在差异,导致不同语言中相关成分是否存在移位有差异。3.功能成分的"显赫性"在不同语言中存在差异。4.功能成分的"分析性"和"综合性"在不同语言中存在差异。本书支持"有限变异的句法制图"理论。

第二,根据名词组的有定性和小句的限定性两个概念可以把汉语的功能成分和虚词分为两类:1.名词性功能成分,包含跟有定性关联的量词、方位词、介词;2.小句性功能成分,包含跟限定性关联的助动词、语气词、时态助词。代词、连词和结构助词跨两类,一部分跟有定性关联,一部分跟限定性关联。本书具体讨论了名词性(有定性)功能成分中的方位词和介词,小句性(限定性)功能成分中的语气词,以及兼具名词性和小句性的结构助词"的"和"得"。我们着重研究这些虚词的句法作用、在相关句法位置的生成机制,发现不同语言的功能成分在多方面存在共性,但在是否有语音实现、是否促发移位、分析性(综合性)和显赫性方面存在差异。

第三,功能成分在名、动、形词类划分方面起重要作用。不同语言的词汇性词类数目存在差异,功能成分的作用也存在语言参数的差异,两方面的互动方式受语言必须具有指称、陈述、描述三方面功能的共性的制约。本书具体研究了形动兼类词、名源动词、多位数词等相关现象。

第四,汉语存在多种独有的特殊结构和特殊句式,这些也是汉语特点的体现。功能成分在这些结构和句式的生成中起到了极其重要

的作用。汉英在这些方面的差异主要是由功能成分是否有语音实现和功能成分的分析性(综合性)不同造成的。

根据名词性成分与句子主要动词的关系确定句型句式,存在诸多不足。本书具体讨论了现代汉语的非典型主语、不及物动词带旁格宾语结构、供用句、特殊类型的三音节结构("喝花酒"类[1+2]动宾组合式)、异类词并列结构、量化词和情态词共现结构等。

第五,汉语功能成分的特点对汉语第二语言习得有重要影响。汉语功能成分的第二语言习得既受到母语迁移的影响,也受到普遍规律的制约。本书研究了英语母语留学生对于表示动作本身状态的"得"字状态补语结构和表示动作结果状态的"得"字状态补语结构的习得情况。

汉语功能成分的研究成果对理论语言学、语言类型学、历史语言学研究都具有重要的理论意义,相关成果在词典编纂、外语教学(特别是汉语国际教育)和计算机语言处理等方面具有应用价值。

Chomsky追求用最简的手段解释纷繁复杂的语言现象,关于功能成分的研究也应有这方面的理论追求。本书对汉语功能成分的研究还应该更好地结合汉语史和汉语方言的事实。

附 录

附录一

古汉语变音名源动词表

例字	名词语音	名词意义	动词语音	动词意义
中	zhōng	里面,中间,中央	zhòng	射中
亢	gāng	颈,喉咙	kàng	举,通"抗"
傍	páng	旁边	bàng	依傍,接近
冠	guān	古代的一种帽子	guàn	戴冠
削	qiào	刀剑的套	xuē	用刀削
创	chuāng	伤	chuàng	首创,开创
勺	sháo	饮器	zhuó	通"酌",舀取
卷	juàn	书卷	juǎn	卷起来
咽	yān	喉咙	yàn	吞
喙	zhòu	鸟嘴	zhuó	同"啄",鸟啄食
圈	juàn	养兽之所	quān	把畜生养在栅栏里①
坏	pī	土丘	péi	用泥涂塞空隙
坫	diàn	古代设于堂中两楹间的土台	zhēn	人死入棺后浅埋以待改葬
坟	fén	高的堤岸	fèn	高起
夭	ǎo	初生的草木、鸟兽	yāo	短命,早死
女	nǚ	女性	nǜ	以女嫁人

---

① 《王力古汉语字典》里"圈"没有这个义项,为笔者补充。

(续表)

例字	名词语音	名词意义	动词语音	动词意义
妃	fēi	配偶	pèi	通"配",婚配
妻	qī	男子的配偶	qì	嫁给
妪	yù	妇人	yǔ	以体使温暖
屏	píng	当门的小墙	bǐng	藏
帆	fán	船桅上利用风力行船的布篷	fàn	张帆行驶
帖	tiè	帛制的书签	tiē	黏,贴
帱	chóu	床帐	dào	覆盖
度	dù	计量长短的标准	duó	量
恶	è	罪过	wù	憎恨,讨厌
扇	shàn	扇子	shān	摇扇生风
文	wén	彩色交错	wèn	文饰
晃	huǎng	明亮	huàng	摇摆
枕	zhěn	枕头	zhèn	以头枕物
乐	yuè	乐器	yào	喜好,喜爱
泥	ní	泥土	nì	用泥涂饰,粉刷
泡	pāo	水名	pào	以水浸泡
泊	pō	湖泊,水泊	bó	停船靠岸
汤	tāng	热水	tàng	以热水暖物
濆	fén	水边	fèn	水腾涌,动乱
潦	lǎo	雨水	lào	雨水过多使农作物被淹
澳	yù	水边	ào	冲洗
泞	nìng	烂泥	nì	陷入泥中
煴	yūn	没有火苗的火	yùn	用熨斗熨平衣物
撑	chèng	柱子	chēng	支撑
王	wáng	先秦时代天子、诸侯的称号	wàng	统治,成就王业
瓦	wǎ	覆盖屋顶的瓦片	wà	铺瓦
畜	chù	人养的禽兽	xù	养禽兽
瘥	cuó	病	chài	病愈
矜	qín	矛柄	jīn	怜悯,同情

(续表)

例字	名词语音	名词意义	动词语音	动词意义
秤	chèng	衡器	chēng	用称约斤两
种	zhǒng	谷物的种子	zhòng	栽种
空	kǒng	通"孔",孔穴	kòng	荡涤
背	bèi	脊背	bēi	负荷
臊	sāo	豕犬等肉的腥臭气味	sào	害羞
荷	hé	荷叶	hè	扛,担
荫	yīn	树荫	yìn	遮荫,遮盖
衣	yī	衣服	yì	穿衣服
衿	jīn	衣服的交领	jìn	系结,结住
被	bèi	寝衣,被子	pī	披在身上或穿在身上
貌	mào	面容,相貌	mò	摹写,描绘
足	zú	人体踝骨以下的部分	jù	充足,足够,满足
道	dào	路,道路	dǎo	引道,后写作"导"
钉	dīng	钉子	dìng	以钉钉物
钻	zuàn	穿孔的工具	zuān	穿孔
隘	ài	两山之间的通谷,又泛指险要之处	è	阻止,隔绝
雨	yǔ	从云层降落到地面的水	yù	下雨
鞬	jiān	藏弓箭之器	jiàn	约束
风	fēng	空气流动而形成的自然现象	fèng	吹

附录二 调查问卷

国籍(nationality)：

母语(native language)：

班级(class)：

一、将词语组成句子,选择正确答案(choose the correct answer)。

例如(e.g.)：打游戏(play the game)　得　小明　打　很开心

A. 打得很开心小明打游戏。

B. 打游戏很开心小明打得。

√C. 小明打游戏打得很开心。

1. 打　她自己(herself)　都累了(tired)　得　妈妈

　A. 打妈妈得她自己都累了。

　B. 妈妈打得她自己都累了。

　C. 她自己打得妈妈都累了。

2. 乱七八糟的(messy)　弄(do)　屋子(house)　得

　A. 乱七八糟的屋子弄得。

　B. 屋子弄得乱七八糟的。

　C. 弄得乱七八糟的屋子。

3. 阳光　得　都睁不开(could not open)　刺(pierce)　眼睛(eye)

　A. 眼睛都睁不开阳光刺得。

　B. 阳光刺得眼睛都睁不开。

　C. 眼睛刺得阳光都睁不开。

4. 得　我　眼泪(tears)　痛　直流(direct-current)

　A. 我痛得眼泪直流。

　B. 眼泪痛得我直流。

　C. 眼泪直流痛得我。

5. 好开心　这顿饭　吃　得　我

　A. 好开心这顿饭吃得我。

　B. 我吃得这顿饭好开心。

　C. 这顿饭吃得我好开心。

6. 差点洒了(almost spilled)　吓　室友　得　水

A. 差点洒了水吓得室友。

B. 水吓得室友差点洒了。

C. 室友吓得水差点洒了。

7. 激动(excite)　这个好消息(the good news)　得　睡不着觉　小明

A. 这个好消息激动得小明睡不着觉。

B. 小明激动得这个好消息睡不着觉。

C. 激动得小明睡不着觉这个好消息。

8. 引人入胜(attractive)　演员们(actors)　得　表演(perform)

A. 表演得演员们引人入胜。

B. 演员们表演得引人入胜。

C. 引人入胜表演得演员们。

9. 很累　得　小明　走(walk)　走路(walk)

A. 走得很累小明走路。

B. 走路很累小明走得。

C. 小明走路走得很累。

10. 得　他　嘴都合不上(mouth can not be closed up)　高兴

A. 他高兴得嘴都合不上。

B. 高兴得嘴都合不上他。

C. 嘴都合不上他高兴得。

11. 摔(fall)　他　得　头破血流(head broken and bleeding)

A. 他头破血流摔得。

B. 头破血流摔得他。

C. 他摔得头破血流。

12. 很快　得　他　跑

A. 他跑得很快。

· 387 ·

B. 很快他跑得。

C. 他很快跑得。

二、判断句子的可接受性(Judge the acceptability of sentences),在对应的数字下面画"√"(draw a check mark below the corresponding number)。本题主要考察留学生对现代汉语"得"字状态补语结构的理解程度。

—2 表示完全不可以接受(totally unacceptable),—1 表示不可接受(unacceptable),0 表示不知道(unknown),1 表示可以接受(acceptable),2 表示完全接受(totally acceptable)

1. 她气得哭起来了。

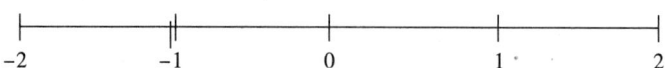

2. 你不害得姐姐丢了工作(lost job)。

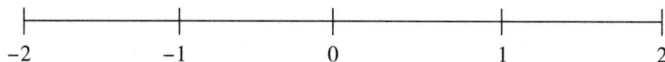

3. 爸爸走得很快。

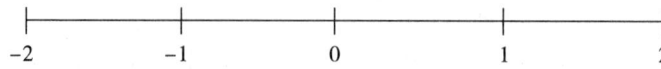

4. 瞧她美得(happy),都要上天(to heaven)了。

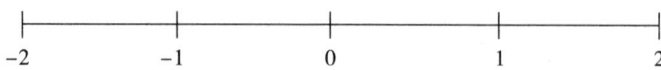

5. 我刮得公路(highway)上尘土飞扬(dusty)。

```
├────────┼────────┼────────┼────────┤
-2      -1       0        1        2
```
totally unacceptable　unacceptable　　unknown　　acceptable　totally acceptable

6. 那首歌(that song)唱得小狗都听烦(tired of hearing)了。

```
├────────┼────────┼────────┼────────┤
-2      -1       0        1        2
```
totally unacceptable　unacceptable　　unknown　　acceptable　totally acceptable

7. 三千米跑得我好辛苦。

```
├────────┼────────┼────────┼────────┤
-2      -1       0        1        2
```
totally unacceptable　unacceptable　　unknown　　acceptable　totally acceptable

8. 这个消息听得声音(sound)很大。

```
├────────┼────────┼────────┼────────┤
-2      -1       0        1        2
```
totally unacceptable　unacceptable　　unknown　　acceptable　totally acceptable

9. 看看你弄得(make),地上全是垃圾(the ground is full of garbage)。

```
├────────┼────────┼────────┼────────┤
-2      -1       0        1        2
```
totally unacceptable　unacceptable　　unknown　　acceptable　totally acceptable

10. 昨天他喝酒喝(drunk)得上吐下泻(vomiting and diarrhea)。

```
├────────┼────────┼────────┼────────┤
-2      -1       0        1        2
```
totally unacceptable　unacceptable　　unknown　　acceptable　totally acceptable

11. 小狗咬(bite)得衣服都坏了(the clothes are broken)。

```
├────────┼────────┼────────┼────────┤
-2      -1       0        1        2
```
totally unacceptable　unacceptable　　unknown　　acceptable　totally acceptable

12. 我跑得三千米好辛苦。

```
├────────┼────────┼────────┼────────┤
-2       -1       0        1        2
```
totally unacceptable　unacceptable　unknown　acceptable　totally acceptable

13. 小明愁得一整天(all day)都没吃饭。

```
├────────┼────────┼────────┼────────┤
-2       -1       0        1        2
```
totally unacceptable　unacceptable　unknown　acceptable　totally acceptable

14. 今天跑得步很累。

```
├────────┼────────┼────────┼────────┤
-2       -1       0        1        2
```
totally unacceptable　unacceptable　unknown　acceptable　totally acceptable

15. 他吃饭吃得津津有味(with relish)。

```
├────────┼────────┼────────┼────────┤
-2       -1       0        1        2
```
totally unacceptable　unacceptable　unknown　acceptable　totally acceptable

16. 这个消息高兴得我手舞足蹈(dancing)。

```
├────────┼────────┼────────┼────────┤
-2       -1       0        1        2
```
totally unacceptable　unacceptable　unknown　acceptable　totally acceptable

17. 小明吃东西吃着得很香。

```
├────────┼────────┼────────┼────────┤
-2       -1       0        1        2
```
totally unacceptable　unacceptable　unknown　acceptable　totally acceptable

18. 小明唱得他自己(himself)都听烦了。

```
├────────┼────────┼────────┼────────┤
-2       -1       0        1        2
```
totally unacceptable　unacceptable　unknown　acceptable　totally acceptable

参考文献

白鸽,等,2012.北京话代词"人"的前附缀化——兼及"人"的附缀化在其他方言中的平行表现[J].语言科学,11(4).

北京大学中文系1955、1957级语言班,编,1982.现代汉语虚词例释[M].北京:商务印书馆.

蔡维天,2009.汉语无定名词组的分布及其在语言类型学上的定位问题[G]//北京大学汉语语言学研究中心《语言学论丛》编委会,编.语言学论丛(第三十九辑).北京:商务印书馆.

曹逢甫,1996.汉语的提升动词[J].中国语文,(3).

曹秀玲,2005.现代汉语量限研究[M].延吉:延边大学出版社.

曹秀玲,2006.汉语全称限定词及其句法表现[J].语文研究,(4).

常敬宇,2009.汉语词汇文化:增订本[M].北京:北京大学出版社.

常玲玲,2013.对特殊句式论元结构的思考:投射或构式?[J].外语研究,(1).

陈蓓,2010.现代汉语兼类词定量分析及认知解释[D].武汉:华中师范大学硕士学位论文.

陈昌来,2002.介词与介引功能[M].合肥:安徽教育出版社.

陈绂,2009.浅析嵌有数字的成语——兼谈对外汉语教学中的文化内容[J].语言文字应用,(4).

陈国华,2009.从"的"看中心语构造与中心语的词类[J].外语教学与研究(外国语文双月刊),41(2).

陈国华,王建国,2010.汉语的无标记非主语话题[J].世界汉语教学,24(3).

陈虎,2001.汉语"得"字补语结构新探[J].解放军外国语学院学报,24(2).

陈会兵,谭礼奎,2007.汉字的意义发展与读音分化[J].重庆三峡学院学报,23(1).

陈亚川,郑懿德,2000.吕叔湘著《汉语语法分析问题》助读[M].北京:语文出版社.

程工,1999a.名物化与向心结构理论新探[J].现代外语,(2).

程工,1999b.语言共性论[M].上海:上海外语教育出版社.

程工,2016.生成语法对实词的研究:动向与启示[J].安徽师范大学学报(人文社会科学版),44(4).

程工,李海,2016.分布式形态学的最新进展[J].当代语言学,18(1).

储泽祥,等,2002.汉语联合短语研究[M].长沙:湖南大学出版社.

储泽祥,谢晓明,2003.异类词联合短语研究[J].中国语文,(3).

《辞海》编辑委员会,编纂,2011.辞海[Z].上海:上海辞书出版社.

崔希亮,2005.欧美学生汉语介词习得的特点及偏误分析[J].世界汉语教学,(3).

崔显军,2007.试论"所有"与"一切"的异同[J].世界汉语教学,(4).

邓思颖,2006.以"的"为中心语的一些问题[J].当代语言学,8(3).

邓云华,2006.英汉异类联合短语的对比研究[J].外语与外语教学,(8).

丁加勇,2006.容纳句的数量关系、句法特征及认知解释[J].汉语学报,(1).

丁声树,等,1999.现代汉语语法讲话:重印本[M].北京:商务印书馆.

董正存,2010.汉语全称量限表达研究[D].天津:南开大学博士学位论文.

《锻炼学生创造力的智力游戏策划与项目》编委会,编,2011.锻炼学生创造力的智力游戏策划与项目[M].沈阳:辽海出版社.

范开泰,1988.语义分析说略[G]//中国语文杂志社,编.语法研究和探索(四).北京:北京大学出版社.

范莉,2017.量化在儿童早期语言中的萌芽[J].外国语,40(1).

范晓,1983.关于形容词带宾语问题[J].汉语学习,(5).

范晓,1993.复动"V得"句[J].语言教学与研究,(4).

范晓,2005.关于汉语词类的研究——纪念汉语词类问题大讨论50周年[J].汉语学习,(6).

方立,2000.逻辑语义学[M].北京:北京语言文化大学出版社.

方梅,1995.汉语对比焦点的句法表现手段[J].中国语文,(4).

方梅,李先银,谢心阳,2018.互动语言学与互动视角的汉语研究[J].语言教学与研究,(3).

菲尔墨,2012."格"辨[M].胡明扬,译.北京:商务印书馆.

冯丽莉,2013."得"字补语类型的习得难度研究[D].上海:上海师范大学硕士学位论文.

冯胜利,1997.汉语的韵律、词法与句法[M].北京:北京大学出版社.

冯胜利,2000.汉语韵律句法学[M].上海:上海教育出版社.

冯胜利,2007.韵律语法理论与汉语研究[J].语言科学,6(2).

冯胜利,2013.汉语韵律句法学:增订本[M].北京:商务印书馆.

冯予力,潘海华,2018.再论"都"的语义——从穷尽性和排他性谈起[J].中国语文,(2).

傅东华,1939.文法稽古篇[G]//陈望道,等,著,中国语文杂志社,编.中国文法革新论丛.北京:中华书局,1958.

傅玉,2011.最简句法的推导与表征[M].上海:上海交通大学出版社.

高翠玲,2015.对外汉语教材中的形动兼类词探究——以《汉语教程》为例[D].上海:上海外国语大学硕士学位论文.

顾阳,1997.关于存现结构的理论探讨[J].现代外语,(3).

广东、广西、湖南、河南辞源修订组,商务印书馆编辑部,编,2009.辞源:建国60周年纪念版[Z].北京:商务印书馆.

郭继懋,1998.谈动宾语义关系分类的性质问题[J].南开学报,(6).

郭继懋,1999.试谈"飞上海"等不及物动词带宾语现象[J].中国语文,(5).

郭锐,2000a.表述功能的转化和"的"字的作用[J].当代语言学,2(1).

郭锐,2000b."吗"问句的确信度和回答方式[J].世界汉语教学,(2).

郭锐,2002.现代汉语词类研究[M].北京:商务印书馆.

郭锐,2011.朱德熙先生的汉语词类研究[J].汉语学习,(5).

郭婷婷,2005.现代汉语疑问句的信息结构与功能类型[D].武汉:武汉大学博士学位论文.

韩玉国,2001.现代汉语形容词的句法功能及再分类[J].语言教学与研究,(2).

《汉语大词典》编辑委员会《汉语大词典》编纂处,编纂,1993.汉语大词典[Z].上海:汉语大词典出版社.

《汉语大字典》编辑委员会,编纂,1992.汉语大字典:缩印本[Z].武汉:湖北辞书出版社,成都:四川辞书出版社.

何宏华,2002.辖域释义与汉语标记性量词[J].清华大学学报(哲学社会科学版),17(S0).

何宏华,陈会军,2003.语链结构与汉语量词辖域[J].当代语言学,5(3).

何宏华,2004.严格辖域原则——基于语链理论的辖域释义[J].外语教学与研究(外国语文双月刊),36(2).

何宏华,2007.汉语量词辖域与逻辑式[M].北京:语文出版社.

何晓炜,2004.核心功能语类与汉英两种语言的结构差异研究[J].外国语,(5).

贺川生,蒋严,2011."XP+的"结构的名词性及"的"的语义功能[J].当代语言学,13(1).

胡明扬,1981a.北京话的语气助词和叹词(上)[J].中国语文,(5).

胡明扬,1981b.北京话的语气助词和叹词(下)[J].中国语文,(6).

胡明扬,主编,1996.词类问题考察[C].北京:北京语言文化大学出版社.

胡蓉萍,2013.总括全称量化词偏误分析与教学建议[D].广州:暨南大学硕士学位论文.

胡裕树,主编,1981.《现代汉语》使用说明[M].上海:上海教育出版社.

胡裕树,主编,1995.现代汉语:重订本[M].上海:上海教育出版社.

胡裕树,范晓,主编,1995.动词研究[M].开封:河南大学出版社.

黄伯荣,廖序东,主编,1991.现代汉语:增订三版[M].北京:高等教育出版社.

黄伯荣,主编,1996.汉语方言语法类编[M].青岛:青岛出版社.

黄伯荣,廖序东,主编,2011.现代汉语:增订五版[M].北京:高等教育出版社.

黄景欣,1962.读《说"的"》并论现代汉语语法研究的几个方法论问题[J].中国语文,(8—9).

黄瓒辉,石定栩,2013.量化事件的"每"结构[J].世界汉语教学,27(3).

黄正德,李艳慧,李亚非,2013.汉语句法学[M].张和友,译.北京:世界图书出版公司北京公司.

霍恩比,2010.牛津高阶英汉双解词典:第7版大字本[Z].王玉章,等,译.北京:商务印书馆.

蒋严,潘海华,1998.形式语义学引论[M].北京:中国社会科学出版社.

蒋严,2008.译者前言:关联理论及其创新因素[M]//斯珀波,威尔逊.

关联:交际与认知.蒋严,译.北京:中国社会科学出版社.
金昌吉,1996.汉语介词和介词短语[M].天津:南开大学出版社.
金立鑫,1993."把OV在L"的语义、句法、语用分析[J].中国语文,(5).
孔令达,王葆华,2005.汉语词类研究的回顾与展望——纪念汉语词类问题大讨论50周年专家座谈会纪要[J].汉语学习,(4).
黎锦熙,编,1924.新著国语文法:订正本[M].北京:商务印书馆.
李慧,2012.嵌入式语块的构成及语义发展[J].汉语学习,(4).
李立园,2013.汉语全称量词与否定词之间辖域关系的在线理解——母语使用者和二语学习者的对比研究[D].上海:上海外国语大学硕士学位论文.
李临定,1990.动词分类研究说略[J].中国语文,(4).
李敏,1998.现代汉语主宾可互易句的考察[J].语言教学与研究,(4).
李强,2016.从物性角色看汉语供用句的句法语义特点[J].语言科学,15(5).
李强,2018.国内生成词库理论研究的回顾与展望[J].云南师范大学学报(对外汉语教学与研究版),16(1).
李泉,1994.现代汉语"形+宾"现象考察[J].中国人民大学学报,(4).
李泉,1997.现代汉语"形+动态助词"考察[J].语言教学与研究,(1).
李思旭,2010.全称量化和部分量化的类型学研究[J].外国语,33(4).
李思瑶,孙晓晓,2014."的"字研究综述[J].赤子(上中旬),(23).
李行健,主编,2014.现代汉语规范词典:第3版[Z].北京:外语教学与研究出版社.
李亚非,2009.汉语方位词的词性及其理论意义[J].中国语文,(2).
李艳花,2015.形态分布学与汉语"的"的句法地位研究[J].语言与翻译,(2).
李艳惠,陆丙甫,2002.数目短语[J].中国语文,(4).

李艳惠,2008.短语结构与语类标记:"的"是中心词?[J].当代语言学,10(2).

林若望,2017.再论词尾"了"的时体意义[J].中国语文,(1).

林玮玮,2012."一切"和"所有"的比较研究[D].济南:山东师范大学硕士学位论文.

林裕文,1985.谈疑问句[J].中国语文,(2).

刘丹青,1991.苏州方言的发问词与"可VP"句式[J].中国语文,(1).

刘丹青,2003.语序类型学与介词理论[M].北京:商务印书馆.

刘丹青,2011.语言库藏类型学构想[J].当代语言学,13(4).

刘丹青,2014.论语言库藏的物尽其用原则[J].中国语文,(5).

刘丹青,编著,2017.语法调查研究手册:第二版[M].上海:上海教育出版社.

刘法公,2004.汉语成语中数目词的汉英翻译对比研究[J].外语与外语教学,(12).

刘坚,等,1995.论诱发汉语词汇语法化的若干因素[J].中国语文,(3).

刘街生,2009.现代汉语中的供使句[J].中山大学学报(社会科学版),49(3).

刘梦溪,主编,1996.中国现代学术经典:赵元任卷[M].石家庄:河北教育出版社.

刘群,2013.有关中文大数词问题的缘由和建议[J].中国科技术语,(1).

刘顺,2003.现代汉语的否定焦点和疑问焦点[J].齐齐哈尔大学学报(哲学社会科学版),(2).

刘晓林,2006.补语、特殊句式和作格化[J].现代外语(季刊),29(3).

刘艳,2013.数词"兆"的释义及相关问题探讨[J].晋中学院学报,30(6).

刘月华,1983.状语的分类和多项状语的顺序[G]//中国语文杂志社,编.语法研究和探索(一).北京:北京大学出版社.

刘月华,等,2001.实用现代汉语语法:增订本[M].北京:商务印书馆.

卢曼云,1983.试谈联合词组[J].杭州大学学报,13(4).

鲁健骥,1993.状态补语的句法、语义、语用分析在教学中的应用[J].语言教学与研究,(2).

鲁健骥,吕文华,主编,2006.商务馆学汉语词典[Z].北京,商务印书馆.

陆丙甫,1988.定语的外延性、内涵性和称谓性及其顺序[G]//中国语文杂志社,编.语法研究和探索(四).北京:北京大学出版社.

陆丙甫,徐阳春,2003.汉语疑问词前移的语用限制——从"疑问焦点"谈起[J].语言科学,2(6).

陆丙甫,2006.不同学派的"核心"概念之比较[J].当代语言学,8(4).

陆丙甫,应学凤,张国华,2015.状态补语是汉语的显赫句法成分[J].中国语文,(3).

陆丙甫,丁健,2016."四缺一"现象的动因定位和评价——兼谈描写简单性跟解释简单性的正比关系[J].语言教学与研究,(2).

陆俭明,1984.关于现代汉语里的疑问语气词[J].中国语文,(5).

陆俭明,马真,1985.现代汉语虚词散论[M].北京:北京大学出版社.

陆俭明,1986.周遍性主语句及其他[J].中国语文,(3).

陆俭明,1993.现代汉语句法论[M].北京:商务印书馆.

陆俭明,1994.关于词的兼类问题[J].中国语文,(1).

陆俭明,2003a.对"NP+的+VP"结构的重新认识[J].中国语文,(5).

陆俭明,2003b.现代汉语语法研究教程[M].北京:北京大学出版社.

陆俭明,沈阳,2003.汉语和汉语研究十五讲[M].北京:北京大学出版社.

陆俭明,2004."句式语法"理论与汉语研究[J].中国语文,(5).

陆烁,2017.汉语定中结构中"的"的句法语义功能——兼谈词和词组的界限[J].中国语文,(1).

陆志韦,等,1964.汉语的构词法:修订本[M].北京:科学出版社.

鹿荣,2006.现代汉语供用—益得类可逆句式研究[D].上海:上海师范大学博士论文.

鹿荣,2012.供用类可逆句式的认知语义表现[J].汉语学习,(2).

吕叔湘,1941.中国文法要略:上卷[M].北京:商务印书馆.

吕叔湘(署名吕湘),1943.论"底""地"之辨及"底"字的由来[G]//金陵大学中国文化研究所,齐鲁大学国学研究所,华西大学中国文化研究所,编辑.中国文化研究汇刊(第三卷).

吕叔湘,朱德熙,1952.语法修辞讲话[M].北京:中国青年出版社.

吕叔湘,1954a.关于汉语词类的一些原则性问题(上)[J].中国语文,(9).

吕叔湘,1954b.关于汉语词类的一些原则性问题(下)[J].中国语文,(10).

吕叔湘,1962.关于"语言单位的同一性"等等[J].中国语文,(11).

吕叔湘,1963.现代汉语单双音节问题初探[J].中国语文,(1).

吕叔湘(署名吴之翰),1965.方位词使用情况的初步考察[J].中国语文,(3).

吕叔湘(署名吴之翰),1966.形容词用法研究——《普通话三千常用词表(初稿)》里四百五十一个形容词的分析[J].中国语文,(2).

吕叔湘,1979.汉语语法分析问题[M].北京:商务印书馆.

吕叔湘,主编,1980.现代汉语八百词[M].北京:商务印书馆.

吕叔湘,1985.疑问·否定·肯定[J].中国语文,(4).

吕叔湘(署名叔湘),1986.叠用"是"和"不知道"[J].中国语文,(4).

吕叔湘,主编,1999.现代汉语八百词:增订本[M].北京:商务印书馆.

吕维祺,2002.音韵日月灯[M]//李学勤,主编.中华汉语工具书书库·韵书部(第63册).合肥:安徽教育出版社.

吕文华,1995.关于对外汉语教学中的补语系统[J].语言教学与研究,(4).

吕文华,2001.关于述补结构系统的思考——兼谈对外汉语教学的补语系统[J].世界汉语教学,(3).

吕晓玲,2012.福建南安方言结构助词"其"的连用格式[J].中国语文,(1).

罗涛,2013.上古汉语名源动词研究[D].北京:北京大学硕士学位论文.

马建忠,1933.马氏文通[M].上海:商务印书馆.

马清华,2004.并列结构的自组织研究[D].上海:华东师范大学博士学位论文.

马志芳,马志馨,编著,2008.英语词汇用法指南[M].北京:国防工业出版社.

孟琮,郑怀德,等,编,1999.汉语动词用法词典[Z].北京:商务印书馆.

孟凯,2016.三音词语的韵律—结构—语义界面调适——兼论汉语词法的界面关系[J].中国语文,(3).

孟庆海,1996.山西方言里的"的"字[J].方言,(2).

聂志平,杨文全,2016.从同一性理论看汉语词的兼类问题[J].云南师范大学学报(对外汉语教学与研究版),14(6).

欧茹萍,陈鸣芬,潘俊峰,2017.最简方案框架下"得"字句的生成与推导[J].外文研究,5(3).

潘海华,叶狂,2015a.控制还是提升,这是一个问题——致使类"V得"句的句法本质研究[J].语言研究,35(3).

潘海华,叶狂,2015b.离合词和同源宾语结构[J].当代语言学,17(3).

彭家法,1999.现代汉语的同音同形合并现象[J].上海师范大学学报(哲学·教育·社会科学版),(Z1).

彭家法,2005.同音同形合并现象[J].南开语言学刊,(1).

彭家法,2007.附加语的句法位置[D].北京:北京语言大学博士学位论文.

彭家法,2009.附加语句法语义研究[M].合肥:安徽大学出版社.

彭家法,2012a."的"中心语分析中的括号悖论[J].外语教学,33(3).

彭家法,2012b.合并次序和附加语结构的类型差异[J].安徽大学学报(哲学社会科学版),(4).

彭家法,2013a.功能中心语的特征突生效应和"的"的特征[J].外语教学,34(6).

彭家法,2013b."句法结构制图工程"研究进展及相关讨论[J].外国语,36(4).

彭家法,2016.中心语"的"的范畴统一性[J].外语教学,37(1).

彭家法,王琴琴,2017.汉语全称量化词的句法和库藏特点[J].武陵学刊,42(5).

彭家法,朱冬雪,2017.英语母语学生的汉语情态动词习得[J].Chinese As A Second Language Research,(1).

彭利贞,2005.现代汉语情态研究[D].上海:复旦大学博士学位论文.

彭小川,严丽明,2007."全部""所有"和"一切"的语义考察[J].世界汉语教学,(4).

齐沪扬,张谊生,陈昌来,编,2002.现代汉语虚词研究综述[M].合肥:安徽教育出版社.

齐沪扬,主编,2005.现代汉语虚词研究与对外汉语教学[C].上海:复旦大学出版社.

齐沪扬,主编,2008.现代汉语虚词研究与对外汉语教学:第二辑[C].上海:复旦大学出版社.

齐沪扬,主编,2010.现代汉语虚词研究与对外汉语教学:第三辑[C].上海:复旦大学出版社.

齐沪扬,主编,2012.现代汉语虚词研究与对外汉语教学:第四辑[C].上海:学林出版社.

祁峰,2013.汉语焦点的类型及其相关问题[J].汉语学习,(2).

钱玉莲,2011.汉语介词与相应英语形式比较研究[M].北京:世界图书出版公司北京公司.

人民教育出版社,课程教材研究所小学数学课程教材研究开发中心,编著,2014.义务教育教科书·数学:四年级[Z].北京:人民教育出版社.

任鹰,1999.主宾可换位供用句的语义条件分析[J].汉语学习,(3).

瑞德福特,著,顾阳,导读,2000.句法学:最简方案导论[M].北京:外语教学与研究出版社.

邵敬敏,1996.现代汉语疑问句研究[M].上海:华东师范大学出版社.

邵敬敏,2000.汉语语法的立体研究[M].北京:商务印书馆.

沈家煊,1984.英汉介词对比[J].外语教学与研究,(2).

沈家煊,1985.词序与辖域——英汉比较[J].语言教学与研究,(1).

沈家煊,1997.形容词句法功能的标记模式[J].中国语文,(4).

沈家煊,1999.不对称和标记论[M].南昌:江西教育出版社.

沈家煊,2007.汉语里的名词和动词[J].汉藏语学报,(1).

沈家煊,2009.我看汉语的词类[J].语言科学,8(1).

沈家煊,2011a.从韵律结构看形容词[J].汉语教学,(3).

沈家煊,2011b.朱德熙先生最重要的学术遗产[J].语言教学与研究,(4).

沈家煊,2012.怎样对比才有说服力——以英汉名动对比为例[J].现代外语(季刊),35(1).

沈家煊,2015.词类的类型学和汉语的词类[J].当代语言学,(2).

沈阳,1995.名词短语部分成分移位造成的非价成分:"占位$\overline{NP}$"与"分裂$\overline{NP}$"[G]//沈阳,郑定欧,主编.现代汉语配价语法研究.北京:北京

大学出版社.

施兵,2009.汉语的核心句型与主语[D].北京:北京外国语大学博士论文.

施春宏,2018.形式和意义互动的句式系统研究:互动构式语法探索[M].北京:商务印书馆.

施关淦,2011.关于助词"得"的几个问题[G]//中国语文杂志社,编.语法研究和探索(精选集).北京:商务印书馆.

石定栩,2008."的"和"的"字结构[J].当代语言学,10(4).

石定栩,2009.无定代词与独立"的"字结构[J].外语教学与研究(外国语文双月刊),41(2).

石毓智,徐杰,2001.汉语史上疑问形式的类型学转变及其机制——焦点标记"是"的产生及其影响[J].中国语文,(5).

石毓智,2003.形容词的数量特征及其对句法行为的影响[J].世界汉语教学,(2).

舒春芳,2007.对外汉语兼类词的教学探究[D].昆明:云南师范大学硕士学位论文.

司富珍,2004.中心语理论和汉语的DeP[J].当代语言学,6(1).

司富珍,2006.中心语理论和"布龙菲尔德难题"——兼答周国光[J].当代语言学,8(1).

宋玉柱,1991.现代汉语特殊句式[M].太原:山西教育出版社.

宋作艳,2013.逻辑转喻、事件强迫与名词动用[J].语言科学,12(2).

宋作艳,2018.名词转动词的语义基础——从动词视角到名词视角[J].中国语文,(3).

孙超,2016.现代汉语不及物动词带旁格宾语结构的研究[J].成都师范学院学报,32(5).

孙朝奋,1994.《虚化论》评介[J].国外语言学,(4).

孙德金,2002.外国留学生汉语"得"字补语句习得情况考察[J].语言教学与研究,(6).

孙景涛,2005.论"一音一义"[G]//北京大学汉语语言学研究中心《语言学论丛》编委会,编.语言学论丛(第三十一辑).北京:商务印书馆.

孙天琦,2009.谈汉语中旁格成分作宾语现象[J].汉语学习,(3).

孙玄常,1957.宾语和补语[M].上海:新知识出版社.

孙玉文,1997.汉语变调构词研究[D].北京:北京大学博士学位论文.

汤廷池,1984.国语疑问句研究续论[J].(台湾)师大学报,(29).

唐燕玲,石毓智,2009.疑问和焦点之关系[J].外国语,32(1).

唐燕玲,石毓智,2011.语法结构与功能衍生——形成英汉疑问代词衍生用法异同的原因[J].外语教学与研究(外国语文双月刊),43(4).

唐钰明,1996."亿"表"十万"和"万万"的时代层次[J].辞书研究,(1).

陶瑞仁,2007."得"字句动词和补语的语义指向[J].黄山学院学报,9(6).

滕梅,2003.英汉数词的翻译方法[J].解放军外国语学院学报,26(2).

万福,主编,2000.小学生学习实用词典:数学[Z].昆明:云南教育出版社.

汪国胜,1991.大冶金湖话的"的""个"和"的个"[J].中国语文,(3).

汪国胜,1994.大冶话里的状态形容词[J].湖北师范学院学报(哲学社会科学版),14(2).

汪国胜,1995.湖北大冶话的语气词[J].方言,(2).

汪化云,1993.黄冈话语法拾零(未刊稿)[G]//黄伯荣,主编.汉语方言语法类编.青岛:青岛出版社,1996.

王聪,张明辉,2017.现代汉语被动句研究综述[J].云南师范大学学报(对外汉语教学与研究版),15(5).

王姬,2013.特殊"吃+宾"结构的三个平面分析[J].山西师大学报(社会科学版),40(S4).

王俊毅,2001.及物动词与不及物动词分类考察[J].语言教学与研究,(5).

王俊毅,2006.陈述性和描写性——形容词状语的分类[J].世界汉语教学,(4).

王力,1980.汉语史稿[M].北京:中华书局.

王力,1985.中国现代语法[M].北京:商务印书馆.

王力,1988.王力文集:第九卷[M].济南:山东教育出版社.

王力,主编,2000.王力古汉语字典[Z].北京:中华书局.

王力,2004.汉语史稿:重排本[M].北京:中华书局.

王奇,2008.分布形态学[J].当代语言学,10(1).

王启龙,2003.现代汉语形容词计量研究[M].北京:北京语言大学出版社.

王文斌,罗思明,等,2009.英汉作格动词语义、句法及其界面比较[J].外语教学与研究(外国语文双月刊),41(3).

王永娜,2011.书面语体"V+向/往+NP"的构成机制及句法特征分析[J].华文教学与研究,(3).

王永因,2015.面向对外汉语教学的普通话上声语音研究[D].合肥:安徽大学硕士学位论文.

温端政,等,编著,2004.中国惯用语大全[Z].上海:上海辞书出版社.

温锁林,雒自清,2000.疑问焦点与否定焦点[J].雁北师范学院学报,16(5).

文炼,胡附,2000.词类划分中的几个问题[J].中国语文,(4).

文卫平,2013.英汉负极词any与"任何"的允准[J].外语教学与研究(外国语文双月刊),45(2).

翁义明,2014.基于事件和糅合理论的英汉动补结构对比研究[C]//中国英汉语比较研究会第十一次全国学术研讨会暨2014年英汉语比较与翻译研究国际研讨会摘要集.

吴长安,2006."这本书的出版"与向心结构理论难题[J].当代语言学,8(3).

吴刚,2000.汉语"的字词组"的句法研究[J].现代外语(季刊),23(1).

吴建生,2002.晋中方言的"的的"连用和"地的"连用[J].语文研究,(1).

吴为善,1986.现代汉语三音节组合规律初探[J].汉语学习,(5).

吴振国,2001.语义模糊性的几种表现形式[J].语言文字应用,(3).

伍雅清,2000.英汉语量词辖域的歧义研究综述[J].当代语言学,2(3).

项开喜,1991.也谈汉语的"供动句"[J].思维与智慧,(4).

邢福义,1985.复句与关系词语[M].哈尔滨:黑龙江人民出版社.

邢福义,1991.汉语里宾语代入现象之观察[J].世界汉语教学,(2).

邢福义,1996.汉语语法学[M].长春:东北师范大学出版社.

邢福义,2002.汉语语法三百问[M].北京:商务印书馆.

邢公畹,主编,1992.现代汉语教程[M].天津:南开大学出版社.

熊仲儒,2004a.动结式的致事选择[J].安徽师范大学学报(人文社会科学版),32(4).

熊仲儒,2004b.母语说话者语感差异的语言学解释[J].语言科学,3(3).

熊仲儒,2004c.现代汉语中的致使句式[M].合肥:安徽大学出版社.

熊仲儒,2005.以"的"为核心的DP结构[J].当代语言学,(2).

熊仲儒,2007."是……的"的构件分析[J].中国语文,(4).

熊仲儒,2008.语音结构与名词短语内部功能范畴的句法位置[J].中国语文,(6).

熊仲儒,2011.现代汉语中的功能范畴[M].芜湖:安徽师范大学出版社.

熊仲儒,2013a.当代语法学教程[M].北京:北京大学出版社.

熊仲儒,2013b.量度范畴与汉语形容词[J].世界汉语教学,27(3).

熊仲儒,2014.状态补语中的达成"得"[J].语言科学,13(3).

熊仲儒,2016.从生成语法看汉语词类研究[J].安徽师范大学学报(人文社会科学版),44(4).

熊仲儒,2017.汉语重动句的句法分析[J].华文教学与研究,(2).

徐杰,李英哲,1993.焦点和两个非线性语法范畴:"否定""疑问"[J].中国语文,(2).

徐杰,1999.疑问范畴与疑问句式[J].语言研究,(2).

徐金娟,2008.试谈形容词与不及物动词的有效区分[J].青岛农业大学学报(社会科学版),20(4).

徐烈炯,1995.语义学:修订本[M].北京:语文出版社.

徐烈炯,2001.焦点的不同概念及其在汉语中的表现形式[J].现代中国语研究,(3).

徐烈炯,2009a.生成语法理论:标准理论到最简方案[M].上海:上海教育出版社.

徐烈炯,2009b.指称、语序和语义解释:徐烈炯语言学论文选译[C].北京:商务印书馆.

徐烈炯,2014."都"是全称量词吗?[J].中国语文,(6).

徐世荣,1982.双音节词的音量分析[J].语言教学与研究,(2).

徐枢,1991.兼类与处理兼类时遇到的一些问题[G]//中国语文杂志社,编.语法研究和探索(五).北京:语文出版社.

徐颂列,1989."任何"与"所有"[J].杭州大学学报,19(4).

徐阳春,2004.结构助词"的"与"地"的分合问题[J].南昌大学学报(人社版),35(6).

徐银,2015.构式语法路向的汉英形容词——动词转类对比研究[D].杭州:浙江大学博士学位论文.

徐岳,1980.数术记遗:影印本[M].北京:文物出版社.

许宝华,汤珍珠,主编,1988.上海市区方言志[M].上海:上海教育出版社.

许慎,撰,徐铉,校定,2013.说文解字:附音序、笔画检字[Z].北京:中华书局.

严丽明,2006."全部"、"所有"和"一切"的比较研究[D].广州:暨南大学硕士学位论文.

严威娜,2009.汉语"得"字句的句式特点及其在英语中的对应表达[D].长沙:湖南师范大学硕士学位论文.

杨成凯,1997."主主谓"句法范畴和话题概念的逻辑分析——汉语主宾语研究之一[J].中国语文,(4).

杨茜,高立群,2012.不同类型量化词对句子语义加工的影响[J].西北大学学报(哲学社会科学版),42(4).

杨寿勋,1998."得"的生成语法研究[J].现代外语,(1).

杨书俊,2005.三音节"$V_单+X+N_单$"构词分析[J].汉语学报,(4).

杨永忠,2007.Vi+NP中NP的句法地位[J].语言研究,27(2).

杨永忠,2008."的"的句法地位及相关理论问题[J].汉语学报,(3).

杨永忠,2010."的"和"的"字结构再分析[J].外国语,33(5).

叶蜚声,徐通锵,2010.语言学纲要:修订版[M].北京:北京大学出版社.

叶狂,潘海华,2014.把字句中"给"的句法性质研究[J].外语教学与研究(外国语文双月刊),46(5).

尹洪波,2008.现代汉语疑问句焦点研究[J].江汉大学学报(人文科学版),27(1).

于跃,2014.汉英兼类现象对比研究[D].哈尔滨:黑龙江大学硕士学位论文.

俞樾,等,1956.古书疑义举例五种[M].北京:中华书局.

袁博平,1995.第二语言习得研究的回顾与展望[J].世界汉语教学,(4).

袁博平,2002.汉语中的两种不及物动词与汉语第二语言习得[J].世界汉语教学,(3).

袁博平,2012.从汉语二语习得中的界面问题看影响成人二语习得成功的因素——以习得汉语wh-词做不定代词为例[J].外语教学与研究(外国语文双月刊),44(6).

袁博平,2017.计算复杂性与第一语言迁移——以汉语第二语言态度疑问句为例[J].世界汉语教学,31(1).

袁毓林,1998.汉语动词的配价研究[M].南昌:江西教育出版社.

袁毓林,2002.论元角色的层级关系和语义特征[J].世界汉语教学,(3).

袁毓林,2003.一套汉语动词论元角色的语法指标[J].世界汉语教学,(3).

袁毓林,2010.汉语词类的认知研究和模糊划分[M].上海:上海教育出版社.

袁毓林,2012.汉语句子的焦点结构和语义解释[M].北京:商务印书馆.

詹卫东,1999.面向中文信息处理的现代汉语短语结构规则研究[D].北京:北京大学博士学位论文.

张斌,主编,2001.现代汉语虚词词典[Z].北京:商务印书馆.

张斌,2002.《现代汉语虚词研究丛书》总序[M]//张斌,范开泰,主编.现代汉语虚词研究丛书.合肥:安徽教育出版社.

张伯江,2005.功能语法与汉语研究[J].语言科学,4(6).

张纯鉴,1980.关于"介词结构作补语"的几个问题[J].西北师大学报(社会科学版),(3).

张道真,编著,2008.英语语法大全[M].北京:首都师范大学出版社.

张国宪,1990.单双音节动作动词搭配功能差异研究[J].上海师范大

学学报,(1).

张纪红,2014.对外汉语教学中副区兼类词研究[D].合肥:安徽大学硕士学位论文.

张蕾,李宝伦,潘海华,2009."所有"的加合功能与全称量化[J].世界汉语教学,23(4).

张楠溪,2015."每+数量"结构的相关表达研究[D].长春:吉林大学硕士学位论文.

张旺熹,1999.汉语特殊句法的语义研究[M].北京:北京语言文化大学出版社.

张谊生,1996.释数词"兆"[J].辞书研究,(1).

张豫峰,2002."得"字句补语的语义指向[J].山西师大学报(社会科学版),29(1).

张云秋,李若凡,2017.普通话儿童早期语言中的情态量级[J].中国语文,(1).

张志恒,2012.汉语前置疑问代词问句的焦点性质[J].汉语学报,(2).

章振邦,编,2013.新编英语语法教程·学生用书:第5版[Z].上海:上海外语教育出版社.

赵家新,2010.现代汉语心理形容词语义网络研究[M].北京:中国社会科学出版社.

赵秀娟,2011."或者"句与"要么"句的功能解析及教学策略[J].世界汉语教学,25(4).

赵元任,1979.汉语口语语法[M].吕叔湘,译.北京:商务印书馆.

赵元任,1980.语言问题[M].北京:商务印书馆.

郑飞,1980.从词要连写谈介词结构是否还要作补语的问题[J].语文学习,(1).

郑怀德,孟庆海,编,2003.汉语形容词用法词典[Z].北京:商务印书馆.

郑丽娜,2015.英语背景学习者汉语不及物动词带宾语结构习得研究[J].世界汉语教学,29(3).

中国国家对外汉语教学领导小组办公室,教育部社科司《汉语国际教育用音节汉字词汇等级划分》课题组,编,2010.汉语国际教育用音节汉字词汇等级划分:国家标准·应用解读本[Z].北京:北京语言大学出版社.

中国社会科学院语言研究所词典编辑室,2016.现代汉语词典:第7版[Z].北京:商务印书馆.

钟华,2007.现代汉语焦点表现手段研究[D].合肥:安徽大学博士学位论文.

周国光,2005.对"中心语理论和汉语的 DeP"一文的质疑[J].当代语言学,7(2).

周国光,2006.括号悖论和"的 X"的语感——"以'的'为核心的 DP 结构"疑难求解[J].当代语言学,8(1).

周宏溟,编著,1990.汉语惯用语词典[Z].北京:商务印书馆.

周利萍,2017.英汉作格动词的句法语义特征[J].湖北大学学报(哲学社会科学版),44(3).

周鹏,2007.汉语双重量化句辖域解读的实验研究[D].北京:北京语言大学硕士学位论文.

周韧,2015.兼类说反思[J].语言科学,14(5).

周文华,2011.现代汉语介词习得研究[M].北京:世界图书出版公司北京公司.

朱德熙,1956.现代汉语形容词研究[J].语言研究,(1).

朱德熙,1958.数词和数词结构[J].中国语文,(4).

朱德熙,1961.说"的"[J].中国语文,(12).

朱德熙,1966.关于《说"的"》[J].中国语文,(1).

朱德熙,1980.北京话、广州话、文水话和福州话里的"的"字[J].方言,(3).

朱德熙,1982.语法讲义[M].北京:商务印书馆.

朱德熙,1983.自指和转指——汉语名词化标记"的、者、所、之"的语法功能和语义功能[J].方言,(1).

朱德熙,1985.语法答问[M].北京:商务印书馆.

朱德熙,1993.从方言和历史看状态形容词的名词化[J].方言,(2).

朱德熙,1999.朱德熙文集:第三卷[M].北京:商务印书馆.

宗福邦,陈世铙,萧海波,主编,2003.故训汇纂[M].北京:商务印书馆.

Abney S P, 1987. The English noun phrase in its sentential aspect [D]. Cambridge, MA: MIT.

Allwood J, et al, 1977. Logic in linguistics[M]. Cambridge: Cambridge University Press.

Aoun J, Y.-H. Audrey Li,1989. Scope and constituency[J]. Linguistic Inquiry, 20(2).

Aoun J, Y.-H. Audrey Li, 1993. Syntax of scope[M]. Cambridge: The MIT Press.

Aoun J, Y.-H. Audrey Li, 1993. Wh-elements in situ: syntax or LF? [J]. Linguistic Inquiry, 24(2).

Baker M C, 1988. Incorporation: a theory of grammatical function changing[M]. Chicago: The University of Chicago Press.

Baker M C, 2003. Lexical categories: verbs, nouns, and adjectives [M]. Cambridge: Cambridge University Press.

Bayler S, 1996. The coordination of unlike categories[J]. Language,

(1).

Belletti A(ed.), 2004. Structures and beyond[M]// The cartography of syntactic structures, vol. 3[M]. Oxford: Oxford University Press.

Bloomfield L, 1933. Language[M]. New York: Henry Holt and Company.

Bresnan J W, 1972. On sentence stress and syntactic transformation [G]// Brame M(ed.). Contributions to generative phonology. Austin: University of Texas Press.

Broad C D, 1925. The mind and its place in nature[M]. London: Routledge and Kegan Paul.

Charles N. Li, Sandra A. Thompson, 1981. Mandarin Chinese: a functional reference grammar[M]. Berkeley: University of California Press.

Chomsky N, 1957. Syntactic structures[M]. The Hague: Mouton.

Chomsky N, 1965. Aspects of the theory of syntax[M]. Cambridge, MA: The MIT Press.

Chomsky N, 1970. Remarks on nominalization[G]// Jacobs R A, Rosenbaum P S(eds.). Readings in English transformational grammar. Waltham: Ginn and Company.

Chomsky N, 1977. Essays on form and interpretation[M]. New York: Elsevier North-Holland.

Chomsky N, 1981. Lectures on government and binding[M]. Dordrecht: Foris.

Chomsky N, 1986. Barriers[M]. Cambridge, MA: The MIT Press.

Chomsky N, 1995. The minimalist program[M]. Cambridge, MA:

The MIT Press.

Cinque G, 1999. Adverbs and functional heads: a cross-linguistic perspective[M]. Oxford: Oxford University Press.

Cinque G(ed.), 2002. Functional structure in DP and IP: the cartography of syntactic structures, vol. 1[M]. Oxford: Oxford University Press.

Cinque G, Rizzi L, 2008. The cartography of syntactic structures [J]. CISCL working papers in linguistics, (2).

Clark E V, Clark H H, 1979. When nouns surface as verbs[J]. Language, 55(4).

Comrie B, 2001. Different views of language typology [M]// Haspelmath, et al. (eds.). Language typology and language universal, vol. 1. Berlin: Mouton de Grueter.

Croft W, 1990. Typology and universal[M]. Cambridge: Cambridge University Press.

C.−T. James Huang, 1982. Logical relations in Chinese and the theory of grammar[D]. Cambridge, MA: MIT.

C.−T. James Huang, 1987. Existential sentences in Chinese and (in)definiteness[G]// Reuland E, ter Meulen A(eds.). The representation of (in)definiteness. Cambridge, MA: The MIT Press.

C.−T. James Huang, 1997. On lexical structure and syntactic projection[J]. Chinese languages and linguistics, (3).

C.−T. James Huang, Y.−H. Audrey Li, Yafei Li, 2009. The syntax of Chinese[M]. Cambridge: Cambridge University Press.

C.−T. James Huang, Y.−H. Audrey Li, Andrew S, 2014. The handbook of Chinese linguistics[M]. Oxford: Wiley-Blackwell.

Culicover P W, Nowak A, 2003. Dynamical grammar: minimalism, acquisition and change[M]. Oxford: Oxford University Press.

C. -Y. Ning, 1996. De as a functional head in Chinese[J]. UCL Working Papers in Linguistics, (1).

Embick D, 2004. On the structure of resultative participles in English[J]. Linguistic Inquiry, 35(3).

Ernst T, 1988. Chinese postpositions? —again[J]. Journal of Chinese Linguistics, 16(2).

F. -H. Liu, 1994. A note on clitics and affixes in Chinese[J]. NACCL, (6).

F. -H. Liu, 1998. A clitic analysis of locative particles in Chinese [J]. Journal of Chinese Linguistics, 26(1).

Fillmore C J, 1968. The case for case[M]// Bach E, Harms R T (eds.). Universals in linguistic theory. New York, NY: Holt, Rinehart, and Winston.

Francis E, Matthews S, 2005. A multi-dimensional approach to the category "verb" in Cantonese[J]. Journal of Linguistics, 41(2).

Gazdar G, et al, 1985. Generalized phrase structure grammar[M]. Cambridge, MA: Harvard University Press.

Grimshaw J, 1997. Projection, heads and optimality[J]. Linguistic Inquiry, 28(3).

Gundel J K, 1999. On different kinds of focus[G]// Bosch P, van der Sandt R(eds.). Focus: linguistic, cognitive, and computational perspectives. Cambridge: Cambridge University Press.

Hale K, Keyser S J, 1993. Argument structure[G]// Hale K, Keyser S J(eds.). The view from building 20. Cambridge, MA: The

MIT Press.

Harley H, 2011. Semantics in distributed morphology[G]// Maienborn C, von Heusinger K, Portner P(eds.). Semantics: an international handbook of natural language meaning, vol. 3. Berlin: Mouton de Gruyter.

Haspelmath M, et al(eds.), 2001. Language typology and language universal, vol. 1[M]. Berlin: Mouton de Grueter.

Heine B, et al, 1991. Grammaticalization: a conceptual framework [M]. Chicago: The University of Chicago Press.

Hopper P J, Traugott E C, 2003. Grammaticalization, 2nd edition [M]. Cambridge: Cambridge University Press.

H. — T. Thomas Lee, 1986. Studies on quantification in Chinese [D]. Los Angeles, CA: University of California.

Hudson R, 1984. Word Grammar[M]. Oxford: Blackwell.

Hudson R, 1987. Zwicky on heads[J]. Journal of Linguistics, (23).

Jackendoff R, 2002. Foundations of language: brain, meaning, grammar, evolution[M]. Oxford: Oxford University Press.

Jakobson R, 1962. Selected Writings, vol. 1[M]. The Hague: Mouton.

Jakobson R, 1971. Selected Writings, vol. 2[M]. The Hague: Mouton.

Jaszczolt K M, 2016. Meaning in linguistic Interaction[M]. Oxford: Oxford University Press.

Johannessen J B, 1993. Coordination: a minimalist approach[D]. Oslo: University of Oslo doctoral.

Johannessen J B, 1998. Coordination[M]. Oxford: Oxford Univer-

sity Press.

Kayne R, 1994. The antisymmetry of syntax[M]. Cambridge, MA: The MIT Press.

Keenan E L, 1976. Towards a universal definition of "subject"[G]// Charles N. Li(ed.). Subject and topic. New York: Academic Press.

Kiparsky P, 1997. Remarks on denominal verbs [G]// Alsina, Alex/Bresnan, Joan/Sells, Peter(eds.). Complex predicates. Stanford: CSLI.

Lambrecht K, 1994. Informational structure and sentence form: topic, focus and the mental representations of discourse referents [M]. Cambridge: Cambridge University Press.

Larson R K, 1988. On the double object construction[J]. Linguistic Inquiry, 19(3).

Lisa Lai Shen Cheng, 1991. On the typology of wh-questions[D]. Cambridge, MA: MIT.

Lyons J, 1968. Introduction to theoretical linguistics [M]. Cambridge: Cambridge University Press.

Lyons J, 1977. Semantics, vol. 2[M]. Cambridge: Cambridge University Press.

Matthews P H, 1981. Syntax[M]. Cambridge: Cambridge University Press.

May R, 1977. The grammar of quantification[D]. Cambridge, MA: MIT.

May R, 1985. Logical form: its structure and derivation[M]. Cambridge, MA: The MIT Press.

McCarthy J J, Prince A, 1993. Generalized alignment[C]// Booij

G. Yearbook of morphorlogy. Dordrecht: Kluwer.

Morris C, 1938. Foundations of the theory of signs[M]. Chicago: The University of Chicago Press.

Munn A, 1993. Topics in the syntax and semantics of coordinate structures[D]. College Park, MD: University of Maryland.

Munn A, 2000. Three types of coordination asymmetries[G]// Kerstin S, Ning Zhang. Ellipsis in conjunction. Tübingen, DE: Max Niemeyer Verlag.

Muysken P, 2008. Functional categories [M]. Cambridge: Cambridge University Press.

Perkins M R, 1983. Modal expressions in English[M]. New Jersey: Ablex Publishing Corporation.

Perlmutter D, 1989. Multiattachment and unaccusative hypothesis: the perfect auxiliary in Italian[J]. Probus, (1).

Pollard C, Sag I A, 1994. Head-driven phrase structure grammar [M]. Chicago: The University of Chicago Press.

Pollock J Y, 1989. Verb movement, UG and the structure of IP[J]. Linguistic Inquiry, 20(3).

Prévost P, Strik N, Tuller L, 2014. Wh-questions in child L2 French: derivational complexity and its interactions with L1 properties, length of exposure, age of exposure, and the input[J]. Second Language Research, 30(2).

Prince A, Smolensky P, 2004. Optimality theory: constraint interaction in generative grammar[M]. New Jersey: Wiley-Blackwell.

Quirk R, et al, 1985. A comprehensive grammar of the English language[M]. London/New York: Longman.

Radford A, 1997. Syntax: a minimalist introduction[M]. Cambridge: Cambridge University Press.

Rizzi L, 1997. The fine structure of the left periphery[G]// Haegeman L(ed.). Elements of grammar: handbook of generative syntax. Dordrecht: Kluwer Academic Publishers.

Rizzi L, 2004. The structure of CP and IP: the cartography of syntactic structures, vol. 2[M]. Oxford: Oxford University Press.

Rochemont M S, Culicover P W, 1986. Focus in generative grammar[M]. Amsterdam: John Benjamains Publishing Company.

Ross J R, 1967. Constraints on variables in syntax[D]. Cambridge, MA: MIT.

Sapir E, 1921. Language: an introduction to the study of speech [M]. New York: Harcourt, Brace and Company.

Sapir E, Swadesh M, 1946. American Indian grammatical categories [J]. Word, (2).

Sorace A, Filiaci F, 2006. Anaphora resolution in near-native speakers of Italian[J]. Second Language Research, 22(3).

Spencer A, Luis A, 2012. The canonical clitic[G]// Brown D, Chumakina M. Canonical morphology and syntax. Oxford: Oxford University Press.

Sportiche D, 1988. A theory of floating quantifiers and its corollaries for constituent structure[J]. Linguistic Inquiry, (19).

S. -Z. Huang, 1996. Quantification and predication in Mandarin Chinese: a case study of Dou[D]. Philadelphia: University of Pennsylvania.

S. -Z. Huang, 2005. Universal quantification with skolemization as

evidenced from Chinese and English[M]. New York: The Edwin Mellen Press.

Talmy L, 2000. Toward a cognitive semantics, vol. I [M]. Cambridge, MA: The MIT Press.

Talmy L, 2001. Toward a cognitive semantics, vol. II [M]. Cambridge, MA: The MIT Press.

Taylor J R, 1995. Linguistic categorization: prototypes in linguistic theory[M]. Oxford: Oxford University Press.

T. — H. Jonah Lin, 2001. Light verb syntax and the theory of phrase structure[D]. Irvine: University of California.

Vendler Z, 1967. Verbs and times [M]// Vendler Z(ed.). Linguistics in philosophy. Ithaca: Cornell University Press.

von Fintel K, Iatridou S, 2002. If and when if-clauses can restrict quantifiers[C]. Unpublished manuscript, MIT [written for the Workshop in Philosophy and Linguistics at the University of Michigan, November 8-10, 2002].

Yang Gu, Haihua Pan, 2001. A further investigation into the complement structure of Mandarin V-De resultative construction[M]// Haihua Pan (ed.). Studies in Chinese linguistics, vol. 2. Hong Kong: Linguistic Society of Hong Kong.

Y. —H. Audrey Li, 1990. Order and constituency in Mandarin Chinese[M]. Dordrecht: Kluwer Academic Publishers.

Yuan B, 1999. Acquiring the unaccusative/unergative distinction in a second language: evidence from English-speaking learners of L2 Chinese[J]. Linguistics, 37(2).

Yuan Ren Chao, 1968. A grammar of spoken Chinese[M]. Berkeley:

University of California Press.

Zwicky A M, 1973. Linguistics as chemistry: the substance theory of linguistic primes[G]// Anderson S R, Kiparsky P(eds.). A festschrift for Morris Halle. New York: Holt, Rinehart and Winston.

Zwicky A M, 1977. On clitics[M]. Bloomington: Indiana University Linguistics Club.

Zwicky A M, 1985. Heads[J]. Journal of Linguistics, 21(1).

| 后 记 |

本书是在国家社会科学基金项目"汉语句法语义互动中的功能成分研究"的研究成果基础上修改完成的。安徽大学文学院研究生孙超、王筱、李绍艳、蔡雨、刘天乐、王明、吴丹、高文、陈晨、赵瑞清等结合学位论文的撰写,为项目研究做了一些前期准备工作,这些工作为项目的顺利完成打下了坚实的基础。

借本书出版的机会,向求学过程中给予指导的各位老师表达感谢之情。本人硕士期间师从上海师范大学何伟渔教授学习对外汉语教学,博士期间师从北京语言大学方立教授学习理论语言学。何老师将我引入汉语语法研究之门,方老师为我拓宽了国际语言学(尤其是形式语言学)的研究视野,在此谨向两位先生表达衷心的感谢。

感谢安徽大学文学院院长吴怀东先生、安徽大学"语言学与汉语史研究中心"负责人曾良先生将本书纳入"高峰学科培育经费(中国语言文学)"资助项目,使本书得以顺利出版。感谢熊仲儒先生为本书赐序。感谢安徽教育出版社编辑老师为本书所作的编辑工作。

彭家法

于安徽大学文学院

2022 年 10 月